오케팅하라

그리고 성공하

KB065415

오케팅

'더 행복한 삶'을 위한 작은 습관
오케팅

초판 1쇄 발행 | 2024년 2월   1일
초판 8쇄 발행 | 2024년 3월 29일

지은이 | 오두환
발행인 | 오두환

발행처 | 대한출판사
주소 | (15865) 경기 군포시 산본천로 62
대표전화 | 031-459-8830
팩스 | 031-454-7009
이메일 | daehanbook@naver.com
출판등록 | 2020년 7월 15일 제402-2020-000013호

값 7,800원
ISBN 979-11-92505-09-1 03320

'더 행복한 삶'을 위한 작은 습관

오케팅

오두환 지음

대한출판사

추천사 ···◄◦▻◦◄⦿⦿⦿▻◦◄▻··· ────────────

지난 20년간 비즈니스를 하면서 수천 명의 분야별 최고를 만나 배우고 깨달아 지금의 부를 이루었다. 특히 오두환 대표는 나에게 많은 영감과 인사이트를 주었다. 책으로라도 그를 만날 수 있다면 누구나 나처럼 생각과 인생이 바뀔 것이다.

강호동_라라브레드·장사는 건물주다 대표, 〈창업오빠 강호동〉 11만 유튜버

오두환은 언제나 다르다. 마케팅을 이야기할 때 다르다. 돈 버는 법을 말할 때 다르다. 성공하는 법에 대해서도 남들과는 다른 해법을 제시한다. 그 다름이 바로 그가 세상을 이기는 경쟁력이다.

고명환_메밀꽃이 피었습니다 프랜차이즈 대표, 개그맨, 작가, 동기부여 강사

이론에 밝은 사람은 많다. 경험이 많은 사람도 많다. 하지만 마음까지 쓰는 사람은 흔치 않다. 오두환 저자가 자신의 세바시 강연 영상에 달린 모든 댓글에 직접 답글을 다는 것을 보고 나는 놀란 적이 있다. 나도 못하는 일이다. 진심과 전심을 다하는 것보다, 더 훌륭한 마케팅 전략은 없다. 이 책에는 그 귀한 방법이 담겨 있다. 실행은 독자의 몫이다.

구범준_〈세상을 바꾸는 시간, 15분(세바시)〉 대표PD

그를 처음 보았을 때, 참 신기했다! 나의 이야기, 남의 이야기를 이렇게 잘 들어 주는 사람은 흔치 않은데 정말 궁금한 것이 많은 소년처럼 귀를 기울였다. 그는 듣기만 잘하는 사람이 아니다. 내가 아는 오두환은 스펀지처럼 모든 것을 다 흡수하며 결과를 만드는 능력자이다.

김관훈_두끼 떡볶이 대표, 《그깟 떡볶이》 저자, 강연자

킹메이커 오두환 대표는 다재다능한 기인이다. 그의 에너지는 '창의력'에서 나온다. 이런 출중한 인재와 함께한다면 당신이 원하는 것이 무엇이든, 무조건 손에 쥐게 될 것이다.

박원수_한국노벨과학포럼 사무총장

오두환 대표는 내가 지닌 인사이트가 많아도 그것을 세상에 멋지게 드러내지 못하면 아무 소용이 없다는 것을 깨닫게 해준 사람이다. 그의 컨설팅으로 세상을 바라보는 눈이 넓어졌다. 그를 만난 후 나는 열 배 이상 더 바빠졌고, 열 배 이상 더 특별해졌다. 돈보다 사람을 남기겠다는 삶에 대한 그의 태도에 저절로 존경심이 우러난다.

성현규_〈감성대디〉 35만 유튜버, 작가, 강연자

어떤 사업에든 즉시 적용할 수 있는 퍼스널 브랜딩 실용서! 그동안 퍼스널 브랜딩을 이렇게 포괄적으로 이해할 수 있도록 돕는 참신한 책은 없었다. 16년간의 노하우로 자신을 증명하는 사람, 이토록 놀라운 코칭 결과를 만들어 내는 이는 오두환뿐이다.

윤병훈_前 머니투데이 전무, 이로운넷 대표

퍼스널 브랜딩에서 가장 중요한 요소는 현재 자신이 있는 위치에서 본인의 역할에 최선을 다할 수 있음을 외부로 표현하는 것이다. 이를 몸소 알려 주는 사람이 오두환 대표이다. 그는 기업인으로서, 강연자로서, 학생을 가르치는 교수로서 어느 곳에서든지 그 위치와 환경에 적합한 격식을 갖춰 최선을 다하는 오두환 브랜딩을 보여 준다. 오두환 대표, 그 자신이 브랜드인 진정한 이 시대의 리더이다.

윤영현_명지전문대학 평생교육원 원장

오두환 대표의 책과 강의는 어느 순간 몰입되는 흡입력이 있다. 하지만 그의 진짜 매력은 즉시 도입할 수 있는 '다양한 실전 이론'을 만들어 낸다는 것이다. 그의 이론을 접하고 나면 세상을 바라보는 관점이 바뀌고, 성과를 내기도 훨씬 쉬워진다. 그의 브랜딩 능력은 그야말로 독보적이다.

이지성_《꿈꾸는 다락방》, 《미래의 부》 등 550만 부 베스트셀러 저자, 30만 유튜버 대단한 사람들을 수없이 만나 보았지만, 오두환 대표와의 첫 만남은 유독 강렬했다. 그를 이전에 전혀 알지 못했음에도 첫 만남에 완전히 매료되어 인정하게 되었으니 말이다. 오두환 대표는 내가 아는 최고의 브랜딩 전문가이다.

조남진_이랜드건설 본부장

마케팅도 인생과 같다. 목표를 정하고, 중간에 포기하지 않는 근성을 가지고, 끊임없이 동기유발하면서 담대하게 돌진할 때 성공에 이른다. 오두환은 근성을 가진 사람이기에 나는 그의 성공을 확신한다.

조서환_아시아태평양마케팅포럼 회장, 《근성》 저자

많은 사람과 인터뷰를 진행하다 보면 유독 여운을 남기는 사람이 있다. 아마도 그 사람의 진정성과 통찰력 때문이라고 생각한다. 나는 오두환 대표와의 인터뷰에서 진한 여운을 느꼈다. 이런 여운을 모두가 공유할 수 있기를 바란다.

최설민_〈놀면서 배우는 심리학(놀심)〉 국내 심리학 분야 1위 유튜버

프롤로그

⋯⋯◦◁◦▷◦◦◦◦◦◦◦◦▷◦◦◁◦▷⋯⋯

"미친놈아, 그게 될 거 같아?"

제가 그동안 살아오면서 가장 많이 들은 말입니다. 귀에 딱지가 앉도록 이 말을 들었습니다. 때로는 이 말에 흔들리기도 했습니다. 삶이 평탄한 적은 단 한 번도 없었습니다. 밥 먹는 것조차 힘들었고, 늘 빠듯한 삶을 살았습니다.

저에게는 다행히 치열하게 살 기회가 주어졌습니다. 부유하지 못한 가정에서 사는 기회, 아버지를 도울 기회, 공부를 못하는 기회, 반지하와 옥탑방에 사는 기회, 지방대를 가는 기회, 강의나 출판을 거절당하는 기회, 회사에서 권고사직을 당하는 기회까지 말입니다. 이 기회들 덕분에 살아남기 위해 오케팅을 반복했고, 그 결과 상위 1% 부자가 되었습니다.

오케팅은 기업Company, 제품Product, 서비스Service, 개인Person 등

어디에나 적용 가능합니다. 오케팅을 반복하면 경영자는 기업을 '특별하게' 운영할 수 있습니다. 마케팅 담당자는 제품을 '특별하게' 브랜딩하고, 제품과 서비스를 '특별하게' 보이게 할 수 있습니다. 특별하지 않은 일반인은 자신을 '특별하게' 브랜딩할 수 있습니다. 오케팅은 직장인, 주부, 학생, 취업준비생 등 누구나 '특별하지 않아도 상위 5%가 될 수 있게 만드는' 마법 같은 마케팅 전략입니다.

이제 특별하지 않은 사람이 리스크 없이 안정적으로 상위 5% 부자가 되고, 부를 유지할 방법은 마케팅뿐입니다. 그리고 저는 누구나 쉽게 어디에든 적용할 수 있는 마케팅 전략인 '오케팅Oketing'을 세상에 내놓았습니다.

주위를 둘러보면 젊은 나이에 큰 성공을 거둔 이들을 볼 수 있습니다. 성공하는 사람에게는 뭔가 대단히 특별한 점이 있다고 생각하십니까? 사실 그들 역시 우리와 비슷한 사람이고 그렇게 대단하지 않습니다. 우리는 특별하지 않습니다. 그래서 더욱 사활을 걸고 특별해져야 합니다. 이 과정에서 어디에나 통용되는 오케팅이 꼭 필요합니다. 마케팅의 기본은 '자신을 파는 것'에서 출발합니다. 기업, 제품, 서비스, 개인 등 모두 자신을 파는 것에서부터 시작합니다. 본질은 그대로지만, 오케팅만으로 더욱 특별하게 보일 수 있습니다. 게다가 실제로도 더욱 발전하게 됩니다. 따라서 기업, 제품, 서비스에는 오케팅 전략이 필수입니다.

물론 개인이나 프로젝트 등에도 오케팅은 필수입니다. 마케팅에 대해 아무것도 모른다고 고민하지 마십시오. 안심해도 됩니다. 마케팅은 전문가만의 영역이 아닙니다. 사실 누구나 이미 마케팅을 하며 살고 있습니다. 저 역시 저도 모르는 사이에, 그저 살아남기 위한 수단으로 마케팅을 시작했습니다. 그 전까지는 마케팅이나 광고에 대해 배운 적도, 들어본 적도 없었습니다. '생계형 마케팅'을 해온 셈입니다. 따라서 여러분도 쉽게 따라 할 수 있습니다.

사람은 태어나서 눈을 감는 날까지 마케팅을 하면서 삽니다. 즉, 더 나은 삶을 꿈꾸는 전 국민이 오케팅을 배워야 할 대상입니다. 오케팅은 중고등학생, 대학생, 사회 초년생부터 70대 어르신까지 나이를 막론하고 익히고 적용할 수 있는 마케팅 전략입니다. 오케팅을 어렸을 때 접해서 익힌다면 개인의 삶의 질이 향상될 것입니다. 더 나아가 인적 자원밖에 없는 대한민국의 국가 경쟁력 향상에도 크게 이바지할 것이라 확신합니다.

저는 이 책을 직업이나 성별, 나이에 상관없이 누구나 읽고 배우는 데 큰 문제가 없도록 써 내려갔습니다. 1장에서는 어떻게 오케팅으로 상위 5% 부자가 될 수 있는지 개인과 사업 등에 적용하는 방법을 간략하게 설명했습니다.

2장은 제가 살아오며 오케팅을 어떻게 적용했는지 알려 주는 실제 에피소드들로 채웠습니다. 특히 이 장에는 곳곳에 4장의 오케팅 15계 중 '~편 ~계'를 참고하도록 각주를 달아 놓았습니다. 당시에는 무의식적으로 적용했지만, 돌이켜보니 오케팅 전략과 상통하는 내용이기에 표시했습니다. 이때 해당 페이지 부분으로 바로 넘어가서 미리 읽어 보길 권합니다. 그렇게 읽으면 2장을 더욱 쉽게 이해할 수 있을 것입니다.

3장에서는 본격적인 오케팅 설명에 앞서, 큰 틀에서 내용을 간략히 짚어 줍니다. 이어서 4장에서는 오케팅을 실전에서 활용하는 방법을 6편 15계로 나누어 구체적으로 설명했습니다. 오케팅은 기업, 제품, 서비스뿐만 아니라 어디에나 적용 가능한 전략이기에 오케팅 과정을 보물선 항해에 빗대어 설명했습니다. 그러므로 자신의 상황에 맞게 오케팅을 적용해 보길 바랍니다. 오케팅은 이론보다 실전 중심의 전략입니다. 따라서 누구나 쉽게 이해하고 바로 따라 할 수 있습니다. 반드시 시간을 내서 끝까지 정독하길 바랍니다. 2장을 에세이 읽듯 가볍게 읽는다면, 4장은 교과서를 보듯 좀 더 꼼꼼하게 읽는 것이 좋습니다. 4장을 모두 읽고 새로운 사고력을 갖춘 상태로 2장을 다시 읽어 보는 것도 추천합니다.

앞서 출간된 《광고의 8원칙》은 4대 서점에서 13주 연속으로 종합 베스트셀러에 올랐고, 교보문고 종합 베스트셀러 1위에도 올랐습니다. 사실 이 《광고의 8원칙》 내용은 《오케팅》 책의 4장에도 녹아들어 있습니다.

4장의 오케팅에 대한 내용은 어렵다면 어렵고, 쉽다면 쉽습니다. 이는 상대적이라 중도를 지키기 어려웠습니다. 앞서 출간된 《광고의 8원칙》처럼 너무 쉽게 풀어내기에는 적절하지 않았습니다. 반면 함께 출간된 《광고설계사 1·2급》이나 《마케팅설계사 1·2급》등의 수험서처럼 어렵게 풀어내는 것도 원하지 않았습니다. 결론은 이 책을 어렵게 생각하지 말고 편하게 2번만 훑어보라는 것입니다. 그 후에 오케팅을 고민해 보십시오. 반드시 시야가 트인 것을 느낄 수 있을 것입니다.

오케팅에 관해 진지하게 고민해 보았다면 다음 장으로 넘어가기가 한결 수월할 것입니다. 이어지는 5장은 이번 리커버 에디션에 추가된 내용입니다. 다소 어렵게 다가왔던 4장의 이론을 자신의 삶에 직접 적용해 볼 기회를 마련했습니다. 앞 장에서 보았던 오케팅 15단계를 곰곰이 생각하면서 빈칸을 채워 보십시오. 글씨가 채워질수록 여러분의 삶 또한 명확해지는 느낌을 받게 될 것입니다. 다소 시간이 걸리더라도 반드시 빈칸을 채워 보시기 바랍니다. 삶에 직접 활용할 수 있는 이론이야말로 진정한 생명력을 얻게 될 테니 말입니다.

현재 저는 20여 개 계열사의 지주사인 오케팅홀딩스의 의장직을 수행하고 있습니다. 한국온라인광고연구소에서 마케팅과 광고를 하고 있으며, 오케팅연구소를 통해 퍼스널 브랜딩, 기업·제품 브랜딩 강의, 컨설팅 등을 합니다. 또 명지대학교 교수, 한국마케팅광고협회 주임교수, 서정대학교 교수, 검색광고마케터 등 5개 자격증 발급위원으로 활동하고 있습니다.

이 밖에도 대한출판사와 퍼스널포커스(언론사), 꿈을 찾는 사람들(강연), 닥터스웰스(화장품 제조) 회사도 운영하고 있습니다. 또 (사)국가경제발전진흥원 사무총장직도 겸하고 있습니다. 저는 처음 품은 대의를 실현하기 위해 사회적협동조합 한국혁신영재교육원 산하에 있는 혁신영재사관학교 설립을 추진하여 개교를 눈앞에 두고 있습니다. 요식업 확장도 꾸준히 준비하여 '항정살이 맛있다'라는 프랜차이즈 본사를 오재균 대표와 공동 창업했습니다. 더불어 '이차돌 산본역점'의 점주이자 본사 마케팅 이사로서 브랜딩을 수행하게 되었으며, 한식 뷔페 오픈도 준비 중입니다. 또한 '아껴주는 치과' 그룹을 고범진 원장과 공동 설립하여 전국 120개 지점을 목표로 도전하고 있습니다.

대외적으로는 특별한 전문가(퍼스널 브랜드)를 만드는 오케팅홀딩스와 〈킹메이커 오두환〉이라는 유튜브 채널을 통해 소통하고 있습니다. 또 지식을 전달하는 〈꿈을 찾는 사람들〉 유튜브 강연 채널과 카페(커뮤니티), 〈지식포털〉 유튜브 채널을 운영합니다.

《오케팅》은 누구나 쉽고 빠르게 마케팅 전략을 익힐 수 있도록 생계형으로 풀어내 사고력 향상에 도움을 줍니다. 단언컨대 오케팅으로 '더 행복한 삶'을 얻을 수 있습니다. 아이 둘의 아빠인 제가 갑자기 실직자가 되었었기에 누구보다 간절했습니다. 그래서 경제적으로 행복한 사람 수백 명을 연구했고, 전문 서적 수십 권을 읽었습니다. 알고 보니 제 삶 전부가 '오케팅'이었습니다.

행복한 삶을 사는 부자가 되고 싶다면 지금부터 '오케팅'을 습관처럼 해보세요. 최소 5% 부자 반열에 진입하게 될 것입니다. 이 책을 3번 읽기 전까지 상위 5% 보물선의 선장으로 만들어드리겠습니다. 오케팅으로 성공하신 것을 축하드립니다. 사랑합니다.

차례

화가 화서도

제1장

왜
오케팅인가

상위 5% 부자가 되는
세 가지 방법

- 1 -

'더 행복한 삶'을 위한 성공 티켓
오케팅

많은 이들이 상위 5% 부자가 되기를 바란다. 그런데 평범한 직장 생활로 도달할 수 있을까? 먼저 어떤 사람을 부자라고 하는지 생각해 보자. 부자의 기준을 어디에 두느냐에 따라 다르다. 보통은 경제적으로 얼마나 자유로운지가 관건이다.

예를 들어 월 3,000만 원을 버는 사람은 부자일까? 만약 그 사람이 죽을 때까지 계속 정해진 시간에 힘든 노동을 해야 한다면 경제적 자유를 얻지 못한 것이다. 반면 월 100만 원을 버는 사람은 어떨까? 그 사람이 평생 의식주에 대한 걱정 없이 일하고 싶을 때 일하고, 쉬고 싶을 때 쉬는 것이 보장된 삶을 산다면 경제적 자유를 얻은 것이다. 어떤 악조건에서도 그것이 보장된다면 말이다.

나는 어렸을 때부터 형편이 그리 넉넉지 않은 가정에서 자랐다.

부모님이 매일 힘들게 일하시는 모습을 봐왔다. 그래서인지 경제적 자유를 얻고자 하는 욕망이 더 컸는지도 모르겠다. 책을 좋아했기에 일을 안 하고, 종일 책만 보고 돈 걱정 없이 살고 싶었다. 그리고 사회에 나와 보니 내가 원하던 삶이 누구나 열망하는 부의 최고 단계라는 것을 깨달았다. 명품 가방을 메고, 명품 차를 타고 다닌다고 해서 무조건 부자라고 단정할 수 없다. 경제적으로 자유로운 부자는 그런 것에 크게 신경 쓰지 않는다. 누군가에게 잘 보이려고 애쓰지도 않는다.

개인의 능력과 의지를 벗어난 방법

누구나 쉽게 경제적 자유를 얻을 수 있는 것은 아니다. 경제적 자유, 즉 5% 부자가 되는 방법에는 세 가지가 있다. 이 중에 두 가지는 이미 많이 알려져 있다. 바로 투자와 사업이다.

먼저 투자에는 주식이나 부동산, 금, 외화, 비트코인 같은 다양한 방식이 있다. 돈이 돈을 불리는 것이다. 고정적으로 들어오는 돈이 생긴다는 것은 매우 즐거운 일이다. 오죽하면 초등학생의 장래 희망 1위가 건물주로 꼽히겠는가. 이렇듯 많은 사람이 고정적인 수입을 얻길 소망하는 이유는 경제적 자유를 얻고자 함이다.

하지만 투자는 리스크가 높은 편이다. 투자에 성공하려면 가장 기본인 자본금이 있어야 한다. 그러나 자본금을 모으기란 쉽지 않다. 자본금을 모아도 다른 급한 일에 쓰게 되거나 엉뚱한 곳에 투자하기도 한다. 여기서 투자란 돈, 시간, 열정을 쏟는 것이다. 그리고 끊임없이 전략을 구상해야 하며, 신념과 배포가 뒷받침되어야 한다.

투자로 인한 수입이 안전한 자산이라고 생각하는 이들이 많다. 그러나 투자는 영원한 수익률을 보장하지 않는다. 언제 떨어질지도 모르는 수익률 때문에 늘 마음 졸여야 한다. 투자로 돈을 벌 확률도 있지만, 잃을 확률도 높다. 본인의 의지나 실력과 상관없이 시장의 상황에 따라 좌우되기 때문이다. 또는 오차가 발생할 수도 있다.

그리고 대부분 투자한 만큼 보상받지 못한다. 이유는 간단하다. 투자는 누군가 돈을 벌면 다른 누군가는 잃는 구조이기 때문이다. 누구나 무한정으로 돈을 버는 구조라면 어찌 되겠는가. 모든 것의 가치가 천정부지로 치솟을 것이다. 금 한 돈의 가격이 1억 원이 되거나, 집 한 채가 수백억 원을 호가할 것이다.

투자 수익률은 어느 순간이 되면 떨어진다. 일시적으로 큰돈을 벌었다고 해서 계속 그 상태를 유지하기는 쉽지 않다. 실제로 주변에서 투자로 유명한 ~ 선생, ~ 도사, 대기업 펀드매니저 등이 갑자기 종적을 감추고는 한다. 실력과 노력만으로 투자에 성공할 수 있는 것이 아니라는 방증이다. 투자로 성공하기 위해서는 반드시 갖춰야 할 중요한 요소가 있다. 절제력과 의지, 전략, 연구, 분석력, 그리고 바로 운이다. 그런데 대부분 이러한 요소들이 생각처럼 마음먹은 대로 되지 않는다는 점을 간과하고 있다. 아는 것과 실천하는 것은 다르다. 그리고 그 아는 것조차 틀릴 때가 많은 분야가 투자다.

죽을힘을 다해 덤벼야 하는 방법

다음은 요새 여기저기서 많이 권하는 사업이다. 펜데믹은 풀렸지만 그 여파로 경제적 상황은 여전히 안 좋다. 바로 이러한 상황 때문에 창업이 더 뜨고 있다. 경기침체가 극에 달하면서 많은 이들이 자신의 일터에서 쫓겨났기 때문이다. 강제로 창업 현장에 내몰리는 것이다.

사업은 모든 것을 걸어야 한다. 대충 '한번 도전해 볼까?'라는 생각으로 접근했다가는 큰코다칠 수 있다. 몇 년도 안 돼 낭패를 보고, 결국 파산해서 개인회생을 신청하는 사람이 많다. 그런 사람이 내 주변에도 많은 것을 보면 사업도 쉬운 일은 아니다.

사업은 끊임없이 변신해야 한다. 시장의 변화를 주시하고, 경쟁사도 살펴야 한다. 한정된 자원을 나눠 가질 수밖에 없는 운명을 타고났다. 특히 소규모 사업일수록 더욱 그러하다. 따라서 자신과 사업 분야가 잘 맞는지 여러 번 확인해야 한다.

앞서 주식은 돈, 시간, 열정, 전략, 신념 등이 있어야 한다고 했다. 그런데 사업은 이 외에도 몇 가지 능력이 더 필요하다. 미래를 보는 통찰력, 의욕 넘치는 패기, 직원들을 아우르는 포용력, 더 나은 미래를 보장하는 비전 등이 그것이다. 어떤 이는 이러한 역량이 리더가 지녀야 할 자질이라며 타고나야 한다고 말한다. 아주 틀린 말은 아니다. 하지만 이러한 역량이 없다고 해서 실망할 필요는 없다. 역량은 노력하다 보면 생기기 때문이다.

투자와 사업, 이 두 가지 방법이 좋은지 나쁜지를 논하려는 것은 아니다. 나는 본의 아니게 지금 이 두 가지를 모두 하고 있다. 그러나 시작한 지 불과 3~4년밖에 되지 않았다. 이런 것에 도전하기 전에 이미 다른 방법으로 1% 부자가 되었다. 이 책에서 이야기하고자 하는 것도 바로 그 방법에 관한 것이다.

이 책의 제목만 보고 흔히 말하는 투자나 사업에 관한 내용을 기대했다면 혼란스러울 수도 있다. 하지만 이제부터 제시하는 방법에 마음을 열길 바란다. 자신의 인생에 투자할 마음이 든다면 계속해서 읽어 보자. 이 방법을 배우면 특별하지 않아도 누구나 5% 부자가 될 수 있다.

오케팅을 하는 방법

부자가 되는 마지막 세 번째 방법은 바로 '오케팅Oketing'을 하는 것이다. 오케팅은 지금까지 누구도 생각하지 못한 새로운 개념의 마케팅 전략이다.

오케팅은 알파벳 'O'와 'Marketing'을 합성한 말이다. 여기서 'O'는 뭐든지 'OK!' 하게 만들 수 있다는 의미와 순환Cycle의 의미를 담고 있다. 오케팅을 잘 활용하기만 한다면 뭐든 되게 만들 수 있다는 뜻이다. 오케팅은 언제, 어디서나 통용되기 때문이다. 따라서 오케팅을 자신에게 적용하면 아주 다른 삶을 살게 될 것이다. 특별하지 않았어도 특별해진다.

평범한 직장인이거나 사장 또는 학생, 주부 등 현재 자신이 어떤 위치에 있더라도 상관없다. 단지 어떤 마음가짐을 갖고 이 책을 읽는지, 또 자신에게 대입하고 고민하는지에 따라 결과는 많이 달라질 것이다.

직장인이 오케팅을 제대로 몸에 익힌다면 직장 상사나 대표에게 인정받아 승진하고 사업을 키울 확률이 높아진다. 큰 투자나 리스크 없이 5% 부자에 진입할 수 있는 것이다. 자신에게 주어진 일만 죽어라 하고 한 기술만 파면 절대 부자가 될 수 없다. 그렇다고 단순히 자기 계발을 하라는 말이 아니다. 어떤 업종이든 필요한 마케팅과 광고를 몸에 익혀야 한다는 말이다. 이렇게 하면 다른 사람과 같은 양의 일을 해도 더욱 대우받는다. 심지어 그들의 만족까지 이끌어 낼 수 있다. 결국 오케팅을 하다 보면 곧 5%에 진입할 수 있다.

사장이 오케팅을 제대로 몸에 익힌다면 사업을 확대하고, 통솔력을 얻으며, 회사의 진정한 선장이 될 수 있다. 특히 신규 사업에 관한 아이디어나 체계적인 시스템을 실행하는 데 더 큰 추진력을 얻을 수 있다. 영업 능력이 뒷받침되는 것은 물론이고, 직원들도 저절로 주인 의식을 갖도록 만들 수 있다. 이를 통해 협력사나 거래처에도 높은 신뢰를 줄 수 있다. 오케팅이 회사를 성장시키는 원동력이 되는 것이다. 결국 오케팅을 하다 보면 곧 5%에 진입할 수 있다.

학생이나 취업준비생이 오케팅을 제대로 몸에 익힌다면 사고력과 학업 성과를 높일 수 있다. 자신을 사랑하는 마음도 커진다. 발표 능력도 기를 수 있다. 전략적으로 자신의 강점을 어필하고 약점은 감출 수 있게 된다. 무엇보다 주변인들에게 리더십이 있는 사람으로 인식될 것이다.

취업 준비를 할 때도 면접관에게 호감을 얻어 채용될 확률이 높아진다. 어떤 목표를 세우더라도 그 목표를 향해 돌진할 수 있는 열정과 패기, 용기가 생길 것이다. 특히 어떤 어려운 상황이 닥쳐도 오케팅 사고력으로 꿋꿋이 헤쳐 나갈 수 있다. 매사에 두려움이 사라지고 위기를 기회로 바꾸는 능력도 겸비하게 된다. 결국 오케팅을 하다 보면 곧 5%에 진입할 수 있다.

주부가 오케팅을 제대로 몸에 익힌다면 아이들에게 멋진 엄마로 인정받을 수 있다. 스스로 그 이미지를 유지하기 위해 더 멋진 상황을 만들어 낼 것이다. 특히 다른 주부들에게도 그 재능을 인정받아 교육을 요청받을 수 있다. 그런 일이 반복되다 보면 책을 출판하거나 강의를 하게 될 수도 있다.

또 오케팅을 아이들에게 가르치고, 그 내용을 주변인에게도 알린다면 그 주변인의 아이들이 교육을 받으러 오는 상황도 생길 수 있다. 이때 교육하는 과정에서 교육용 책이나 동화 등을 직접 쓸 수도 있다. 누구나 숨겨진 재능을 갖고 있고, 잘하는 것이 있다. 오케팅은 바로 그 숨겨진 재능을 주위에 알리고, 수익을 낼 수 있는 능력을 이끌어 낸다. 결국 오케팅을 하다 보면 곧 5%에 진입할 수 있다.

가장이 오케팅을 제대로 몸에 익힌다면 가족들에게 멋진 가장으로 인정받을 수 있다. 또 스스로 멋진 가장으로서 여러 가지를 책임지려 할 것이다. 인정을 받는 만큼 책임감을 느낀다. 이를 기반으로 본업에 더욱 충실하게 될 것이며, 훌륭한 성과를 내게 될 것이다. 이러한 노력과 오케팅을 통해 자신의 업무 성과에 정비례하는 마케팅과 광고 실력도 갖출 수 있다.

가족 구성원에게 성공적으로 오케팅하는 사람은 가족에게 인정받는다. 그리고 더 잘하려고 노력하고, 노력하는 만큼 결과로 나타나 다시 인정받는다. 서로 인정하는 만큼 더 큰 사랑이 싹트게 되어 계속 5%를 향해 달려가게 될 것이다. 덤으로 사랑이 생기면 가족을 지키겠다는 일념으로 든든한 가장으로서 최고의 역할을 해내게 된다. 결국 오케팅을 하다 보면 곧 5%에 진입할 수 있다.

자신을 포장하는 것(마케팅)과 알리는 것(광고)은 50대 50의 비율로 하는 것이 좋다. 멋지게 포장하기만 하고 알리지 못하면 의미가 없다. 반대로 멋지게 포장을 못 한 상태에서 알리기만 해도 의미가 없다. 그래서 이 두 가지는 언제나 함께해야 한다. 이 책에는 그 방법이 담겨 있다. 보통 마케팅과 광고 관련 전문 서적을 보면 정말 어렵게 설명되어 있다. 하지만 《오케팅》은 매우 쉽고 술술 읽히도록 풀어냈다. 다만 이 책을 한두 번만 읽고 오케팅을 완벽하게 습득할 수 있다고 생각하면 오산이다. 《오케팅》을 여러 번 읽고 체득해야만 비로소 원하는 바를 완성할 수 있다.

개인과 사업은 뗄 수 없는 관계다

이 책을 선택한 분 중에는 오케팅을 자신의 업무나 직장, 사업에 적용하려는 이들이 많을 것이다. 물론 올바른 생각이다. 다만 한 가지 덧붙이겠다. 어떤 사업이나 제품, 서비스(이하 '사업'으로 통칭)든 결국 사람이 하는 일이다. 그러므로 사업을 하기 위해서는 개인적인 것이 전제되어야 한다. 어떤 사람이 제품을 만들고, 운영하는가. 이것은 임직원에게도, 거래처에도, 고객에게도 매우 중요한 요소다. 따라서 사람을 포장하고(마케팅) 알리는(광고) 일부터 시작해야 한다. 그래야만 제대로 된 목표를 설정할 수 있고, 직원이 모이고, 투자자가 모이고, 거래처가 모이고, 고객이 모인다.

모두에게 꼭 필요한 '주인 의식'

개인을 포장하고 알리고자 할 때, 꼭 그 대상이 사장이나 자신이 아니어도 상관없다. 나는 회사의 말단 직원일 때부터 사업을 한다는 마음가짐으로 업무에 임해 왔다. 제품을 리뉴얼하거나, 서비스를 만들거나, 신입 직원의 면접과 채용을 진행할 때도 말이다. 누구나 알게 모르게 회사 내에서 자신만의 사업을 하는 셈이다.

이때 빼놓을 수 없는 단어가 바로 '주인 의식'이다. 절대 사장만 주인이 되어서는 안 된다. 사장이 아닌 모든 구성원이 주인이 되어야 한다. 대부분 자신이 맡은 일만 열심히 하면 회사가 잘되리라 생각한다. 하지만 이는 특정 몇몇 기업에만 해당하는 이야기다. 대다수 회사는 그렇지 못하다. 전 직원이 한배를 타고 큰 목표를 향해 노를 저을 수 있어야 한다. 그러기 위해서는 갑판장이 지휘만 해서는 안 된다. 때로는 노를 저어야 하고, 깃발을 달기도, 고기를 잡기도 해야 한다.

세계적으로 성공한 유명 기업이나 벤처 기업으로 시작해 깜짝 놀랄 만한 업적을 이룬 기업에는 공통점이 있다. 기업 구성원 각자가 주인 의식을 갖고 큰 틀의 '목표'를 달성하기 위해 나아간다는 점이다. 그리고 그러한 성향을 잃지 않도록 끊임없이 노력하고 있다.

특별한 제품이나 서비스는 한두 명의 노력만으로 만들어지는 것이 아니다. 모두가 합심하여 일하지 않는다면 그 사업은 절대 성공할 수 없다. 그러니 사업이나 제품, 서비스의 질을 높이기 위해 연구해 본 사람들이라면 이런 고민을 해 봤을 것이다.

'어떻게 구성원들을 움직일 것인가.'

상위 5%인 사업을 만들려면 5%가 되기 위해 죽을힘을 다해 노력하는 사람들이 있어야 한다. 해답은 무엇일까?

어렵지 않다. 구성원 모두 재밌게 일할 수 있도록 하면 된다. 일이 재미있으려면 회사가 성장해야 한다. 성장할 수 있는 비전을 제시해야 한다. 또 그들에게 힘을 실어 주고, 책임을 지게하고, 도전하게 하고, 그들의 미래를 보장하기 위해 노력해야 한다. 그래야 구성원 각자가 사업의 주체가 될 수 있다. 그 전에 먼저 사업이나 제품의 비전에 동의하고, 온 힘을 다해 함께해 줄 사람으로 구성원을 채워야 한다.

모두가 사업에 열중하고, 큰 목표를 향해 달려가다 보면 모든 임직원의 촉이 곤두서게 된다. 갑자기 어두운 곳에 들어가면 아무것도 보이지 않는다. 하지만 환경에 적응하고 집중하다 보면 안 보이던 사물이 조금씩 보이기 시작한다. 이처럼 모두 촉을 바짝 세우고 목표를 향해 집중해야 한다. 그러다 보면 분명 특별한 아이디어나 아이템을 생각해 낼 수 있다. 이런 차별화된 포인트를 한두 명만이 계속 짚어낼 수 있을까? 불가능하다. 혹 지금껏 가능했더라도 오케팅을 적용했다면 더 많이 발견할 수 있었을 것이다.

직원의 신뢰와 마음을 얻어라

5% 제품이나 서비스를 만들기 위해 집중하고 열정적으로 도전하

라. 그러면 어느새 자신이 그 일의 주체가 되어 있을 것이다. 특히 직장에서 지시하는 일만 해서는 답이 없다. 어떻게든 조금 더 좋은 방법과 더 나은 업무를 계속 찾아서 해야 한다. 그러다 보면 직원은 팀장이 되어 있을 것이다.

그리고 진정한 팀장이 되면 이제부터는 업무에 임하는 각오와 방식이 조금 달라진다. 직원일 때는 자신의 역량만으로 성과가 좌우되었을 것이다. 하지만 팀원들과 함께할 때는 그들의 역량이 모두 모여 성과가 좌우된다.

팀원의 의욕과 사기를 높이고 동질화하는 것은 전적으로 팀장의 역할이다. 팀장이 팀원들의 마음을 얻으려면 어떻게 해야 할까? 일단 회사의 비전을 알리고, 동질화 과정을 거쳐야 한다.

그리고 팀원과 끊임없이 소통하면서 업무적으로 지도해 주어야 한다. 인간적으로 교류하고 공동의 비전을 형성해서 그들의 신뢰와 마음을 얻어야 한다. 특히 신입 직원이 이러한 과정을 거친다면 고마움을 느껴 친밀감 형성에도 큰 도움이 된다. 어쩌면 신입 직원이 팀장처럼 움직이는 마법을 볼 수도 있다.

각자가 꼭 필요한 팀원이라는 격려와 응원을 함께 해주는 것도 잊지 마라. 그러면 그들의 역량이 곧 팀장의 역량이 될 것이다. 그리고 그런 팀원이 곁을 지켜줄 때 회사와 사업이 상위 5%로 가는 속도도 빨라질 것이다.

특별한 5% 사업이나 제품을 노력 없이 쉽게 만드는 방법은 세상에 존재하지 않는다. 전 직원이 합심하여 모든 과정에 열정적으로 오케팅을 적용해야 한다. 이것이 상위 5%에 진입하는 최선의 방법이다.

나는 지금까지 살아오며 새로운 도전을 할 때마다 이런 말을 수도 없이 들었다. '미쳤다, 불가능하다, 말도 안 되는 이야기하지 마라.' 하지만 그 일들이 모두 현실이 되었고, 오케팅되어 가고 있다. 단순히 열심히 노력하는 것만으로 원하는 것을 이룰 수는 없다. 제대로 된 방법을 알고, 스스로 깨달음을 얻은 후에 열심히 노력해야만 진정 이룰 수 있다.

이어지는 2장에는 오케팅을 통해 실제로 상위 1%에 진입한 한 사람의 이야기가 나온다. 눈치챘겠지만, 나 오두환의 이야기이다. 사실 내 부끄러운 과거를 독자들에게 이야기하기란 쉬운 일이 아니었다. 그런데도 굳이 개인사를 공개하는 이유가 있다. 내가 오케팅을 통해 실제로 원하는 바를 이루었고, 이루어 가고 있기 때문이다. 무엇보다 별 볼 일 없던 오두환도 해냈으니 여러분도 반드시 해낼 수 있다. 나는 특별하지 않다. 오히려 부족한 사람이다. 그러니 나를 통해 자신감을 얻고, 당당히 해내라. 딱 5%에 진입할 만큼만 오케팅을 익혀 보길 바란다. 반드시 할 수 있다. 온 마음을 다해 응원한다. 파이팅!

제2장

오두환의
생계형 오케팅

길거리 봉고차 기술자에서
박사님이 되신 아버지

- 1 -

어린 시절, 우리 집은 형편이 썩 좋지 못했다. 밥을 못 먹을 정도는 아니었지만, 고기 먹는 횟수가 손에 꼽혔다. 늘 배가 고팠기에 친척 집에 가면 한 점이라도 더 먹으려고 쟁탈전을 벌였다. 아버지는 과거에 간판점, 고물상, 학원 지입 차량 운전, 페인트칠 등 업종을 가리지 않고 다양한 일을 하셨다. 그 덕에 다방면에 능통하셨지만, 업종을 변경한 이유가 거의 망해서였다. 여유는 없었지만, 열정적이고 자상한 아버지가 늘 좋았고 멋있었다.

그런 아버지가 어느 날 자동차 판금 도장에 도전하겠다고 말씀하셨다. 그날 이후, 아버지는 길거리에서 흔히 볼 수 있는 봉고차에 현수막을 하나 달고 '찌그러진 곳 펴 드리는 분'으로 변신하셨다. 그때 아버지가 하신 말씀이 아직도 뇌리에서 떠나질 않는다. 아마 죽을 때까지 잊을 수 없을 것이다.

"어차피 쇳덩이는 다뤄 봤고, 페인트칠도 해봤으니 하다 보면 어떻게든 할 수 있겠지."

그때부터 내 인생도 '어떻게든 할 수 있게' 바뀐 것 같다.

마케팅을 시작하게 된 계기

나는 아버지를 세상에서 제일 존경한다. 하지만 아버지는 절대 판금 도장 실력자가 아니셨다. 그렇다. 아버지도 솔직히 B급도 과분하다며 동의하셨다. 아무리 간판을 다뤄 봤고, 페인트칠한 경험이 있어도 자동차 외장을 펴내고, 칠을 감쪽같이 하기란 여간 버거운 일이 아니다. 게다가 봉고차 특성상 단속을 피해 여기저기 돌아다니면서 판금 도장 일을 하셨다. 그래서 안타깝게도 단골은커녕 돈도 거의 벌지 못하셨다.

당시 나는 임용고시를 준비 중이었다. 집에 돈이 없는 상황에서 부모님에게 생활비까지 지원받고 있었다. 카드와 대출 통장으로 말이다. 나는 고민에 빠졌다. 내 명의의 학자금 대출로 빚의 무게를 알기도 했고, 아들로서 부모님 사정을 외면할 수 없는 노릇이었다. 결국, 부모님의 금전적 스트레스를 조금이나마 덜어드려야겠다고 결심했다.[1] 내 생에 첫 마케팅이 시작됐다. 일명 〈아빠 수입 늘리기〉 프로젝트다. 가계 상황을 개선하기 위해서는 아버지가 시작한 봉고차가 잘되어야만 했다.

---

1 〈1편 정신_02계 보물〉 '보물이자 목표는 마케팅의 연료와 같다.', p.218

'아버지의 일거리가 많아지려면 어떻게 해야 할까?'

고민을 거듭한 결과 가장 먼저 단점을 개선해 보자는 결론이 나왔다.

우선 길거리에서 근근이 수리하는 업종의 장단점을 정리했다. 불확실성, 불편함, A/S 불가능 등 단점이 한두 개가 아니었다. 반면 장점은 거의 찾기 힘들었다. 무엇보다 길거리 봉고차에 손님이 찾아오는 일은 드물었다. 마침 수리가 필요한 사람이 그곳을 지나가야 했다. 그런데 슬프게도 수리가 필요한 사람조차 제대로 된 업체를 찾아가는 경우가 많았다.

나는 아버지의 사업을 광고해야겠다는 생각이 번뜩 떠올랐다. 주변 모두 하나같이 불가능한 일이라고, 미쳤다고 했다. 맞는 말이다. 아무리 마케팅과 광고를 한들 길거리 봉고차에 고객이 찾아올 것이라 누가 생각하겠는가. 하지만 밑져야 본전 아닌가. 난 내 결정을 믿고 아버지의 판금 도장 봉고차를 광고하기 시작했다.[2]

맨땅에 헤딩이나 다름없던 첫 마케팅

광고廣告는 문자 그대로만 해석하면 널리 알리는 것이다. 그러나 나는 진정한 광고는 가치를 빛나게 하고光 높이는高 것이라 주장한다. 마케팅Marketing은 누군가가 마케팅 대상을 어떻게 인식하도록 만들지 연구하는 학문이다. 그래서 나는 마케팅을 만들고Make, 찾는 것Hunting

---

2 〈5편 무리_11계 소통〉 '남들이 미쳤다고 해도 마케팅으로 끌고 가라.', p.330

이라 주장한다. 빠르게 읽으면 비슷하게 들린다. 즉, 누군가에게 마케팅으로 인식시키고, 광고로 가치를 알리는 것이다.

아버지를 어떻게 보이게 만들 것인가. 나는 먼저 남들이 따라올 수 없는 간판점 경력과 페인트칠 경력을 대대적으로 내세웠다. 사실 다른 곳들에 비해 크게 강조할 만한 장점이 없었다. 그나마 특별한 아버지의 경력을 내세워 나름대로 차별화 전략을 구축한 것이다.[3]

작업이 잘된 '판금 작품'을 뽑아 나열했다. 그리고 아버지를 위해 광고해야만 하는 나의 고시 생활과 상황도 적극적으로 서술하여 많이 찾아 달라 호소했다. 실제로 이때 끼니를 걱정하며 공부했고, 식권 한 장이 너무 소중했다. 비록 나의 상황을 풀어낸 글이 누군가에게는 광고로 보일 수도 있었을 것이다. 그러나 그 수는 극히 드물었다. 나는 광고가 아니라 그저 생계를 위한 간절한 몸부림이라고 강조했다.[4]

새로 시도한 운영 방식은 손님이 근처로 오면, 작업하기 좋은 으슥한 공간으로 함께 이동하는 것이었다. 사실 단속을 피하기 위해서였지만, '수리가 끝나면 차를 가져오는 픽업 서비스'라고 광고했다.[5] 그러나 신뢰가 쌓이지 않은 상태에서 선뜻 차량을 맡기고 가기란 쉽지 않다. 그래서인지 보통은 옆에서 기다리거나 지켜보는 경우가 많았다. 물론 대로변 길거리에서 하는 것보다 으슥한 곳이 낫다. 그러나 지켜보고 있는데 작업하는 것은 서로 번거로운 일이었다.

---

3 〈2편 식사_04계 식량〉 '남들보다 자신 있는 것들만 계속 찾아내라.', p.243
4 〈4편 의복_09계 각본〉 '스토리가 아닌 시나리오를 만들어라.', p.303
5 〈3편 주거_06계 위치〉 '단점을 장점으로, 위기를 기회로 보이게 하라.', p.270

나는 손님이 아버지를 신뢰할 수 있도록 광고 글에 휴대폰 번호를 공개했다. 우리 부자의 이야기도 진솔하게 적었다. 그리고 마치 장인처럼 보이는 아버지 사진을 크게 내걸었다. 그 결과 비로소 고객들은 아버지를 믿고 커피숍 등 다른 곳으로 가서 기다리기 시작했다. 심지어 예약금까지 거는 손님도 생기기 시작했다. 내가 마케팅의 '마' 자도 모르는 임용고시생이었을 때의 일이다. 이처럼 마케팅은 무의식적으로 하게 된다. 그리고 여러 가지 요건이 맞아떨어지면 의도하지 않았더라도 '대박'이 난다.

광고를 꾸준히 하면서 일거리가 늘자 아버지의 실력도 점차 향상됐다. 툭하면 자랑할 정도로 작업 품질에 자신감을 보이셨다. 더 나아가 작업이 만족스럽지 않았을 때 환불 처리한 내역도 함께 공개했다. 만약 다섯 부분의 작업을 요청했는데 세 부분만 작업이 잘되고 나머지 부분이 잘되지 않았다고 가정해 보자. 그렇더라도 모든 금액을 환불해 주며, 나머지 부분도 다른 곳에서 작업할 수 있도록 도와드린다고 어필했다.[6] 실제로 몇 번 전액 환불해 준 사례도 있다.

작업 비용은 공업사보다 현저히 저렴한 편이었다. 하지만 같은 길거리 판금 도장 봉고차 시세보다 다소 비싸게 책정했다. 이유는 간단하다. 길거리 봉고차의 평균 시세로는 큰 이익을 볼 수 없기 때문이다. 또 아버지의 책임감과 실력은 그들보다 훨씬 높은 가치가 있다고 판단했다.[7]

---

6 〈6편 경쟁_14계 분석〉'불만족 고객조차 고마워하게 만들어라.', p.365
7 〈3편 주거_07계 전략〉'가격을 낮출 것이 아니라, 가치를 높여라.', p.283

판금 도장 업계의 장인이 된 아버지

여기서 멈추지 않았다. 길거리 판금 도장에 대한 손님들의 불안감을 없애려면 어떻게 해야 할까. 나는 신뢰를 줄 수 있는 다른 방법을 찾아 헤맸다. 고민 끝에 네이버 카페를 하나 개설했다. 제대로 갖춰진 작업장이 없으니, 온라인상의 매장이라도 만들어야겠다는 생각에서였다. 카페 이름은 아버지와 나의 성을 따서 '오 박사의 판금·도색'이라고 지었다.[8]

기적이 일어났다. 불과 몇 달도 되지 않아 카페 회원 수가 약 3,000명에 이른 것이다. 문의 전화도 불티나게 오기 시작했다. 새벽에도 문의 전화가 오는 바람에 아버지께서는 핸드폰을 끄고 주무실 정도였다. 지금에야 밝히지만, 아버지는 사람들이 예의가 없다며 내가 전화한 것도 아닌데 나에게도 화를 내셨다. 그러나 그 또한 행복한 비명이었다.

더 놀라운 일은 전국 각지의 손님이 홍길동처럼 동에 번쩍 서에 번쩍 나타나기 시작한 것이다. 예약금을 받는데도, 예약이 계속 몰아닥쳤다. 그리고 서로 짜기라도 한 듯이 "아들이 효자네요. 좋으시겠어요."라는 말을 덧붙이며, 꼭 여기서 수리하고 싶다고 말했다. 내가 카페에 올린 광고 글 덕분이었다. 그때가 5월 중순쯤이었는데, 8월 말까지 무려 3달 치가 넘는 예약이 꽉 찼다. 불과 몇 주도 안 돼서 벌어진 일이다.

아버지가 봉고차를 몰고 다니시며 임상실험처럼 시작한 판금 도장

---

8 〈2편 식사_03계 성명〉 '이름은 브랜드 자체이며, 신뢰와 직결된다.', p.232

일이 이렇게까지 잘되리라고는 꿈에도 생각하지 못했다. 예약하려는 고객(이제는 손님보다 고객이라는 단어가 어울린다)에게 "죄송하지만, 예약이 꽉 차서 9월에나 가능합니다. 괜찮으시겠어요?"라고 되물어야 했다. 그래도 예약을 하겠다는 대답을 듣곤 했으니 말이다. 지금도 그때를 떠올리면 애국가처럼 가슴 벅찬 감동이 밀려온다.

아버지는 그렇게 판금 도장 업계의 장인(?)과 박사님(?)이 되셨다. 카페 게시판은 엄청나게 많은 후기와 칭찬 글로 도배되었다. 오 박사 팬도 많이 생겼다. 아주 간혹 불만 글이 올라오긴 했지만, 즉시 응대함으로써 고객의 불만을 완전하게 해소했다. 불만 글을 남긴 고객은 빠르고 친절한 응대에 만족하여 자신의 글에 다시 칭찬 댓글을 남기기도 했다. 점차 소개도 생기기 시작했다. 그렇게 카페 운영의 효과를 톡톡히 보며, 늘 3개월 치 예약은 기본으로 깔아 둔 채 작업하는 기쁨을 누릴 수 있었다.[9]

시작은 미약했으나 그 끝은 창대했다!

아버지는 신뢰를 매우 중시하셨다. 원래 일요일은 쉬는 것이 철칙이었다. 다만 약속을 지키겠다는 일념으로 일요일까지 시간을 내서 작업하러 나간 경우도 생겼다. 쉬는 날 없이, 온몸에 파스를 붙이고 일했으니 얼마나 고단하셨겠는가. 더군다나 길거리 영업인 탓에 오가며 버리는 시간도 많았다.

---

9 〈6편 경쟁_14계 분석〉 '불만족 고객조차 고마워하게 만들어라.', p.365

결국 아버지는 시간 확보를 위해 길거리 영업을 중단하셨다. 그리고 부천 굴다리 밑에 작업장을 차리셨다. 이미 고객이 차고 넘쳤으므로 길거리에서 호객 행위를 할 필요는 없었다. 또 비싼 임대료를 내고 상권을 생각해 사람들의 이목을 끌 필요도 없었다. 그래서 임대료도 없고, 햇빛도 가려 주고, 작업하기 좋은 공간을 찾아 아늑한(?) 굴다리로 작업장을 옮긴 것이다.[10]

당시 아버지는 워낙 쉴 시간이 없었다. 그래서 예약금을 걸어 둔 고객이 펑크를 내면 아이처럼 너무 좋아하셨다. 어느 날 아버지는 내게 작업장으로 오라고 하셨다. 공부하느라 자주 뵙지 못하던 나는 오랜만에 아버지와 함께 식사했다. 얼큰한 순두부찌개를 씹을 틈도 없이 흡입하던 중, 문득 아버지가 입을 떼셨다.

"네 덕분에 이렇게 돈도 벌고……. 고맙다. 오는 사람마다 아들을 칭찬해 주니 뿌듯하더라. 뭣보다 돈 걱정 없으니, 그게 그렇게 좋을 수가 없다."

그리고 내게 무려 100만 원을 내미셨다. 아버지의 진심이 담긴 말과 큰돈에 미친 듯이 가슴이 쿵쾅댔다. 순두부찌개를 먹다가 캑캑대는 와중에 머리끝까지 전율이 치밀어 올랐다. 평생 겪지 못할 기쁨이었다. 무엇보다 '내가 누군가에게 도움이 되었다는 것'이 더 큰 기쁨이었다. 그렇게 나는 '생애 최초 광고비'를 받게 되었다. 심지어 그 이후에도 나에게 매달 100만 원씩 성큼성큼 쥐어 주셨다.

---

10 〈6편 경쟁_15계 점검〉 '끊임없이 새로운 마케팅 거리와 해법을 찾아내라.', p.375

하지만 영원한 것은 없다. 연세 있으신 분이 일에 치이다 보니, 금세 체력이 바닥을 드러냈다. 유독 어깨 통증이 심각하셨다. 병원에서는 일을 쉬어야 한다고 강하게 권고했다. 결국 아버지는 어쩔 수 없이 일을 그만두셨다. 그렇다고 여태껏 공들여 키운 네이버 카페와 정든 작업장, 손때 묻은 작업 도구, 3개월분의 예약 고객 수첩 등을 그냥 폐기해 버릴 수는 없었다. 그러자니 너무 아쉬웠고, 환불도 해야 하므로 손해가 막심할 것이다.

다행히 당시 온라인 광고를 통한 권리금 거래가 종종 이루어졌다. 나는 판금 관련 업계와 카센터를 겨냥해 아버지의 일터를 광고하기 시작했다. 그리고 머지않아 인수한다는 사람이 나타났다. 관련 신규 점포를 창업한 지 반년쯤 된 분이었다. 그분은 창업할 때 이미 작업 도구나 장비 등을 다 갖춰 놓았다. 그래서 3개월분의 예약 고객, 운영 중인 카페, 사후 관리 요령에 관한 것들을 인수하길 원했다. 그 결과 총 3,000만 원의 권리금을 받았으니 이 정도면 나쁘지 않은 장사인 셈이었다.[11] 또한 기존 고객들의 A/S까지 모두 도맡아서 해주기로 합의를 했으므로 끝까지 신의도 지킬 수 있었다.

그렇게 아버지는 카페에서 전설로 남게 되셨다. 이후에도 아버지에게 수리를 받지 못해 아쉽다는 등의 글이 올라오기도 했다. 아버지를 도우면서 깨달은 가장 중요한 점은 마케팅과 광고로 누군가를 돕고, 고맙다는 말을 듣는 것이 진짜 값진 보상이라는 것이다. 마케팅과

---

11 〈6편 경쟁_15계 점검〉'끊임없이 새로운 마케팅 거리와 해법을 찾아내라.', p.375

광고는 누군가를 도와주고자 하는 간절함을 담아서, 반드시 도와주어야 한다.

지금 알고 있는 것을 그때도 알았더라면

당시 나는 약 1년 동안 전략 수정을 거듭하며 무의식적으로 마케팅 요소들을 적용했다. 오케팅에 의하면 이름·로고·브랜드 설정, 주력 관리, 시장경쟁 분석, 위치 잡기, 가격과 서비스 검토, 제품 가치 개발, 스토리 개발, 고객 소통, 문제점 개선 등이 그것이다. 모든 작품은 처음부터 한 번에 만들어지는 게 아니라 여러 번 갈고 닦아 완성된다.

만약 현재의 내가 그때의 내게 조언할 수 있다면, 사업 규모를 조금 더 크게 키우면서 무의식적으로 했던 마케팅을 의식의 영역으로 끌어올리라고 귀띔할 것이다. 진정한 오케팅을 할 수 있도록 말이다. 아버지가 더는 일하실 수 없게 되었을 때, 사업을 접기보다는 기세를 몰아 사업의 규모를 더욱 키웠다면 어땠을까. 아버지가 사업을 직접 운영하셔야만 할 필요는 없었다. 직원을 채용해 기술을 전수하고 교육함으로써 충분히 사업을 확장할 수 있었다. 만약 그랬다면 아버지는 지금쯤 꽤 알아주는 1급 공업사 사장님이 되어 있을 것이라 확신한다.

지금도 종종 초심으로 돌아가 '어떻게 하면, 이 업체를 잘되게 만들어 줄 수 있을까?'라는 고민에 빠진다. 그리고 이 고민은 생각보다 오랫동안 이어진다. 수학 공식처럼 정답이 정해져 있는 것이 아니기 때문이다. 물론 지금은 그때와 달리, 수많은 경험과 지식을 쌓았다. 하지만 여전히 쉽지만은 않다. 정답이라고 생각했던 것, 그래야 한다고 배운 것을 막상 실전에 적용했을 때 맞지 않을 때가 있다.

앞서 말했듯이, 마케팅에 정답은 없다. 그래서 나는 사람이든 기업이든 제품이든 컨설팅을 진행할 때 항상 "계속 수정해야 하고, 현재로서는 이것이 좋은 편입니다."라고 이야기한다. 가능성을 열어 두고 전략을 세워야 하기 때문이다. 로마가 하루아침에 이뤄지지 않았듯이 시기에 맞는 전략과 절차를 반드시 연구하고 선행해야 한다. 마치 항해하듯.

나는 지금 이 글을 읽고 있는 독자가 어떤 업종에 종사하는지 모른다. 하지만 분명히 확신할 수 있는 것은 어떤 업종에 종사하든 마케팅 전략을 구상하고 실험할 때 절대 의심하지 말아야 한다는 것이다. 전문가의 조언이나 본인의 생각을 떠나 한번 정했으면 3개월 이상은 꾸준히 기다려 보길 추천한다.

그 후 전략을 수정해서 다시 3개월 동안 진행해야 한다. 그렇게 최소 반년 동안의 데이터를 쌓아 놓고 검토해 보자. 그리고 이 과정을 마케팅 성공을 위한 항해를 그만둘 때까지 지속하라. 만약 이 과정을 다른 누군가에게 맡겼다면 그 사람을 전적으로 믿고 따르길 바란다.

나는 첫 도전부터 비교적 쉽게 마케팅에 성공했다. 하지만 사실 시장은 그리 호락호락하지 않다. 한두 번의 시도만으로 마케팅에 성공하는 경우는 매우 드물다. 설사 쉽게 성공하더라도, 한 번의 성공만으로 그칠 확률이 높기 때문이다.

대기업 광고나 잘나가는 광고기획사의 작품조차도 최소 절반 이상이 버려진다는 통계가 있다. 실제로 초대박 광고가 아닌 이상, 약 95%의 광고는 3개월도 못가 사라진다. 이는 수십억 원을 써도 마찬가지다. 설령 재미있어 대박이 난 광고라도 '그것을 보고 과연 구매할까?'라는 질문에 답을 못하는 경우도 많다. 반면 중도에 포기하지 않고, 의심하지 않고 꿋꿋이 달려온 기업은 광고 효과를 톡톡히 누린다. 다시 한 번 말하지만, 한 번 성공하는 것보다 성공을 유지하는 것이 더 중요하다. 이는 광고나 마케팅뿐만 아니라 인간관계나 학업, 재테크 등 우리의 일상에도 모두 통용된다.

아버지 일을 도왔던 때를 회상하면 느끼는 바가 참 많다. 마치 나비효과처럼 나의 삶에 큰 영향을 미친 경험이기 때문이다. 나중의 일이지만 나는 학교 선생님이 되려 한 꿈을 접었다. 또 평소 가고 싶던 J 신문사에 입사할 기회도 스스로 걷어찼다. 이때도 주변 사람들 모두 나에게 미쳤다고 했다. 하지만 이때 느꼈던 전율과 보람이 있었기에 가능했다.

자, 길거리 판금 도장도 마케팅을 통해 소위 말하는 대박이 났다. 여러분이라고 못 할 것이 뭐가 있겠는가? 나는 먹고살기 위해 마케팅을 시작했다. 그것도 알고 한 것이 아니라, 나도 모르게 한 것이다. 하지만 지금은 '생계형 마케팅 천재'라고 불린다. 여러분도 충분히 생계형 마케팅 천재가 될 수 있다. 오히려 그때의 나보다 유리한 출발점에 있다. 적어도 이 책을 읽는 지금, 마케팅에 대해 조금씩 깨달아가고 있을 테니 말이다.

"내 생에 첫 광고비는 아버지가 주신 100만 원이다.
이 돈으로 내 인생을 샀다."

···◄►◦─◄◦─◄⦗◌◍⦘►─◦►─◦►►···

"제갈량은 유비가 없었을 때 동네 백수였다.
누군가를 돕고자 할 때가 빛나기 시작할 때다."

···◄►◦─◄◦─◄⦗◌◍⦘►─◦►─◦►►···

"찾아라! '신의 한 수'는
불가능해 보이는 상황에서만 나타난다."

···◄►◦─◄◦─◄⦗◌◍⦘►─◦►─◦►►···

"당연하다고 생각하던 것을 거부하라.
거부하다 보면, 당신은 거부巨富가 될 것이다."

by 오두환

오케팅 노트

02계 보물

목표를 제대로 설정해야 한다. 아버지를 도와드리거나 봉고차를 광고하겠다는 목표가 없었다면 첫 마케팅 성공 일화는 탄생하지 못했을 것이다.

・2편 식사・

03계 성명

이름을 제대로 지어야 한다. 당시 지었던 이름인 '오 박사의 판금·도색'은 비전문가가 지은 것치고는 매우 직관적이고 확실한 편이다.

・3편 주거・

06계 위치

포지셔닝 단계에서 경쟁사를 어디로 설정하느냐도 중요하다. 만약 동급의 다른 길거리 업자들과 경쟁하겠다고 그들과 비슷한 수준에 맞추려 했다면 절대 성공할 수 없었을 것이다. 공업사의 작업비가 더 비싼 데는 이유가 있다. 열처리 시설부터 임대료 등 다양한 비용 때문에 원가가 높을 수밖에 없다. 따라서 1급 자동차 공업사를 경쟁사로 설정하고 그들 수준에 맞추려고 한 것이 주효했다.

07계 전략

아버지 판금 도장의 적절한 가치를 알렸다. 그리고 합리적인 가격을 설정하는 등의 세부 전략으로 고객의 마음을 움직일 수 있었다.

09계 각본

당시 광고 글에는 본질적인 이야기와 함께 아버지의 경력, 우리 가족의 사연 등을 적절하게 담아 마케팅으로 포장했다. 이러한 진정성 있는 시나리오 덕분에 고객의 마음을 열 수 있었다.

◆━◆━◆━◆━◆━◆━◆━◆━◆⟶　　　·、6편 경쟁、·　　　⟶◆━◆━◆━◆━◆━◆━◆

13계 광고

무엇보다 광고가 제대로 이루어져야 주 고객층에 도달할 수 있다.

15계 점검

아버지의 건강 악화로 위기가 닥쳤을 때 모든 것을 포기했다면 어떻게 되었을까? 그간 쌓아 올린 카페와 장비, 예약 수첩이 한순간에 무無로 돌아갔을 것이다. 막대한 이익에서 막대한 손해로 바뀌는 것이다. 충분히 이익을 볼 수 있는 상황이 그냥 서서히 사라지는 것은 손해다. 하물며 수첩의 예약 고객과 예약금까지 잃었다고 상상해 보라. 명심하자. 언제나 위기에서 기회가 생기는 법이다.

밥값 걱정하던 백수,
잘나가는 약장수가 되다

- 2 -

네이버에 검색되는 나의 프로필을 보면 얼굴에 수염이 있다. 한 가지 고백을 하자면, 나의 수염은 자연산이 아니다. 나는 태생적으로 수염이 잘 안 나는 체질이다. 수염이 멋져 보여 일부러 만들어 낸 것이다. 수염을 만든 건 인생에서 가장 잘한 일 중 하나라고 생각한다.

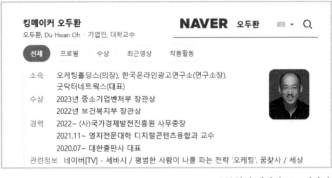

오두환의 네이버 프로필사진

내 사진을 한번 보라. 수염이 없는 오두환은 상상도 하고 싶지 않다. 남자들 사이에서 수염 열풍이 불던 당시, 나는 수염을 갖고 싶다는 강한 욕망으로 온갖 방법을 찾아보기 시작했다. 그러던 중 우연히 한 웹사이트에서 게시물을 하나 발견했다. 그 게시물에는 연고처럼 생긴 제품 사진과 함께 '열심히 바르면 수염이 날 수도 있다.'라는 단편적인 정보만 나와 있었다. 나는 지푸라기라도 잡는 심정으로 그 귀한 아이템을 찾아 나섰고, 한참의 수소문 끝에 그것의 정체를 알아냈다. '미크로겐'이라는 발모제였는데, 남대문시장에서 구할 수 있다고 했다. 그길로 무작정 남대문시장으로 향했고, 결국 미크로겐 판매업자를 찾아내는 데 성공했다.

하지만 가격을 듣고 나서 발길을 돌릴 수밖에 없었다. 가격이 제일 저렴한 곳이 무려 2만 9,000원이었고, 대부분 3만 1,000원에 판매했다. 당시 한 끼 식비로 약 3,000원 정도를 지출하던 나에게 무려 열 끼 식비에 해당하는 금액이었다. 하지만 비싸다고 포기하고 싶지는 않았다. 좀 더 싸게 살 수 있는 방법을 고민하며 이리저리 머리를 굴려 보았다. 일단 판매자들은 나를 일반인으로 보고 2만 9,000원이라는 가격을 제시한 셈이니, 이번에는 사업자라고 하고 접근해 보기로 마음먹었다.

"사장님, 미크로겐을 팔아 보려고 하는데 혹시 얼마까지 해주실 수 있을까요? 생각보다 수요가 많은 듯싶어서요."

예상은 했지만 역시 쉽지는 않았다. 내 말에 대꾸도 해주지 않는 경우가 허다했고, 어떤 사람은 어이없다는 표정을 지으며 절대 안 된다고 했다. 너무 냉랭한 반응이었다.

꼭 사고 싶었으나 자금이 부족했다. 그렇다고 포기할 수도 없는 노릇이었다. 그리고 이왕 살 거라면 그 제품이 필요한 사람들에게도 좋은 가격으로 공급하고, 나도 아주 저렴하게 공급받으면 좋겠다고 생각했다. 그래서 나 자신을 마케팅하여 원하는 결과를 얻고자 목표를 설정했다.[12] 이때 또다시 오케팅의 기지를 발휘하기 시작했다. 물론 '무의식적'으로 말이다.

두드리라! 그러면 문이 열릴 것이다

먼저 나처럼 수염이 로망인 사람들을 위한 커뮤니티 카페를 개설했다. 이어 미크로겐 판매 글을 올려, 구매하고자 하는 이들을 모집했다. 물건을 보유하고 있지 않았으므로 예약판매인 셈이었다. 판매 글의 내용은 이러했다.

'미크로겐을 원하는 분들이 꽤 많은 것 같아 글을 올립니다. 현재 공급이 가능하긴 하나 저렴하게 가져오려면, 수량이 좀 잡혀야 합니다. 현재 물건값을 알아보니 개당 3만 1,000원에 공급이 가능하므로 배송비 3,000원을 포함하여 3만 4,000원을 입금하시면 제품을 보내드리겠습니다. 선착순 10분만 모집합니다.[13]

그 후 각종 포털 사이트와 유명 커뮤니티 카페에도 같은 글을 올렸

---

12 〈1편 정신_02계 보물〉 '내가 갖고 싶은 것을 모두 갖고 싶게 만들어라.', p.221
13 〈3편 주거_07계 전략〉 '합리적인 가격은 오직 고객만 정할 수 있다.', p.285

다. 이때 오케팅의 일부분인 '전략'을 무의식중에 발현했다. 공략 대상을 먼저 설정했고, 차별화 전략, 경쟁 분석, 가치 개발을 시도했다. 그리고 정확한 목표를 설정하고 제시했다.

그 결과 생각보다 많은 예약 인원이 몰렸다. 5일도 되지 않아 17명이 모인 것이다. 57만 8,000원을 모았는데, 여기서 물건값과 배송비를 빼면 나에게 3만 4,000원이 남았다. 나의 주머니 사정으로는 살 수 없었던 미크로겐 1개와 왕복 차비, 그리고 한 끼 식비까지 생긴 것이다.[14]

심지어 남대문시장에서 파는 것을 아는 사람도 상당수였다. 자주 사는 사람들은 가격이 2만 9,000원~3만 1,000원인 사실도 알고 있었다. 직접 사러 가면 왕복 차비와 시간을 들여야 하는데, 그런 수고를 덜게끔 택배로 발송해 준다니 이 얼마나 감사한 일인가. 나는 어느새 좋은 일을 해주는 사람이자 고마움의 대상이 됐다. 제품 1개를 공짜로 얻고 차비까지 생겼는데도 말이다.[15]

남대문의 큰손(?)이 되다

기세를 몰아 주문 들어온 수량을 가지고 다시 남대문을 찾았다. 결과는 어땠을까?

남대문시장 상인들의 시선이 달라졌다. 나는 여유로웠다. 이번에는

---

14 〈5편 무리_11계 소통〉 '마케팅은 불가능을 가능하게 보이도록 포장하는 일이다.', p.333
15 〈3편 주거_07계 전략〉 '가격을 낮출 것이 아니라, 가치를 높여라.', p.283

미크로겐 1개가 아닌, 17개를 한꺼번에 구매하러 왔기 때문이다. 대량으로, 지속적인 거래가 가능한 큰손(?)이 된 것이다. 2주일 전, 미크로겐 1개를 사기 위해 발을 동동 구르던 나의 모습은 잊힌 지 오래였다. 이제 가격 협상이 가능한 포지션이 되었다. 가슴을 쫙 펴고, 당당하게 단가를 낮출 것을 요구할 수 있었다. 나는 비용 절감이라는 목표를 설정하고, 실행에 옮기기로 했다.

새롭게 협상이 가능해진 상황이었다. 나는 찔러보듯 여러 판매자와 접촉했다. 그리고 커뮤니티 사이트와 예약 현황 등을 보여 주며 그들에게 '광고'했다. 단 5일 만에 17건의 주문을 받았으며, 향후 100건 이상의 주문도 너끈히 받을 수 있다고 말했다. 한동안 미크로겐 판매를 계속할 예정이니, 상생할 수 있는 관계가 되었으면 한다고도 덧붙였다. 물론, 이 말들 속에는 좋은 가격을 제시해 달라는 의미가 함축되어 있었다.[16] 판매자가 성에 차지 않는 단가를 제시하면 조만간 연락드리겠다는 한마디만 남긴 채 곧장 발길을 돌렸다. 그렇게 몇 군데나 돌았을까. 드디어 내가 원하는 단가에 제품을 공급해 줄 수 있다는 판매자를 만나게 되었다. 그는 개당 2만 1,000원이라는 가격을 제시했다. 2만 9,000원짜리 제품을 무려 8,000원이나 저렴하게 지속적으로 공급받을 수 있게 된 것이다.

실로 엄청난 성과였다. 주문받은 총 입금액에서 실구매가와 배송비를 빼보았다. 내 손에 17만 원이 남았다. 이번에는 미크로겐 1개를

---

16 〈6편 경쟁_13계 광고〉 '광고는 마케팅 함선의 초고속 프로펠러다.', p.350

살 수 있는 돈과 왕복 차비에 15일 치의 식비까지 생겼다. 고객들이 고맙다는 인사와 함께 계속 고생해 달라며 응원도 해주었다. 덕분에 보람도 느꼈다. 심지어 거래처 사장님까지도 고마움을 표해 주셨다. 나는 양쪽 모두에게 보답하는 마음으로 신용을 지키며, 배송을 성실히 이행했다. 그러자 고객들의 칭찬과 후기 글도 점점 더 쌓여갔다. 그리고 나는 이러한 글들을 이후 판매 홍보에 활용하였다. 신뢰도를 더욱 높이기 위한 전략이었다.[17]

그리고 주문량이 늘어남에 따라 운영 시스템의 발전을 꾀하기 시작했다. 기존에는 주문량이 10개 정도 쌓이면 직접 제품을 구매하여 배송하는 시스템이었다. 그런데 문득 물건을 구매하기 위해 이동하고, 물건을 일일이 포장하여 택배를 보내는 데 투입되는 시간과 노동이 아깝다는 생각이 들었다. 그리하여 가격, 서비스 등에 대한 전반적인 검토에 들어갔다. 기존의 포지션을 분석하고, 새롭게 리포지셔닝 Repositioning을 시도한 것이다. 만족하고 멈추면 더는 발전이 없다.[18]

구매와 배송에 들이는 시간과 노동을 단축하고 싶었다. 방법을 찾기 위해 다시 고민에 빠졌다. 그 결과, 남대문시장에서는 보통 대량으로 계약을 하니 배송료도 상대적으로 싸지 않을까 하는 생각에 이르렀다. 나는 그렇게 오케팅의 '문제점 개선 단계'에 진입했다.

나의 예상이 맞았다. 택배 전문 업체가 남대문시장에 있었다. 장기

---

17 〈2편 식사_04계 식량〉 '남들보다 자신 있는 것들만 계속 찾아내라.', p.243
18 〈6편 경쟁_15계 점검〉 '끊임없이 새로운 마케팅 거리와 해법을 찾아내라.', p.375

계약하면 1건당 2,300원이라는 아주 저렴한 금액으로 배송을 진행할 수 있었다. 나는 그 업체와 계약하기로 했다. 하지만 한 가지 문제가 남아 있었다. 바로 택배 포장이었다. 물건의 파손을 막기 위해 뽁뽁이로 감싸는 것과 박스 포장을 하는 것은 택배 업체에서 해줄 수 없는 일이었다.

혹시나 하는 마음에 거래처 사장님께 고민을 말씀드렸다. 흔쾌히 뽁뽁이와 박스만 제공해 주면, 포장까지 해주시겠다고 했다. 지속적인 거래와 그동안 쌓은 친분 덕분에 얻게 된 서비스였다. 나는 뛸 듯이 기뻤다. 이로써 배송비도 800원이나 절감하고, 직접 남대문시장에 가서 구매하고 배송해야 하는 수고를 덜었다. 이동하는 데 드는 차비까지도 말이다.

우후죽순 나타난 경쟁자

그런데 이후로 나 말고도 몇몇 미크로겐 유통업자들이 더 생겨났다. 경쟁자는 늘 생기기 마련이다. 하지만 나는 이미 가격과 서비스, 소통 면에서 월등히 앞서고 있었다. 쉽게 일인자의 자리를 내주지 않았다. 또 경쟁자들이 진입하는 만큼 나도 제자리에 머무르지 않았다. 끊임없이 작은 발전을 거듭했다. 사탕을 함께 넣어 배송하거나 소량을 원하는 고객들을 위해 연고 통에 소분하여 판매하는 등의 시도를 했다. 기분 좋게 물건을 받기를 바라는 이들과 나처럼 돈이 없어 구매에

부담을 느끼는 이들을 배려하는 마음에서 시도한 것이다.[19]

　그러던 중 예상치 못한 강력한 경쟁자가 나타났다. 내가 판매하는 것을 보고, 따라서 시작한 모양이었다. 홍보 매체나 방식이 나와 매우 유사했기 때문이다. 이러다 경쟁에 밀려 매출이 떨어지는 것은 아닐지 걱정되기 시작했다. 나름대로 이 세계(?)에서 자리 잡은 지 오래되었고, 선두를 유지하고 있었기에 경쟁자에게 위협을 느끼게 될 줄은 상상도 못 했다. 당시 상대는 나보다 1,000원이나 저렴한 가격에 미크로겐을 판매하고 있었다. 아마 나의 판매 가격을 사전에 인지하고 있던 것 같다.[20]

　바로 경쟁자와 같은 금액으로 가격을 조정했다. 공급 업체의 가격 인하를 이유로 들었다. 마진을 더 가져가지 않고, 고객들에게 혜택을 돌려 드리는 것임을 강조했다. 이뿐만 아니라 기존에 소분 판매할 때 사용하던 연고 통을 1개씩 사은품으로 제공하는 이벤트를 벌였다. 그리고 연고 통에 덜어서 사용하면 휴대가 편리하다는 점과 사용 방법을 함께 홍보했다. 일부 고객의 가격 부담을 덜어 주기 위해 시도한 판매 전략을 모든 고객에게 확장해 적용한 것이다.[21]

　이번에도 나의 전략이 통한 것일까. 경쟁자는 머지않아 자취를 감췄다. 다시금 나의 반 독점시장이 되었다. 상대가 공격적인 사업을 시작

---

19 〈2편 식사_05계 문제〉'판매자 입장만큼 쓸모없는 것도 없다. 구매자가 되어라.', p.256
20 〈3편 주거_08계 장벽〉'우리가 쳐놓은 방치, 모방, 혁신의 그물망에서 경쟁사가 벗어나지 못하게 하라.', p.293
21 〈5편 무리_12계 출격〉'좋은 업데이트가 되었다면, 가급적 무상으로 지급하라.', p.343

한 지 몇 달도 안 되었을 때, 새로운 전략으로 맞대응했기에 가능한 일이었다. 또 내가 경쟁자를 지속적으로 분석하고 모니터링한 덕분이었다.[22] 시간이 흐른 뒤에는 경쟁자가 오히려 기폭제 역할을 해주었다는 사실도 깨달았다. 그 상대의 등장으로 인해 나는 더욱 좋은 방향으로 변화할 수 있었다. 진정으로 수염을 원하는 바쁜 수염인(?)들을 위한 일종의 사명감도 느꼈다. 그들도 고마워하던 시절이었다. 그 덕에 한동안은 상당히 좋은 매출을 유지하며 평온한 하루하루를 보냈다. 블루오션으로 여기며, 평생 이 일을 해야겠다고 생각했을 정도이니 말이다.

의도치 않은 실수, 독이 되어 돌아오다

하지만 내 생각은 그리 오래가지 못했다. 어느 날 갑자기 집으로 낯선 사내 3명이 들이닥쳤다. 당시 나는 지금의 아내와 고시원 단칸방에서 살고 있었다. 도둑이라도 든 줄 알았으나, 그들은 법원에서 나온 집행관이라고 했다. 알고 보니 미크로겐 판매가 국내법상 불법이었다.

곧이어 휴대폰의 벨이 울렸다. 아버지였다. 매우 떨리는 목소리로 집 전부를 압수수색 중이라고, 대체 무슨 일이냐며 내게 물으셨다. 나중에 들어 보니 아버지 댁에도 집행관이 3명이나 왔다고 한다. 나의 무지에 의해 총 6명이 출동하여 양쪽 집이 발칵 뒤집어진 상황이었다. 눈앞이 깜깜했다.

---

22 〈3편 주거_08계 장벽〉 '우리가 쳐놓은 방치, 모방, 혁신의 그물망에서 경쟁사가 벗어나지 못하게 하라.', p.293

집행관 2명에게 양팔을 붙들리고, 1명에게는 바지 뒤춤이 잡힌 상태로 영문도 모른 채 끌려갔다. 그 순간의 강압적인 느낌은 아직도 잊을 수가 없다. 불행 중 다행인 건지, 제품을 압류당하지는 않았다. 아니, 압류할 수 없었다. 나는 유통 방식을 변경해서 재고를 보유하고 있지 않았기 때문이다. 다만 내가 바르려고 뜯어 놓은 미크로겐을 빼앗기기는 했다.

조사관 말에 의하면, 해당 의약품은 법적으로 반입이 불가했다. 유통만으로도 큰 불법에 해당한다고 했다. 큰 벌금을 물게 되는 것은 물론, 심하면 구속될 수도 있다고 했다.[23] 검찰 송치까지 된다는 말에 두려움에 휩싸였다. 그리고 얼마 후, '불법 의약품 판매책 검거'라는 글자가 일부 뉴스의 헤드라인을 장식했다.

혹여 너무 놀랄까 봐 결론부터 말하자면, 나는 기소유예 처분을 받았다. 그야말로 천만다행이었다. 기소유예 처분을 내린 이유는 내 죄가 '생계형'이라는 점 때문이었다. 검사가 보았을 때 죄는 있으나, 전과자로 만드는 것보다 앞으로 착실하게 살 수 있게 기회를 부여하는 것이 낫다고 판단한 것이다.

나는 장장 3시간에 걸쳐 조사받았다. 나는 그 일이 불법인지 전혀 몰랐고, 초범이라는 사실을 계속해서 강조했다. 덧붙여 교사가 되고자 함을 강력히 호소했다. 만에 하나 조서가 잘못 나가기라도 한다면, 전과자라는 평생 지울 수 없는 주홍글씨를 달게 될 것만 같았다. 이대로

---

23 불법 의약품 판매는 5년 이하의 징역 또는 5,000만 원 이하의 벌금에 처해질 수 있다.

인생을 망치게 될지도 모른다는 생각에 괴로웠다.

그저 시키는 대로 모든 조사에 협력할 테니, 제발 저 좀 살려달라며 인생에서 가장 절실하게 '나 자신을 마케팅'할 수밖에 없었다. 그 와중에도 나의 '스토리'를 열심히 풀어내어, 나 자신의 '가치'를 증명하고, 그들과 '커뮤니케이션'하기 위해 노력했다. 동정심을 이끌어 내어 조사관을 아군으로 만드는 것을 목표로 설정하여 내 인생의 명운이 걸린 마케팅을 했다.[24]

이러한 상황에서도 공급 업체 사장님의 신상은 지켜드렸다. 신의는 가장 중요한 것이기 때문이다. 조사관이 미크로겐을 어디서 구매했는지 내게 집요하게 물었다. 나는 끝까지 남대문시장이라고만 대답했다. 워낙 여기저기서 조금씩 구매해 온 터라, 정확한 공급 업체는 알 수 없다고 조서에 적어 달라며 부탁드리기까지 했다.

나는 여러모로 운이 좋았다. 당시 나를 조사한 조사관님이 아직도 또렷하게 기억난다. 그는 나에게 '별일 없을 거다. 당신보다 훨씬 더 나쁜 짓 하는 놈들도 잘 살고 있다. 이게 먹는 걸로 장난친 것도 아니지 않느냐. 조서 잘 적어 줄 테니 너무 걱정 마라.'라며 따뜻한 말을 건네주었다. 그의 말처럼 나는 자장면 한 그릇을 얻어먹고는 아무 일도 없었다는 듯이 풀려날 수 있었다.

잠깐의 성공에 젖어 있던 나를 적기에 잡아 주신 모든 관련자분께

---

24 〈1편 정신_02계 보물〉'보물이자 목표는 마케팅의 연료와 같다.', p.218

다시 한번 감사드린다.[25] 물론 그간 벌었던 대부분의 돈을 환수당하고, 벌금도 납부했지만 말이다. 그렇게 내 인생에서 가장 절실했던 마케팅은 나름의(?) 성공을 거두었다.

'가짜'가 아닌 '진짜' 마케팅

마케팅이라는 것이 그렇다. 의도하지 않아도 사업뿐 아니라, 일상 속에서 무수하게 이루어지고 있다. 그것도 '무의식적'으로 말이다. 마케팅에 대해 전혀 몰라도 자신도 모르는 사이에 생존을 위한 마케팅 능력을 발휘하게 된다. 나 역시 마케팅을 공부하지 않고, 오케팅 전략을 개발하지 않았더라면 지금까지도 스스로 마케팅을 해 왔음을 까맣게 몰랐을 것이다.

마케팅 전문가들은 고작 이게 무슨 마케팅이냐고 생각할지도 모르겠다. 하지만 나의 사례를 마케팅 정론에 대입해 보면, 놀랍게도 마케팅 논리가 성립되는 것을 알 수 있다. 그러므로 나는 여러분이 오케팅 시스템을 하루빨리 익혀, 인생이 송두리째 바뀌는 기적을 경험할 수 있기를 진심으로 바란다. 오케팅, 즉 생계형 마케팅은 대단하지 않게 할 수 있기에 더욱 대단한 것이다.

---

25 〈3편 주거_06계 위치〉 '단점을 장점으로, 위기를 기회로 보이게 하라.', p.270

"마케팅은 대단하지 않게 할수록
더 대단한 것이다."

"끊임없이 자신을 팔아라.
세상에 하나뿐인 당신의 가치는 무한하다."

"돈 없이 물건을 사려거든,
사람을 모아서 빚을 져라. 투자 원리와 같다."

"위기는 곧 기회고, 기회는 곧 위기다.
둘은 동전의 양면 같아서 한 면만 보일 뿐이다."

by 오두환

오케팅 노트

·1편 정신·

02계 보물

어떻게든 수염을 갖고야 말겠다는(?) 굳은 목표로부터 시작했다. 그러나 제품을 구매할 여력이 없었고 금액 할인에 도전했다가 실패했다. 하지만 사람을 모아서라도 사겠다고 계속 도전했다.

·2편 식사·

03계 성명

무의식적으로 오케팅을 하다 보니 순서가 뒤로 밀려 엉망이었다. 그런데도 '간지툴 미크로겐 구매대행'이라는 이름으로 수염에 관한 전문성을 띠고자 노력했다.

04계 식량

먹고 사는 데 필요한 주력상품을 3단계로 세분화했다. 첫째는 미크로겐, 둘째는 소분화 상품, 셋째는 수염 정리기와 손질 도구 등이다.

·3편 주거·

07계 전략

합리적인 가격으로 단가를 계속 조정했다. 합리적인 가격은 판매자가 최대한 좋은 것을 제공할 수 있는 가격까지 높이고, 고객을 위해 감수할 수 있는 만큼 낮춰 설정해야 한다. 여기서 가격은 단순히 제품에만 해당하는 것이 아니다. 미크로겐 판매업자를 만나서 흥정할 때 나의 가격도 함께 매겼다.

08계 장벽

내 제품보다 저렴한 가격으로 판매하던 경쟁자를 모니터링하지 않고 그대로 방치했다면 그들이 시장을 빠르게 잠식했을 수도 있다. 지금 1등인 사람이나 기업, 제품은 예전의 1등을 기어코 이겨 낸 사람, 기업, 제품이다. 고객과 시장은 한정되어 있으므로 확실한 팬덤을 구축하고 관리해야 한다.

·4편 의복·

09계 각본

바쁜 수염인을 위해 빠른 구매도 가능하게 만들었다. 또 이렇다 할 수염 정리기가 없던 당시에 기발한 정리기까지 판매했다. 그리고 그것을 팔게 된 계기를 상품 페이지 최상단에 배치하여 표현했다.

10계 요약

당시 나름대로 머리를 짜내어 만든 '수염 있는 남자들을 위한 간지툴'이라는 슬로건을 사용했다. 여러 사례와 함께 '간지툴'을 이용해야 하는 7가지 이유도 들었다.

·5편 무리·

12계 출격

만약 초기 단계에서 베타테스터들이 함께하지 않았다면 어찌 되었을까. 좋은 질문과 답변을 받지 못해, 합리적인 가격과 서비스를 정하는 데 많은 시행착오를 겪었을 것이다.

·6편 무리·

13계 광고

마케팅이 아무리 좋게 되었어도 주 고객층이 모이는 다양한 채널에 알리지 못했다면 오케팅은 성립되지 않았을 것이다.

15계 점검

목표는 항상 무너지게 되어 있다. 무너지라고 세우는 것이다. 목표는 다시 세워서 될 때까지 하면 된다. 오케팅의 'O'자처럼 계속 해법을 갈구하고 사고하라.

공부 짱 낙제 대학생,
상위 10% 교사가 되다

- 3 -

나는 지방 대학교 출신이다. 어렸을 때부터 교사가 되고 싶었다. 그래서 교직과정을 이수할 수 있는 대학교를 골라 지원하다 보니 지방 대학교에 가게 되었다.

문제는 내가 여느 학생보다 공부하기를 싫어하는 학생이었다는 점이다. 더 정확히 말하자면, 외우는 것을 극도로 싫어했다. 책을 읽을 때도 그대로 안 받아들였다. 작가의 의견에 맞서 말대답을 하며 읽곤 했다. 심지어는 공자, 소크라테스와도 대립각을 세울 정도였으니, 말다 했다.

또 정해진 공식조차 거부하기 일쑤였다. 역사나 국어 공부를 할 때도 마찬가지였다. 사건마다 '왜 이때 이 장군은 이렇게 행동했을까?' '화자는 무슨 의미와 감정으로 이런 말을 했을까?' 등의 의문을 제기했다. 그리고 관련 내용의 책을 일일이 찾아서 읽었다. 뭐든 '그렇구나.' 하고 한 번에 넘기는 법이 없었다. 그냥 외우는 편이 쉬울 텐데, 굳이 어려운 길을 갔다. 알려주는 대로 이해하면 쉽다. 그런데 나는 꼭 딴지를 거니 성적이 나쁜 건 당연했다.

그러니 대학교 때 학점이 어땠겠는가. 1학년 때의 학점은 실로 처참했다. 올^{All} C를 받았다. 낙제점에 학사경고까지 모두 받아 챙겼다. 처음에는 대수롭지 않게 여겼다. 공부를 잘한 적이 별로 없었기에 성적에도 그다지 신경 쓰는 편이 아니었다. 하지만 내가 간과한 사실이 있었다. 알고 보니 성적이 학부 내 상위 10% 안에 들지 못하면, 교원자격증을 취득할 수 없었다. 나는 교사가 되겠다는 꿈 하나만으로 타지까지 내려와 학교를 다니고 있었다. 그야말로 청천벽력이었다. 주변에서 모두 그 학점으로는 불가능할 거라며, 안타까운 시선으로 나를 바라봤다.[26]

그렇다고 교사의 꿈을 포기할 수는 없었다. 어떻게든 이 위기를 극복해야만 했다. 나에게는 생사가 걸린 문제나 다름없었다. 나는 또다시 무의식적으로 '생계형 마케팅'을 시작했다. 먼저 문제를 파악하고, 목표를 설정하기로 했다.

내 문제는 외우는 것을 매우 싫어하고, 못한다는 것이다. 근본적인 성격과 성향이 그러하다. 이어 학점을 계산해 보았다. 남은 학기 동안 모든 과목에서 A를 받아도 학부 내 상위 10% 안에 들기 어려웠다. A+까지 받는다고 가정했을 때 그나마 가능했다. 워낙 회생 불가한

---

26 〈5편 무리_11계 소통〉'마케팅은 불가능을 가능하게 보이도록 포장하는 일이다.', p.333

정도로 학점을 확실하게 박살 내놓은 상황이었다. 솟아날 구멍이 보이지 않았다.

올 C, 낙제점에 학사경고까지 받은 학생이 갑자기 장학생 수준이 된다는 것은 사실상 '세상에 이런 일'이다.[27] 게다가 늦었지만 어떻게든 해보겠다는 나의 의지에 '미쳤다, 불가능하다.'라며 주위 사람들이 친절히 격려(?)까지 해주었다.

위기는 곧 기회다!

학점을 올려야 한다. 그것도 올 A~A+가 필요했다. 하지만 갑자기 공부를 잘하는 것은 사실 불가능했다. 앞서 말했지만, 나는 외우는 것에는 소질이 없다.

"그러게 진작 열심히 공부하지 그랬냐."

주위에서는 혀를 끌끌 차며 말했다. 하지만 이미 일은 벌어졌고, 해결해야 한다. 마케팅적 사고와 행동으로 문제를 돌파해야 한다. 목표를 설정한다. 목표는 '무려 2년간 모든 과목에서 올 A~A+를 받아 교원자격증을 취득하는 것'이다.

먼저 경쟁 상대 분석에 돌입했다.[28] 학점은 상대평가로 정해지기 때문이다. 나보다 학점이 높은 친구들과 경쟁해서 이기려면 나의 가치를 증명해야 했다. 그러나 공부로 그들을 이길 가능성은 현저히 낮아

---

27 〈1편 정신_02계 보물〉 '보물이자 목표는 마케팅의 연료와 같다.', p.218
28 〈3편 주거_06계 위치〉 '경쟁 상대를 등급별로 나누어 위치를 정하라.', p.271

보였다. 이제 상황에 맞는 전략을 세울 차례였다.[29] 이때 나 자신도 모르게 차별화 전략을 세우고, 스토리 개발, 내 브랜드 가치 증명, 전략적 노력(광고)을 하기 시작했다.

먼저 나는 다음과 같이 완벽한 포지셔닝을 하는 동시에 브랜드를 구축하기로 했다.

- 열심히 노력은 하지만 실력이 부족하고, 성실하지만 공부는 못하는 학생
- 교사의 꿈이 확고하고, 글재주와 말재주가 있어서 교사로서 적합하며 미래가 기대되는 인재
- 교수님을 유난히 좋아하고 존경하는 학생이자, 교수님이 아끼는 제자
- 그래서 조금은 도와주고 싶은 제자

혹여 그때의 대학 친구들과 교수님들이 이 글을 본다면, 나를 비난할지도 모르겠다. 하지만 교원자격증을 얻기 위한 어쩔 수 없는 선택이었다. 절대 의도적으로 한 행동이 아니었음을 알아주길 바란다.

나는 혼신의 노력을 다해 목표를 이루기 위한 행동을 끊임없이 시도했다. 경쟁 상대(공부 잘하는 동기)를 분석하고 모니터링 했다. 특히 차별

---

29 〈3편 주거_08계 장벽〉 '마케팅 경주에서 때로는 치타처럼 빠르게, 때로는 코끼리처럼 강력하게 변화를 시도하라.', p.296

화 전략에 힘을 쏟았다.

교수님의 연구실에 수시로 찾아가 다양한 문제들에 대해 질문했다. 엉성한 해답이라도 가지고 와서 다시 묻는 열정을 보였다. 교내 행사나 교수님이 주최하는 행사가 있을 때는 무조건 참석하여 눈도장을 찍었다. 수업이 끝나도 항상 마지막까지 강의실에 남았다. 교수님이 강의실을 나와 연구실로 이동하실 때까지 옆에 붙어 대화하며 따라다니기 일쑤였다.

하지만 교수님께 좋은 선물은 못 해드렸다. 다른 학생들은 스승의 날이나 학기말에 교수님께 소정의 감사 선물을 드렸다. 반면 나는 그럴 만한 경제적 여유가 없었다.[30] 결국 꽃다발 정도는 드릴 수 있도록 단기 아르바이트를 했다. 그렇게 준비한 꽃다발을 전해드리면서 "제가 돈이 많지 않아 마음만큼 좋은 걸 준비하지는 못했습니다. 그래도 열심히 아르바이트해서 준비한 것이니, 성의를 봐주시기 바랍니다. 훗날 더 크게 보답하겠습니다."라고 덧붙였다.

한편 강의실에 남아 전공 서적을 읽는 모습을 일부러 교수님께 자주 들키기도 했다(광고는 들키는 것이다).[31] 교수님과 마주치고 만나는 일이 잦아졌다. 그러다 보니 어느덧 교수님과 제대로 된 소통을 할 수 있게 되었다. 교수님께서 내 사적인 이야기까지 훤히 아실 정도가 됐다. 실제로도 이때 교수님을 통해 많은 것들을 배웠다.

하지만 여전히 시험에서는 꽝이었다. 문제의 요지부터 제대로 파악

---

30 〈3편 주거_08계 장벽〉 '우리가 처놓은 방치, 모방, 혁신의 그물망에서 경쟁사가 벗어나지 못하게 하라.', p.293
31 〈6편 경쟁_13계 광고〉 '고객은 보이는 것에만 급급한 광고를 절대 용납하지 않는다.', p.357

하지 못했다. 그렇다고 빈 답안지를 제출할 수는 없지 않은가. 일반적인 답은 아닐지라도, 내 생각을 떠오르는 대로 써 내려갔다. 시험 시간 종료 직전까지 남아 A3 용지의 앞뒷면을 글로 빼곡히 채웠다. 아마 개교 이래 가장 길고, 개성 있는 헛소리(?)로 도배된 답안지였을 것이라 장담한다.[32]

방학 기간에도 교수님께 안부 연락을 드렸다. 교수님이 연구실에 나와 있다고 하시면 직접 뵈러 찾아가기도 했다. 참고로 집에서 학교까지는 약 4시간 정도 걸리는 거리였다. 나중에 들은 이야기지만 방학 기간에 교수님께 연락한 학생은 나밖에 없었다고 하셨다.

자, 결과는 어떻게 되었을까? 독자가 만약 교수님이라면 나에게 여전히 C 학점을 줄 수 있겠는가. 내가 한 노력이 성적에 전혀 포함되지 않겠는가.

결과는 대성공이었다. 올 A~A+라는 믿기 힘든 결과가 나왔다. 그리고 아주 다행스럽게도 성적이 상위 10% 안에 들어 교원자격증을 얻을 수 있게 됐다. 무의식적으로 행한 생계형 마케팅의 위력은 생각보다 대단했다. 이렇듯 생계형 마케팅은 일상에서 모든 목표를 이루는 데 매우 유용한 수단이다.

나는 '노력은 열심히 하지만 실력이 부족하고, 성실하지만 공부는 못하는 학생. 하지만 교사의 꿈이 확고하고, 글재주와 말재주가 있어서 교사로서 적합하며 미래가 기대되는 인재. 교수님을 유난히 좋아하고 존경하는 학생이자, 교수님이 아끼는 제자. 그래서 조금은 도와주

---

32 〈3편 주거_07계 전략〉'몇 수 앞을 내다본 전략은 훌륭한 미래를 만든다.', p.285

고 싶은 제자.'라는 브랜드를 얻게 되었다. 그리고 목표를 이루는 데 성공했다.

하지만 거기서 그치지 않았다. 졸업할 때까지 나의 포지션과 브랜드를 유지하기 위해 노력했다. 당연히 교수님도 변함없이 존경하고 따랐다.[33] 교수님들도 '넌 참 머리도 좋고, 노력도 하는 거 같은데 공부는 왜 이리 못하지?'라고 하시며 나를 계속해서 챙겨 주셨다. 나는 졸업한지 한참 지났지만, 교수님들께 종종 연락을 드리곤 한다. 인생을 되돌아봤을 때 큰 도움을 주신 분들이기 때문이다.

 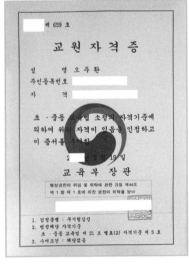

교원자격증 2개

---

33 〈6편 경쟁_15계 점검〉 '우연히 걸어가지 말고, 계획하고 의도적으로 걸어가라.', p.381

이상理想과 현실의 괴리감

결국 성공했다. 1개도 힘들다는 정교사 자격증을 2개나 취득했다. 하지만 나의 꿈은 지속되지 못했다. 이상과 현실의 괴리를 여실히 깨달았기 때문이다. 교직에 몸담고 계시는 분들의 현실적인 이야기들과 교생실습 때 느꼈던 당혹스러움이 나를 고뇌하게 했다.

오늘날 교육자의 현실은 과거와 달리, 상당히 팍팍하다. 교권을 인정받기는커녕 너무나 많은 제약을 받고 있다. 약한 체벌에도 교무실까지 찾아와 교사에게 난동을 부리는 학부모나 학생이 있다. 또 선생님 모습을 몰래 촬영하여 놀리는 경우도 심심치 않게 볼 수 있다.

그런 상황에서 교사는 제대로 대응할 수도, 보호받기도 어렵다. 교사는 괜한 이슈를 만들지 않기 위해 몸을 사릴 수밖에 없다. 과연 내가 꿈꿔 왔던 '선생先生님'이 될 수 있을지 의문이 들지 않을 수 없었다. 내 성격상, 금세 문제를 일으킬 것이 뻔해 보였다. 원체 몸을 사리는 것과는 거리가 멀고, 솔직한 사람이니 말이다.

그리고 이내 경제적인 측면에서도 진지하게 고민해 보기 시작했다. 사실 교사의 월급은 다른 직종에 비해 박봉이고, 공무원 연금 개혁 이후 연금액도 줄었다. 30년 동안 근무하고 퇴직하면, 현재 기준으로 매달 150만 원 정도를 받게 된다. 나는 어릴 때부터 경제적으로 좋지 못한 형편에서 자라 왔기에 더 잘살고 싶은 마음이 컸다. 아무래도 교사로서 경제적으로 여유로운 삶을 살기는 쉽지 않을 것 같았다.[34]

---

34 〈2편 식사_05계 문제〉'문제를 모르면 답도 찾을 수 없다. 필사적으로 찾아야 한다.', p.257

점차 교사가 나의 길이 아닐 수 있겠다는 쪽으로 판단이 기울어졌다. 국립중학교에서 기간제 교사로 일하며 끊임없이 저울질하고 고민했다. 결국 다른 길을 찾겠다고 결심했다.[35] 여태껏 고수해 온 교사라는 꿈을 완전히 포기한 것이다. 나는 교사로서 안정적인 삶을 살기에는 패기가 넘쳤고, 돈을 많이 벌고자 하는 욕망도 컸다. 무엇보다 더는 사회적으로 존경 받지 못하는 교사들의 현실에 크게 실망했기 때문이다.

물론 꿋꿋하게 참고 안정적인 길을 택하는 사람들이 훨씬 많을 것이다. 당시 주변에서도 모두 미쳤냐고 했다. 특히 교사만큼 좋은 직업이 어디 있느냐며 나를 말렸다.[36] 심지어 말만 그렇게 하는 게 아니냐며, 진짜 포기할 자신이 있으면 해보라며 도발하는 지인도 있었다. 나중에는 나를 이해하고, 응원하게 됐지만 말이다. 나는 아니라는 판단을 내렸음에도 계속 참고 버티는 것을 잘하지 못한다. 그렇게 그동안 꿈꿔 온 교사의 길을 과감히 접었다. 그리고 새로운 길을 향해 전진하게 되었다.

내가 생각한 '교육'

교권이 제대로 서고, 나라가 제대로 발전하려면 '핀란드식 교육법'을 도입해야 한다. 핀란드는 선진 교육제도로 국제학업성취도평가[PISA]에

---

35 〈5편 무리_12계 출격〉 '시작한다면 로켓처럼, 의심된다면 처음처럼 하라.', p.344
36 〈5편 무리_11계 소통〉 '남들이 미쳤다고 해도 마케팅으로 끌고 가라.', p.330

서 1위를 차지했다. 우리나라도 유치원부터 고등학교까지 교육비와 급식비 등을 모두 무상으로 제공해야 한다. 교사의 석사 학위 취득을 의무화하고, 비교 경쟁이 없는 교육을 하면 세계 일류 교육 선진국이 될 수 있을 것이다.

지금처럼 암기를 통해 정답을 맞히는 시험 방식도 바꿔야 한다. 문제에 대한 해법을 찾도록 해야 한다. 외운 대로 답하기만 하면 답이 정해져 있지 않은 문제는 해결할 수 없다. 그 결과 성인이 되어 현업에 투입되면 문제해결 능력이 떨어진다는 지적을 받을 수 있다. 따라서 정답이 아닌 해법을 찾는 오케팅 학습법을 익혀야만 한다. 그래야 외워서 하는 획일적인 사고를 탈피할 수 있으며, 생존 전쟁에서 승리할 수 있다. 교사의 꿈을 접은 나는 한발 더 나아가 학교 설립을 준비 중이다. 이것은 나의 어렸을 적 꿈이자 인생 목표이다.

나 자신을 끊임없이 오케팅하라!

마케팅은 멀리 있지 않다. 우리 삶의 곳곳에 스며들어 있으며, 끊임없이 직간접적으로 영향을 미치고 있다. 나 자신을 포지셔닝하고, 브랜드를 구축함으로써 불가능하다고 여겼던 목표를 달성했듯이 말이다. 여러분 역시 '어떤 모습으로 보이고 싶다.' 또는 '어떻게 되고 싶다.'라는 욕망을 지니고 있을 것이다.[37]

욕망이 없는 사람은 없다. 욕망이 있지만 모르는 사람, 욕망을 알지

---

37 〈3편 주거_06계 위치〉'단점을 장점으로, 위기를 기회로 보이게 하라.', p.270

만 감추는 사람, 욕망을 알고 드러내는 사람이 있을 뿐이다. 재미있게도 그 욕망이 마케팅의 시발점이다. 자신의 욕망을 알아채 마케팅으로 잘 승화한다면, 삶 속에서 목표를 좀 더 쉽고 빠르게 이룰 수 있다.

그러나 마케팅을 무의식적으로 실행하면 90%는 실패한다. 또 체계적으로 마케팅하지는 못하지만, 연습으로 몸에 밴 사람도 50%는 실패하기 마련이다. 언뜻 성공한 것처럼 보일지라도 오케팅 시스템을 적용해 수정, 보완하지 않는다면, 결국 원점으로 돌아가게 되어 있다. 오케팅을 일상생활에 의도적으로 적용하는 데 능숙해지려면 체계적인 분석과 훈련이 필요하다.

나는 무의식적으로 마케팅을 했었다. 그러다가 이를 분석하여 오케팅을 개발했다. 그런 나도 아직 마케팅, 광고 현장이나 일상에서 의도적으로 오케팅을 적용하는 데 어려움이 있다. 오케팅이 몸에 배도록 하고 싶은가? 그러면 이 책을 들고 다니면서, '나라면 어떻게 했을까?'라고 고민해 보길 권한다. 나 역시 스스로 많이 부족하다는 것을 잘 안다. 그래서 힘들고, 지치고, 막힐 때마다 책을 펴서 자신감을 얻고 있다.

"모두가 정답이라고 생각하던 것도,
누구든 정답이 아니라고 말하는 때가 온다."

────◁•●•◁◁◦●❅●◦▷•●•▷────

"누군가에게 잘 보이고 싶은가?
그렇다면 즉시, 자신에게 오케팅을 적용하라."

────◁•●•◁◁◦●❅●◦▷•●•▷────

"마케팅은 결국 무아지경에 올라야 한다.
의식적으로 하는 사람은 아마추어다."

────◁•●•◁◁◦●❅●◦▷•●•▷────

"배움에는 끝이 없고, 앎에도 끝이 없다.
끝없이 부족하다고 생각해야 더 채워진다."

by 오두환

오케팅 노트

· 1편 정신 ·

02계 보물

나는 교사가 되겠다는 목표를 세웠다. 그리고 교사가 되기 위한 보물을 얻기 위해 모든 학점을 A~A+로 받아야 한다는 목표가 또 필요했다.

· 2편 식사 ·

04계 식량

나 자신을 글재주와 말재주가 있는 사람, 늘 질문을 하는 사람, 열심히 하는 사람, 교수님을 존경하는 사람 등으로 보이고자 했다.

· 3편 주거 ·

06계 위치

성적이 좋았던 학생들을 롤 모델로 삼았다. 그리고 그들의 패턴에 나만의 색을 입혀 성적을 높이고자 노력했다.

07계 전략

나의 가치를 미래 비전이 있는 큰 사람으로 판매했다. 외우는 능력만으로 나의 가치가 매겨져 한정돼 버렸다면 결과가 어땠겠는가.

08계 장벽

나는 남들이 하기 어려워하는 일들을 실행했다. 교실에 끝까지 남아 있거나, 교수님을 따라다니거나, 답안지에 엄청나게 긴 글을 적어 내는 일 등이다. 남들과 1%씩만 다르게 실행해도 곧 초격차가 이루어진다.

09계 각본

나만의 시나리오를 만들고 그것을 알리기 위해 있는 힘껏 노력했다. 당시 여러 교수님이 나의 집안 사정까지 알고 계실 정도였으니 말이다. 만약 시나리오를 만들지 못하고, 알리지 못했다면 어찌 되었을까. 아마 나는 건방진 사람쯤으로 저평가되었을 것이다. 그리고 목표도 이루지 못했을 것이다.

10계 요약

교수님들은 나에 대해 '배움의 열정이 넘치는 오두환'이라 말씀하시곤 했다. 그분들의 입에서 이런 표현이 나오는 순간 목표에 크게 한발 다가선 셈이다.

13계 광고

나는 끊임없이 나를 알렸다. 나의 존재와 가치, 열정을 교수님들께 광고했다. 광고를 괜히 중요하다고 주장하는 것이 아니다. 반드시 알려져야 한다.

14계 분석

당시 교수님들의 성향은 매우 다양했다. 그만큼 나에 대한 평가도 다 달랐다. 그러다 보니 각기 다른 꾸지람을 많이 들었다. 나는 그것들을 수용하여 어떻게든 고쳤다. 안 되는 것들은 노력하는 척이라도 했다.

무 스펙 사회 초년생, 대형 신문사에 합격하다

- 4 -

이제 다음 목표를 향해 나아가야 했다. 나에겐 오래 머뭇거릴 여유가 없었다. 교사의 꿈을 접고 얼마 지나지 않아 새로운 목표를 세웠다. 신문사에 입사하기로 마음먹었다. 나름대로 글재주가 있는 나의 장점과 딱 맞아떨어지는 직업이라고 생각했기 때문이다.

반드시 입사하겠다는 목표를 설정한 후, 여러 신문사에 대해 알아보기 시작했다. 그러다 J 신문사에 관심이 생겼다. J 신문사는 내 기준에서 대기업이나 마찬가지였다. 사전 답사를 통해 확인한 사옥의 규모와 위엄에도 크게 압도당했다. 그 후로는 J 신문사에 입사하고 싶은 마음이 더욱 강해졌다.

누구나 그렇듯 입사하고 싶은 회사가 있기 마련이다. 그러나 모두가 원하는 회사에 입사할 수는 없다. 우리는 입사하고자 하는 회사에 지원한 다음, 그들에게 뽑히길 바라야 한다. 최종 결정권은 회사에 있기 때문이다.

하지만 우리가 그 회사에 지원하지 않는다면, 그 회사는 우리를 선택할 기회조차 없다. 우리의 결정이 선행되어야만 비로소 회사가 결정할 수 있다. 즉, 발상을 달리하면 최초 결정권은 우리에게 있는 것이다. 채용 과정에서 지원자를 줄곧 '을'이라고 생각했을 것이다. 그런데 시작점만은 '갑'의 위치라니 괜히 기분이 좋지 않은가. 당시 나 역시 잘난 것 하나 없는 취업 준비생이었다. 하지만 '갑'의 위치에서 J 신문사에 지원하기로 결정했다.[38]

기자가 되겠다는 포부를 주변에 밝혔다. 다들 "미쳤어? 가능할 거라고 생각해?"라는 말부터 꺼냈다. 늘 그래 왔듯이 말이다. 언론 고시라는 말도 못 들어봤느냐, 최소 인In 서울 대학교는 나와야 해볼 만하다 등등 온갖 이유를 갖다 대며 나를 걱정했다. 아니, 걱정하는 척했다.[39] 하지만 나는 굴하지 않았다. 한두 번 겪은 상황도 아니었다. 이젠 제법 단련되어 '상처받지도, 주저하지도 않는 강한 정신력'을 갖게 됐다. 자신의 길은 스스로 선택하는 것이다. 누구도 내 인생을 책임져 주지 않는다.

---

38 〈1편 정신_02계 보물〉'보물이자 목표는 마케팅의 연료와 같다.', p.218
39 〈5편 무리_11계 소통〉'남들이 미쳤다고 해도 마케팅으로 끌고 가라.', p.330

기자에 도전하다

어느 정도 예상했겠지만, 당시 나는 내세울 만한 스펙이 딱히 없었다. 지원서를 쉽게 써 내려가지 못해 한참을 멍하니 있었다. 머리 두頭, 빛날 환煥, '머리가 빛나는 오두환입니다.'라는 제목으로 시작했다. 그러다 '에라, 모르겠다.'라는 생각으로 내가 그간 걸어온 발자취를 모조리 적기 시작했다. 나의 역량(?)을 어필하기 위한 나름의 차별화 전략이었다. 대학생 때 시험 문제의 답을 제멋대로 써 내려간 것처럼 순식간에 족히 8장을 채웠다. 나는 고학력과 고 스펙을 갖춘 이들과 경쟁해야만 했다. 그들과 같은 방식으로는 경쟁에서 이길 수 없는 내가 할 수 있는 유일한 방법이었다.[40]

학력과 스펙만 본다면, 나는 제외 대상 1호였다. 따라서 일단 눈에 띄는 것이 중요했다. 지원서를 읽는 사람이 흥미를 느끼게 만드는 것이다. 그래서 나만의 스토리를 짜임새 있고 세세하게 풀어내려 노력했다.[41]

과연 결과는 어땠을까? 나는 주변의 걱정과 무시를 딛고 당당히 서류 전형에 합격했다.

---

40 〈3편 주거_06계 위치〉 '경쟁 상대를 등급별로 나누어 위치를 정하라.', p.271
41 〈6편 경쟁_13계 광고〉 '고객은 보이는 것에만 급급한 광고를 절대 용납하지 않는다.', p.357

무 스펙자가 면접을 준비하는 방법

서류 전형에 통과했으니, 이제 면접을 준비해야 했다. 보통 예상 질문들을 쫙 뽑아 그에 맞는 답변을 미리 외우고, 반복 연습한다. 자기소개, 자신의 장단점, 지원하는 회사 관련 정보, 시사 상식, 최근의 사회적 이슈 같은 것들을 외운다. 또 종종 등장하는 독특한 질문들에도 대비한다.

그런데 나는 여기서 의문이 들었다. 면접에서 지원자는 왜 꼭 질문을 받아야만 하는가. 모두가 너무 당연하게 질문을 받을 준비만 하고 있었다.[42] 물론 최종 결정권은 지원자가 아닌, 회사에 있다. 하지만 그렇다고 질문을 꼭 받기만 하라는 법은 없지 않은가. 학창 시절 공자가 쓴 책을 읽으면서도 계속해서 의문을 제기했던 나다. 그런데 함께 면접을 준비하던 친구들은 이런 내 생각에 하나같이 어이없어 했다.[43]

하지만 지금은 확실하게 말할 수 있다. 당시 내 생각은 오케팅적인 발상이었다. 오케팅 전략에도 목표를 설정한 후, 문제를 제기하는 단계가 반드시 포함된다.

우리는 당연하지 않은 것을 당연하다고 받아들인다. 그리고 그것에 순응하는 삶에 너무나 익숙해져 있다. '원래 그런 거니까.'라는 말로 스스로 합리화한다. 내 안의 많은 의문을 애써 포기하면서 사는 것은 아닌지 돌아볼 필요가 있다. 세상에 당연하기만 한 일은 없다. 마케팅의

---

42 〈2편 식사_05계 문제〉 '문제를 모르면 답도 찾을 수 없다. 필사적으로 찾아야 한다.', p.257
43 〈3편 주거_06계 위치〉 '조금 다른 시각으로 접근하면 나만의 위치가 나온다.', p.270

기본은 '남들이 당연하다고 여기는 것들에 의문을 제기하는 것'이라고 해도 과언이 아니다. 이러한 의문에서부터 차별화 전략이 시작되기 때문이다.[44]

세계적인 위인들 역시 이러한 의문으로부터 최초 아이디어를 얻었다는 사실을 알고 있는가. 만약 그들이 모든 것에 대해 세상의 이치라 여겨 당연하게만 받아들였다면, 결코 발명과 창조에까지 이르지 못했을 것이다. 모방과 창조는 한 끗 차이다. 경쟁 상대의 장점은 모방하되, 의문이 드는 점을 파고들어 개선하고 바꾸어 나간다면 창조가 될 수 있다. 마케팅은 곧 모방이자, 창조이다.[45]

나는 다른 지원자들과 같은 방식으로 면접을 준비하지 않았다. 먼저 J 신문사와 관련된 자료들을 수집하여 조사한 다음(모방), J 신문사의 경쟁사들을 분석했다(모방+창조). 이어 J 신문사의 문제점과 이에 대한 대안을 스토리로 풀어 준비했다(창조). 면접관들의 이목을 끌 수 있는 일종의 자극요법까지 생각해 두었다. 면접 당일까지 나는 J 신문사의 예상 질문과 답변 혹은 엉뚱한 질문 리스트를 외우거나 시뮬레이션해 보지 않았다. 어차피 외울 자신도 없었다. 외운다고 해도 그 방법으로 합격할 수 있으리라 생각하지 않았다.[46]

44 〈6편 경쟁_15계 점검〉 '끊임없이 새로운 마케팅 거리와 해법을 찾아내라.', p.375
45 〈3편 주거_08계 장벽〉 '우리가 쳐놓은 방치, 모방, 혁신의 그물망에서 경쟁사가 벗어나지 못하게 하라.', p.293
46 〈3편 주거_07계 전략〉 '몇 수 앞을 내다본 전략은 훌륭한 미래를 만든다.', p.285

면접장에서 질문을 외치다

면접장에는 생각보다 많은 지원자가 정장을 말끔히 차려입은 채 모여 있었다. 적어도 200명은 되어 보였다. 초조한 얼굴로 대기하는 이들 사이에서 나는 매우 여유롭게 차례를 기다렸다. 나는 예상 질문과 답변을 외우는 대신, 자기최면을 걸었다.

'나는 학벌과 스펙으로는 저들을 이길 수 없다. 결단코 차별화된 나만의 무언가를 보여 줘야만 한다!'[47]

그리고 다른 지원자들이 면접장에 들어가고 나오는 모습을 계속 지켜봤다(경쟁자 모니터링). 다수 대 다수 형식으로 5명씩 들어가 면접을 보는 모양이었다. 면접을 마치고 나오는 지원자에게 안에 면접관이 몇 명이나 있는지 넌지시 물었다. 면접관은 총 7명이라고 했다. 지원자들이 면접장에 들어가서 나오기까지는 평균 5분 정도의 시간이 소요됐다. 지원자 한 명당 면접 시간이 1분도 채 되지 않는다는 것이다. 그도 그럴 것이 면접관들이 200여 명의 면접을 모두 치르려면, 5명씩 약 40회에 걸쳐서 봐야 한다.

과연 면접관들은 지원자들을 제대로 기억이나 할 수 있을까? 내가 면접관이라면 그저 그런 학벌과 스펙에 평범하게 면접을 본 지원자들은 거의 기억하지 못할 것으로 생각한다. 나는 별 볼 일 없는 스펙에 수험 번호마저 뒤쪽인 상황이었다. 면접관들의 기억에서 잊히기 딱 좋은 조건을 모두 갖춘 셈이다. 내가 합격할 가능성은 더더욱 희박해

---

47 〈2편 식사_04계 식량〉 '남들보다 자신 있는 것들만 계속 찾아내라.', p.243

보였다.[48] 이 문제를 어떻게 풀어 나갈 것인가?

어느덧 나의 이름이 호명되었다. 나는 5명 중 4번째 순서였고, 나를 포함한 5명의 지원자가 일제히 면접장으로 들어갔다. 안에는 7명의 면접관이 우두커니 앉아 있었다. 나는 면접관들의 동태부터 살피기 시작했다. 면접관들의 채용 결정은 찰나의 순간에 이루어지며, 그들의 판단에 모든 것이 달려 있기 때문이다. 그리고 그들의 판단에는 옳고 그름도, 정해진 답도 없다.[49]

내 앞에 3명의 지원자가 차례로 질문을 받았다. 3명 모두 흠잡을 데 없는 정석에 가까운 답변을 내놓았다. 그 와중에도 나는 면접관들의 표정을 놓치지 않고 주시했다. 그중 유독 아무 말 없이 지루한 듯한 표정으로 시선을 떨구고 있는 한 명이 눈에 띄었다. 추측건대 직급이 꽤 높아 보였다. 나는 찰나에 그를 공략해야겠다고 마음먹었다. 그때 한 면접관이 나의 이름을 불렀다.

"오두환 씨."

여기서 보통은 '네'라고 대답할 것이다. 하지만 '네'라고 대답하는 순간, 곧바로 날카로운 질문들이 쏟아질 것이 뻔하다. 아주 잠깐의 정적이 흐른 뒤, 나는 입을 뗐다.

"네, 안녕하십니까. 제가 오두환입니다. 한 말씀 올려도 되겠습니까?"

---

48 〈2편 식사_05계 문제〉 '판매자 입장만큼 쓸모없는 것도 없다. 구매자가 되어라.', p.256
49 〈3편 주거_07계 전략〉 '합리적인 가격은 오직 고객만 정할 수 있다.', p.285

자, 주사위는 던져졌다. 나는 질문 받기를 택하지 않았다. 오히려 먼저 질문했다. 나만의 차별화된 전략을 시도한 것이다. 나에게 말을 건넨 면접관의 동공이 흔들렸다. 나는 공략하기로 한 면접관을 향해 시선을 고정했다. 동시에 다른 면접관들이 그와 나를 번갈아 보았다. 그것도 매우 당황스러운 얼굴로 말이다.[50]

나를 선택하게 하는 방법

나의 행동에는 마케팅과 광고의 원리가 숨어 있다. '네, 안녕하십니까. 제가 오두환입니다. 한 말씀 올려도 되겠습니까?'와 같이 답변과 질문을 동시에 한 것은 '차별화 전략(마케팅)'이다. 7명의 면접관 중 한 명을 공략하기로 한 것은 '타깃팅(마케팅)'이다. 그에게 시선을 고정한 것은 '광고'에 해당한다. 모두가 나를 주목하는 상황이다. 이때 내가 직급이 높아 보이는 면접관을 향해 시선을 고정한다면, 다른 이들의 시선은 어디로 향하겠는가. 당연히 내 시선이 고정된 그를 쳐다보게 될 것이다. 그럼 그는 결국 '반응할 수밖에 없게 되는 것'이다. 이것이 바로 마케팅과 광고의 경계이자, 접점이다.[51]

이후로도 내 예상대로 흘러갔다. 내 시선을 느꼈는지, 면접관이 갑자기 자세를 곧추세워 앉았다. 그리고는 처음으로 입을 열었다.

"말해 보세요."

---

50 〈4편 의복_10계 요약〉 '시나리오를 듣게 하려면 반드시 강력한 한마디로 시작하라.', p.316
51 〈6편 경쟁_13계 광고〉 '광고는 마케팅 함선의 초고속 프로펠러다.', p.350

나는 숨을 한번 크게 들이마신 후, 비장한 목소리로 말을 이어 나갔다.

"저는 사실 J 신문사에 대해 잘 몰랐습니다. 그래서 이번에 취업 준비를 하면서 여러 방면으로 알아봤습니다. J 신문사는 경쟁사들과 비교해 규모가 큰 편입니다. 그럼에도 불구하고 내실이 빈약하다는 인상을 지울 수 없습니다. 특히 온라인상에서의 경쟁력이 상당히 떨어지는 것으로 여겨집니다. 지금도 그렇거니와 앞으로 온라인은 언론사 간의 중요한 승부처가 될 것입니다. 따라서 이에 대한 대비가 필요하다고 생각합니다. 시스템 및 마케팅 부서가 별도로 있는지는 잘 모르겠습니다. 다만 제게 기회가 주어진다면 J 신문사의 내실을 더욱 다지겠습니다. 더 성장할 수 있도록 시스템을 보다 진보적으로 변화시켜 보겠습니다. 현 상황을 저만 안타깝게 느끼는 게 아니라, 여기 계신 분 모두 그러시리라 생각합니다."

질문도 하기 전에 하고 싶은 말을 먼저 꺼내는 지원자는 처음이었을 것이다. 다행히도 면접관들은 내 이야기를 경청해 주었다. 내가 공략한 면접관이 정자세로 고개를 끄덕이며 이야기를 들어주었다. 그래서 다른 면접관들도 동조한 게 아닐까 생각한다. 면접 중 내가 공략한 그의 직급이 가장 높은 것이 확실해 보였다. 그렇지 않고서는 다른 면접관들이 그렇게 쉽게 동조해 주지 않았을 것이다. 그가 내가 말할 수 있게 해주고, 나의 이야기를 들어주었다. 그 덕분에 다른 면접관들은 나에게 질문할 시간을 잃게 되었다. 그리고 나는 스펙이나 학벌에 관한

질문을 받지 않게 되어 오히려 유리한 상황이었다.[52]

겉으로는 아무렇지 않은 척했지만 사실 나 역시 엄중한 면접 분위기에 간신히 정신만 붙잡고 있었다. 다시 한번 "계속해도 괜찮겠습니까?"라고 물었다. 목소리는 비장했으나, 무릎 위의 손은 미세하게 떨리고 있었다. 계속해 보라는 면접관의 대답을 듣고서야 안도했다.

나는 그렇게 면접 전 살펴본 자료와 분석한 것들을 토대로 한참을 더 떠들었다. J 신문사의 문제점과 대안, 나의 포부 등에 관한 내용이었다. 면접이라기보다는 브리핑에 가까운 형식이었다. 내가 제시한 대안에 대한 질문과 답변들이 오고 가는 일종의 커뮤니케이션 장이 마련된 것이다.[53]

결국 면접을 보는 동안 내가 받은 질문은 '오두환 씨' 하나였다. 더 놀라운 것은 나 한 사람의 면접에만 무려 5분이 넘는 시간이 소요되었다는 것이다. 다른 지원자들보다 다섯 배는 더 되었다. 시간이 많이 흘렀음에도 불구하고, 면접관들은 끝까지 내 말을 들어주었다. 덕분에 "이상입니다."로 이야기를 마무리할 수 있었다. 시간상 추가 질문은 없었다. 나는 하고 싶던 말들을 속 시원하게 했기에 아쉬움도 없었다.

"제가 J 신문사의 발전에 기여할 수 있는 기회를 꼭 주십시오!"

이 한마디만 남긴 채 면접장을 나온 나는 꼭 J 신문사에 입사하고 싶었다. 면접을 마치고 나서도 거대한 사옥의 위엄, 분주하게 움직이

---

52 〈3편 주거_06계 위치〉 '단점을 장점으로, 위기를 기회로 보이게 하라.', p.270
53 〈4편 의복_09계 각본〉 '시나리오는 재미있는 한 편의 드라마여야 한다.', p.309

는 사람들의 모습, 서류 넘기는 소리, 종이 냄새의 여운이 가시지 않았다. 급여와 근무조건도 모두 만족스러웠다.

한편 언론계가 워낙 보수적이기로 유명하다 보니, 과연 나를 뽑아줄지 걱정이 앞섰다. 하지만 이내 마음을 바꿔 먹었다. 만약 J 신문사가 나를 뽑지 않는다면, 보수적이고 폐쇄적인 기업이라는 방증이다. 그러면 나도 그런 곳에는 입사하고 싶지 않다고 생각했다. 어차피 그런 분위기에 적응하지 못해 금세 박차고 나올 것이 분명했다. 반대로 나를 뽑아 준다면, 변화와 발전의 가능성이 있는 기업이라는 방증이다. 그렇게 되면 최선을 다해 나의 역량을 발휘하리라 다짐했다.[54]

J 신문사처럼 규모가 큰 기업에 지원한 것은 이때가 처음이자, 마지막이다. 수백 명의 면접자를 한 공간에서 마주한 것도, 그토록 엄중한 면접 분위기를 경험한 것도 모두 처음이었다. 그래서 더 용감할 수 있었는지도 모른다.

대기업의 경우, 합격자 발표가 나는 데까지 꽤 오랜 기간이 걸린다는 사실도 그때 처음 알았다. 나는 무려 한 달 반을 기다려야 했다. 하지만 한 달 반 동안 합격 발표만 기다리며 손가락을 빨 수는 없는 노릇이었다. 당장 생계를 유지해야 했으므로 나에게는 짧은 공백조차 사치였다. 사실 합격한다는 보장도 없지 않은가.

나는 결국 돈을 벌 만한 다른 곳을 찾아 떠나기로 과감한 결정을 내렸다. 그리고 머지않아 직원이 총 세 명뿐인 작은 회사에 취직했다.

---

54 〈6편 경쟁_14계 분석〉'사지 않은 사람도 입맛을 다시게 만들어라.', p.367

생계를 유지할 만큼의 돈벌이는 되었다. 그러던 어느 날, 한 통의 메일이 도착했다. 꿈에 그리던 J 신문사의 합격 통지서였다.

안녕하십니까?
오두환 님
　신문사 경력사원(기자) 최종 합격을 축하하며 아래와 같이
첫 출근 일정을 알려 드립니다.

- 아 래 -

1. 일 시 : 　　　　　　　　　 오전 8시 50분까지
2. 장 소 : 　신문사 본관2층 강당
3. 복 장 : 정장 차림

J 신문사 합격 통보 이메일

오케팅의 습관화

지방대 출신의 무 스펙인 내가 J 신문사에 합격한 것은 사실 기적이나 다름없다. 오로지 그날의 면접만으로 기적을 일궈 냈다. 가만히 돌이켜 보면, 자칫 무모하기도 한 내 행동은 결과적으로는 그때 상황에 매우 적절했다. 오케팅의 관점에서도 시기나 전략 등에서 완벽에 가까웠다고 볼 수 있다. 생계형 마케팅의 좋은 사례임에는 틀림없다.

단, 보다 적극적이고 공격적인 퍼포먼스를 선보였으면 어땠을까 하는 아쉬움이 있다. 지금의 나라면 노트북과 인쇄물을 준비해 강의하듯 전문적인 프레젠테이션을 했을 것이다. 더불어 당사의 홈페이지를 열어 문제점과 대안을 구체적으로 짚어 주며 컨설팅했을 것이다. 그렇게 해야 내가 가진 역량까지 아주 확실하게 보여 줄 수 있을 테니 말이다. 모두 내 이야기를 더 듣고 싶어 안달이 날지도 모른다. 아니, 바로 '출근해 주세요.'라는 답변을 얻을 자신도 있다. 이제는 의식적인 오케팅을 하는 경지에 이르렀기에 더욱 완벽한 마케팅을 구사할 수 있다. 무의식과 의식의 차이는 생각보다 크다. 이 간극을 좁혀 나가기 위해서는 의식적으로 오케팅을 훈련해야 한다.

당시 무의식적으로 마케팅을 했음에도 계속 성공을 거둘 수 있던 이유는 오케팅을 습관적으로 활용하고 있었기 때문이다. 무의식에서 비롯됐지만, 습관적으로 오케팅적인 사고와 행동을 반복했기에 목표를 달성할 수 있었다. 이렇듯 사고의 습관이 갖는 위력은 실로 굉장하다.

현재 제법 멋진 삶을 살거나, 대중의 존경을 받는 사람들도 이와 유사한 습관을 지니고 있을 확률이 매우 높다. 마케팅적인 접근과 문제 파악, 문제해결에 관한 사고가 습관화되어 있다면 어떤 경쟁에서든 승리를 거머쥘 수 있기 때문이다.

하지만 습관 역시 무의식적으로 형성된 것이므로 종종 놓치는 경우가 발생하기 마련이다. 따라서 의식적인 훈련이 수반되어야 한다. 의식적으로 방법을 익히고, 짬을 내서라도 반드시 연습하는 것이 좋다. 의식적인 훈련이 지속되면 원하던 바를 이뤄낼 수 있을 것이라는 '확신과 믿음이 견고하게 쌓이게 된다. 그 확신과 믿음은 결코 우리를 배신하지 않는다.

습관이 확신과 믿음으로 바뀔 수 있도록 의식적인 노력을 해야 한다. 그렇게 하지 않고 하루하루 되는대로 살아가기 바쁘거나, 덜 중요한 일에 많은 에너지를 쏟으면 어떻게 되겠는가. 경쟁에서 뒤처지게 될 것이 뻔하다. 운에만 의지하는 무능력한 사람이 될 텐가.[55]

나는 이제 지원자가 아닌 면접관이 된 지 오래다. 16년이 넘는 세월 동안 최소 1,000명 이상의 면접을 본 이력이 있다. 만약 현재 내가 운영하는 회사의 채용 면접에 과거의 나와 같은 지원자가 등장한다면, 묻지도 따지지도 않고 합격시키지 않을까 싶다. 자신의 목표와 서비스 설정, 경쟁사 분석, 특이 제품 개발, 스토리까지 들고 와서 설득한다면 어찌 거절할 수 있겠는가. 물론 이 글을 보고 의도적으로 노리고 지원하는 사람은 없기를 바란다.

---

55 〈6편 경쟁_15계 점검〉 '우연히 걸어가지 말고, 계획하고 의도적으로 걸어가라.', p.381

"질문을 하고 스스로 답해 보라.
그 시간이 길면 길수록 좋다."

"하고 싶지 않다면 억지로 하지 마라.
하고 싶은 것만 해도 할 게 너무 많다."

"절대 스스로 한정 짓고 낙심하지 마라.
그 한계점은 당신이 세운 것이다."

"습관이 계속되면 성격이 된다. 나쁜 성격을 바꾸는
유일한 방법은 좋은 습관을 습관화하는 것뿐이다."

by 오두환

오케팅 노트

∙1편 정신∙

02계 보물

어떻게든 대형 신문사에 입사하겠다는 목표를 설정했다. 스펙이 화려한 사람들과의 경쟁인지라, 합격이 쉽지 않기 때문에 보통은 포기하기 쉽다. 그렇지만 꼭 가고 싶다는 일념으로 목표를 세운 것이다.

∙2편 식사∙

03계 성명

내 약점은 지방대 출신이라 머리가 나쁘다는 선입견이 생길 수 있다는 점이다. 이를 효과적으로 극복하려면 머리 두, 빛날 환, 머리가 빛나는 오두환이라는 이름으로 머리가 좋다는 의미를 전달해야 한다.

04계 식량

면접에서 돌파구는 내가 가진 네 가지 능력을 보여 주는 것이다. 이는 기업을 분석하는 능력, 경쟁사와의 차별화를 위한 문제 파악 능력, 그에 따른 해법 제시 능력, 열정적인 모습과 뛰어난 대처, 임기응변 능력이다.

05계 문제

설정한 능력을 드러내기 위해 나만의 강점을 최대한 준비했다. 물론 무의식에서 비롯된 것이라 부족했음을 인정한다. 다만, 당시 떠들었던 내용 대부분이 면접관들의 공감을 샀으리라 생각한다. 만약 그게 아니었다면 내 전략은 성공하지 못했을 것이다.

07계 전략

경쟁자들의 패턴을 분석하여 그들이 수동적으로 답변할 것이라 확신했기 때문에 그 반대로 효과적인 전략을 구상했다. 더불어 나의 가치를 높일 수 있을 만한 전략을 끊임없이 마음속으로 되새겼다.

08계 장벽

경쟁자들은 일반적으로 머리가 좋다는 장점이 있었기에 나 역시 머리가 좋음을 강조해야 했다. 하지만 경력과 스펙이 부족했기에 지원서에 많은 내용을 적어 나만의 차별성을 제시했다.

·4편 의복·

09계 각본

그때까지 이룬 나만의 특별한 행적과 비전을 정비하고, 면접관이 궁금해할 만한 정보들로 알차게 구성했다. 특히 기업 홈페이지와 대외 이미지에 대한 수정안을 사실적으로 구상해 두었다.

·5편 무리·

11계 소통

속으로 얼마나 많은 신념화 과정을 거쳤는지 모른다. 지금이야 나름대로 당당하게(?) 그때의 일을 글로 쓰고 있지만, 당시에는 면접장에 들어가기 직전까지 떨리던 마음을 잊을 수 없다. 가족과 친한 친구들에게 '나는 할 수 있다.'라고 얘기하고, 설득하고 선포했다.

·6편 경쟁·

13계 광고

신문사에 지원한 것 자체가 광고다. 나는 그곳에서 오두환이라고 머리가 빛나는 친구가 있다며 화끈하게 광고했다. 주목받는 시선도 받았으니 나름대로 효과적인 전략이었다.

사무실 초짜 막내,
직원 100명의 연구소 소장이 되다

- 5 -

나는 신문사 채용 결과를 기다릴 만큼 경제적으로 여유롭지 못했다. 다음으로 면접을 보러 간 곳은 사무실 크기가 불과 5평 남짓인 작은 회사였다. 네트워크 병원[56]이 운영하는 광고 회사였다. 골방 같은 사무실은 마치 창고에 들어선 것처럼 퀴퀴한 곰팡내가 났다. 책상은 4개뿐이었고, 그마저도 직원이 세 명뿐이라 하나는 비어 있었다. 편하게 대화할 공간도 없었다. 그래서 유일하게 비어 있는 책상에 앉아 면접을 봐야 했을 정도다.

이런 곳에서 일하고 싶은 사람이 어디 있겠는가. 이 허름하고 작은 사무실을 보는 즉시 자리를 박차고 나가도 이상하지 않다. 그런데

---

56 각기 다른 지역에서 같은 병원 이름을 쓰면서, 주요 진료 기술과 마케팅 등을 공유하는 병원을 통칭하는 말이다.

면접을 보며 자세히 들어 보니 실제로는 제법 내실 있는 회사였다. 18개의 네트워크 지점이 있었고, 매출액 규모도 당시 기준으로는 생각보다 큰 편이었다. 또 고정 광고주가 있으니 해볼 수 있는 것이 많겠다는 판단이 앞섰다. 고민 끝에 결국 취직을 결심했다.

골방 같은 사무실 모습

하지만 근무조건이나 업무 환경이 매우 열악했다. 게다가 입사 후, 말단 직원인 나에게 주어진 업무는 검색포털에서 키워드 검색 시 보이는 파워링크 순위를 하나하나 수작업으로 올리고 내리는 일이었다. 검색 키워드가 무려 7만 개에 달한다. 며칠 밤을 꼬박 새워도 끝나지 않는 일이었다. 아니, 끝이 없는 일이었다. 따분하고 지루한 일을 기계처럼 무한 반복해야만 했다.

이대로 가면 평생 그 업무만 처리하는 사람으로 머물 것 같았다. '내가 왜 이런 발전 없는 일을 반복해야 하지?'라는 의문이 머릿속을 떠나지 않았다. 누군가는 '처음엔 다 그런 거야.'라고 대수롭지 않게 여길 수도 있다. 하지만 알다시피 나는 당연한 것을 당연하다고만 받아들이지 않는다. 그리고 사실 검색광고 업무는 내가 하고 싶은 일이 아니었다. 문제를 인식한 후, 쳇바퀴에서 벗어나기 위한 새로운 목표를 설정하기로 했다.[57]

다음 이야기를 읽기 전에 내가 과연 어떻게 했을지, 또 여러분이 나였다면 어떻게 했을지 한번 생각해 보자. 지금까지 나의 생계형 마케팅이 성공한 요인 중 하나는 늘 상대방의 관점에서 고민하고, 자문자답했기 때문이다. 여러분 역시 스스로 질문하고 발상을 전환하여 답하는 습관을 기르길 바란다.[58]

부당함에 맞서는 방법

일단 내 단점 중 하나인 쉽게 질리는 성격을 창조와 마케팅 능력이라는 장점으로 승화하고자 했다. 이를 위해 반복적인 작업으로 시간을 허비하지 않도록 작업 효율을 극대화해야 했다(강점 강화). 이를 통해 기존의 업무를 모두 감당하면서(모방) 새로운 업무를 창출하여 연구하고 발전시켜(창조) 회사와 내가 모두 성장할 수 있도록 하는 것이 1차 목표였다.

그리고 문제점을 개선할 방법을 찾기 위해 고군분투했다. 그러나 나의 직속 상사는 "괜한 일 자꾸 벌이지 마라. 서로 힘들지 않게 조용히

---

57 〈1편 정신_02계 보물〉 '보물이자 목표는 마케팅의 연료와 같다.', p.218
58 〈2편 식사_05계 문제〉 '문제를 모르면 답도 찾을 수 없다. 필사적으로 찾아야 한다.', p.257

회사 다니자."라며 나의 의견을 일축했다. 지금은 내가 정신적으로 크게 의지하는 하나뿐인 의형제 형님이 되었지만, 당시에는 갖가지 부당한 사유로 나를 괴롭히곤 했다.

마케팅을 시작하는 단계에서 가장 큰 장애물은 기존의 틀과 사고방식이다. '모두 그렇게 하고 있다.', '줄곧 그래 왔다.', '이게 당연한 거다.', '네가 그걸 무슨 수로 한다는 말이냐.', '그냥 밥벌이나 해라, 어차피 안 될 거다.', '차별화는 무슨! 다 똑같은데 바꿀 수 있는 건 아무것도 없다.' 등의 말들을 우리는 수도 없이 듣는다. 하지만 여기서 멈추면 다음 단계로 결코 넘어갈 수 없다.[59]

자신을 증명하려면, 어디서든 자신의 의견을 당당하게 말할 수 있어야 한다. 이것이 곧 마케팅에 임하는 기본자세이며, 오케팅의 핵심이다. 그리고 능력을 발휘하고 싶다면, 기회를 만들어야 한다. 사실 능력은 누구에게나 있다. 스스로 기회를 만드는 사람이 드물 뿐이다. 우리에게는 엄청난 능력이 잠재되어 있다. '나는 생계형 마케팅 천재다.'라고 큰소리로 외쳐 보자. 그리고 자신은 이미 브랜드고, 세상에 단 한 명밖에 존재하지 않는다는 사실을 잊지 말자.[60]

생각보다 많은 사람이 직장 내에서 벌어지는 부당한 일을 그냥 참으려고 한다. 부당한 일이 한두 번이면 참아도 된다. 그러나 서너 번이면 질문하여 문제를 제기하라. 그리고 그 이상이면 반드시 오케팅적 사고

---

59 〈5편 무리_11계 소통〉 '남들이 미쳤다고 해도 마케팅으로 끌고 가라.', p.330
60 〈4편 의복_10계 요약〉 '슬로건이란 브랜드명의 또 다른 이름이다.', p.317

로 해법을 제시하여 그 상황을 극복해야 한다.[61]

나는 회사의 부당한 대우에 참지 않았다.

"저 퇴사하겠습니다. 더는 답답해서 못 다니겠습니다. 저는 시키는 일만 기계처럼 하려고 입사한 게 아닙니다."[62]

때마침 J 신문사의 합격 통지서가 날아왔다. 변수가 생기면 그에 맞춰 계획과 전략을 수정해야 하는 법이다. 따라서 나는 앞서 한 말에 변수를 보태어 이야기로 풀어냈다.[63] 오케팅이 시작되는 순간이었다.

"저에게 이런 단순노동만 시키려고 채용하신 거라면 당장 퇴사하겠습니다. 다른 곳에서 저를 원하고 있고, 그곳의 비전이 훨씬 유망합니다."

나는 상사에게 단호하게 이야기했다. 그리고 J 신문사의 합격 통지서를 당당하게 내보였다. 여기서 합격 통지서를 보여 준 이유는 나의 가치를 증명하기 위한 마케팅의 일환이었다. 합격 통지서를 실제로 보여 줌으로써 오두환이라는 브랜드의 '신뢰성'과 '우수성'을 한층 높인 셈이다. 합격 통지서를 보여 주지 않았다면, 헛소리만 늘어놓는 허풍쟁이로 전락할 수도 있는 상황이었다.

마케팅은 증거와 사실에 입각한 포트폴리오가 필요하다. 그리고 그 결과를 보기 좋게 포장해서 내놓아야 한다.[64] 또 말한 것을 반드시 지킨다는 열정, 신의, 책임감을 함께 보여 주어야 한다. 이 중 하나라

---

61 〈5편 무리_11계 소통〉'마케팅에서 소통과 수용 없이는 뭉치거나 나아갈 수 없다.', p.331
62 〈4편 의복_10계 요약〉'시나리오를 듣게 하려면 반드시 강력한 한마디로 시작하라.', p.316
63 〈4편 의복_09계 각본〉'시나리오는 재미있는 한 편의 드라마여야 한다.', p.309
64 〈6편 경쟁_14계 분석〉'사지 않은 사람도 입맛을 다시게 만들어라.', p.367

도 생략하면 브랜드에 대한 신뢰도는 현저하게 떨어지게 된다.

상사의 얼굴은 금세 어두워졌다. 나는 기세를 몰아 대안을 제시하기 시작했다.

"기존의 반복적인 작업을 빠르게 끝낼 방법이 있습니다. 대량 관리 시스템을 이용하는 것입니다. 마침 친척 형이 이쪽 계통에서 일하고 있어 도움을 받을 수 있습니다. 이 시스템을 완벽하게 도입만 한다면, 더는 단순 반복 작업에 시간을 낭비하지 않아도 됩니다."

이어 대안을 하나 더 제시했다.

"현재 맡은 업무 외에 다른 일을 할 수 있도록 제게 직원 한 명만 붙여 주십시오. 업무 범위를 확장하고, 신규 사업부를 꾸려서 회사를 키워 보겠습니다. 매출을 지금보다 올리는 건 물론이고 회사를 키울 수 있는 시스템, 네트워크 지점들을 도울 수 있는 구조를 한번 만들어 보겠습니다. 저는 한다면 하는 놈입니다."

이때 상사가 어느 정도 긍정적인 반응을 보였다. 나는 평소 생각했던 전략과 비전에 관한 이야기까지 늘어놓았다. 마치 브리핑하듯 도표로 만든 내용, 마케팅 성과, 예상되는 이익 등 예상 시나리오를 아주 적나라하게 보여 주었다.[65] 그리고 마지막으로 상사에게 질문했다. 나라는 브랜드를 계속 구매할 것인가, 구매하지 않을 것인가.

나는 회사의 비전이 분명히 보였기에 끝까지 놓지 않고 성공시키고 싶었다. 오기와 도전 정신이 강하게 든 것이다. 무엇보다 마케팅과

---

65 〈3편 주거_07계 전략〉 '합리적인 가격은 오직 고객만 정할 수 있다.', p.285

광고의 맛을 본 이후, 누군가를 도와준다는 마음속 울림과 떨림이 떠나지 않았다. 교사로서의 안정적인 생활과 J 신문사가 제안한 만족스러운 급여와 근무조건의 유혹에도 결국 나는 험난한 길을 선택했다.

마케팅팀 팀장이 되다

이후 어떻게 되었을까. 결론부터 말하면 내 생각대로 되었다. 상사에게 비전을 제시하며 설득했고, 대표에게 안건을 제시할 기회까지 얻었다. 작은 회사였기에 바로 대표에게 말할 수 있었다. 그러나 그에 앞서 주변의 동의와 합의를 끌어냈다. 이것은 매우 중요한 절차다. 만약 바로 대표에게 제안하면, 중간 관리자와는 함께 일하지 않겠다는 뜻으로 비칠 수 있기 때문이다. 한배를 탄 동료와 같은 목표를 향해 나아갈 수 없으므로 모든 효율이 급감한다. 따라서 절차를 지키며 소통하고 설득하여, 같은 방향으로 가도록 만들어야 한다.

내 의견대로 대량 관리시스템이라는 간단한 방식을 도입했다. 이로써 7만 개의 키워드를 손쉽게 관리하게 되었다. 그러자 이후 상황은 역전되었다. 상사와 대표는 나에게 '꼭 같이 일하고 싶으니 계속 일해 달라.'는 부탁을 해왔다.[66] 남다른 목표와 비전으로 모두를 설득해 낸 것이다. 이번에도 대성공이었다. 지금도 그 두 분에게 매우 감사한 마음을 갖고 있다.

이튿날 바로 일개 신입 사원에서 네트워크 지점 18곳을 관리하는

---

66 〈1편 정신_02계 보물〉 '내가 갖고 싶은 것을 모두 갖고 싶게 만들어라.', p.221

'마케팅팀 팀장'이 되었으며 동시에 새로운 과제를 받았다. 내가 계속 하던 일, 하고 싶던 일, 지금의 나를 있게 한 일이기도 하다. 바로 '마케팅'과 '광고'다.

마케팅팀 팀장이라는 지위와 사업을 확장할 수 있는 자율권을 갖게 되었다. 이제 나 자신을 증명해 보일 일만 남았다. 다른 네트워크 병원들과 한판 붙어 볼 수 있는 장군이 되었다면, 전쟁에서 승리해야 하지 않겠는가.[67] 이제 본격적인 오케팅에 돌입할 때가 왔다.

첫 과제는 이러했다. 당시 바이럴마케팅을 가장한 노출 광고가 유행이었다. 이를 이용해 매출을 높이고 지점도 모집해 보라는 것이다. 흥미로운 제안이었다. 그러나 신규 사업은 악조건 속에서 시작되었다. '신규 바이럴마케팅'이라는 이름의 사업은 지점이 0개인 상태에서 시작했기에 알아서 영업을 뛰어야 했다. 그렇지만 나는 기회를 얻었다는 사실에 만족했다. 새로운 일에 도전한다는 생각에 의욕이 넘쳤다.[68] 이 때부터 본격적으로 마케팅하기 시작했다.

"다른 곳에서 모두 하는 광고를 저희도 해야 합니다. 지점당 40만 원씩, 네 곳에서 돈이 모이면 160만 원이 되고, 그 돈으로 사람을 뽑아 마케팅·광고팀을 운영하겠습니다(당시 최저임금 140만 원 이하). 이 비용으로 의미 있는 광고효과를 낼 수 있는 곳은 어디에도 없을 겁니다. 제가 그 어려운 걸 해보겠습니다."

---

67 〈3편 주거_08계 장벽〉 '우리가 쳐놓은 방치, 모방, 혁신의 그물망에서 경쟁사가 벗어나지 못하게 하라.', p.293
68 〈3편 주거_06계 위치〉 '단점을 장점으로, 위기를 기회로 보이게 하라.', p.270

나는 이렇게 호언하며 구체적인 광고 시스템과 상품을 제시했다. 서비스의 구조를 이해하기 쉽게 설명했다. 그리고 고객별 맞춤 제안서와 사례집까지 빠르게 구현하여 배포했다. 덧붙여 네트워크 지점 전체에 도움이 되는 광고 시스템이라는 점을 강조했다. 비용 지출에 당위성을 심어 주는 것은 상품 가치를 높이는 요소다. 무엇보다 마케팅·광고 전문가의 지휘하에 운영되는 매우 매력적인 상품이다.[69] 40만 원이라는 적은 비용으로 160만 원 상당의 광고효과를 내겠다는데 어느 누가 마다하겠는가.

난 장담하기를 좋아한다. 장담은 성공으로 이어지기 때문이다. 말하는 대로 이루어진다는 말도 있지 않은가. 그리고 장담하게 되면, 그 말을 지키기 위해 더욱 필사적으로 움직인다. 나 역시 배수의 진을 친다는 각오로 장담한 것이다. 내게 피할 곳은 없었다. 반드시 약속을 지켜 오케팅으로 살아남아야 했다.

당시 대표는 특정 광고 영역에서 누가 더 높은 효율을 내는지 직원들끼리 경쟁을 붙이기도 했다. 특별한 성과를 못 내면 나도 언제든 권고사직을 당할 수 있었다. 게다가 대표는 신규 사업에 대해서 '수익이 나지 않고 매출이 떨어지면 팀은 해산하고, 팀원은 바로 해고한다.'라는 말을 수차례 반복했다. 그도 그럴 것이 4개의 지점당 직원 1명을 배치한다고 선포한 상황이라 '지점이 이탈하면, 당연히 사람도 이탈된다.'라는 공식이 성립되었다.

나는 내가 직접 뽑은 직원에 대한 애착이 남다른 편이었다. '내가 뽑

---

69 〈1편 정신_02계 보물〉 '내가 갖고 싶은 것을 모두 갖고 싶게 만들어라.', p.221

은 직원을 해고하면, 나도 관둘 것이다.'라는 신념을 가지고 있을 정도였다. 따라서 벼랑 끝에 선 기분으로 사활을 건 생계형 마케팅을 할 수밖에 없었다.[70]

다행히 나의 생계형 마케팅은 생각보다 빨리 빛을 발했다. 처음에는 4개 지점으로 시작했는데 3~4개월 만에 20개 지점이 되어 팀원이 5명이나 늘었다. 여기에 본사 광고를 겸하게 되어 1명이 추가로 붙게 되었다. 삽시간에 마케팅·광고팀의 인원은 나를 포함해 7명이 되었다. 네트워크 병원의 가맹점 수도 계속해서 늘어났다. 6개월 만에 월 매출이 약 1,000만 원까지 오르는 기염을 토하기도 했다.

하지만 한 가지 마음에 걸리는 것이 있었다. 바로 '40만 원'이라는 금액이었다. 지점이 30개가 되었지만, 지점 수가 더 늘어나도 이 금액으로는 매출이 크게 증대되거나 규모가 커지는 데 한계가 있었다. 어느 시점에서 성장세가 멈추면 경쟁사에 점점 뒤처지게 될 것이 뻔했다. 대표가 한정한 40만 원은 '손오공의 긴고아[71]'와도 같았다. 그렇다고 긴고아에 마냥 옥죄어 있을 수는 없지 않은가. 나는 새로운 꿈을 꾸며, 앞을 향해 계속 전진하기로 했다.[72]

---

70 〈5편 무리_11계 소통〉'선장은 판단에 책임져야 하며, 리더임을 증명해야 한다.', p.334
71 손오공의 머리에 씌워진 특수한 테. 손오공을 제어하기 위해 관음보살이 삼장법사에게 준 도구다.
72 〈6편 경쟁_15계 점검〉'끊임없이 새로운 마케팅 거리와 해법을 찾아내라.', p.375

목표설정은 계속되어야 한다

2차 목표를 설정하기 시작했다. 손오공의 긴고아를 부숴 버려야 하지 않겠는가.

나는 광고비 40만 원을 100만 원으로 만들고 싶었다. 그래야만 더 성장할 수 있다고 판단했다. 20개 지점에서 100만 원씩을 받아, 최소 2,000만 원으로 매출을 올리는 것이다.[73] 지점 수를 20개로 계산한 것은 금액을 올리는 과정에서 다수의 지점이 이탈할 것으로 예상했기 때문이다.

새로운 도전에는 언제나 시련이 따르기 마련이다. 시작부터 대표의 반대에 부딪히고 말았다. 대표는 누가 100만 원이나 주고 광고를 맡기느냐며 나를 말렸다. 덧붙여 자칫 반발이라도 생긴다면, 진행하던 사업마저 중단되어 회사가 막대한 타격을 입을 수도 있다고 경고했다. 다른 직원들도 나의 계획이 실현 불가능한 것이라고 입을 모았다. 모두 그때까지 이룬 성과도 이미 대단하다며 만족했고, 새로운 도전에 불안해했다.

하지만 나는 절대 멈출 수 없었다. 고작 그 정도에 머무르려고 모든 꿈을 포기한 채 도전을 시작한 것이 아니었다. 장애물은 항시 존재하기 마련이다. 앞으로 나아가기 위해서는 장애물을 넘을 수 있는 용기가 필요하다. 그리고 믿음, 용기, 능력 세 가지가 맞아떨어져야 오케팅

---

73 〈3편 주거_08계 장벽〉 '마케팅 경주에서 때로는 치타처럼 빠르게, 때로는 코끼리처럼 강력하게 변화를 시도하라.', p.296

을 완벽하게 해낼 수 있다. 나는 믿음과 용기로 무장하고 다시 오케팅 전략을 짜기 시작했다.[74]

회사와 직원, 광고주가 함께 성장하는 길은 혁신적 변화뿐이다. 하지만 40만 원이라는 비용에 길들여진 상태에서 갑자기 100만 원을 지출하기는 쉽지 않다. 습관적 비용을 타개하려면 그만한 가치와 브랜드, 서비스를 제공해야 한다.

나는 먼저 경쟁사를 조사했다. 그리고 당시 광고 비용과 장단점을 파악했다. 그리고 우리가 쫓아야 하는 네트워크 병원과 광고업계의 현황 등을 다각적으로 분석했다.[75] 이를 바탕으로 새로운 전략을 제시하는 제안서를 작성했다. 무려 70페이지에 달하는 엄청난 분량이었다. 제안서에는 내가 이끄는 마케팅팀의 강점, 네트워크 병원의 발전을 위한 단기 · 중기 전략, 향후 나아가야 할 방향에 관한 내용이 아주 상세하게 담겨 있었다. 나는 이 제안서를 들고 확신에 찬 발걸음으로 다시금 대표를 찾아갔다.[76]

"제가 한 말씀 올려도 되겠습니까?"

대표는 마치 J 신문사의 고위 면접관과 비슷한 반응을 보였다. 나는 대표가 반대할 명분이 없도록 해야 했다. 강력한 시스템과 사실을 기반으로 설득과 협의를 통해 새로운 목표를 이룰 수 있게 밀어주도록 만들어야 했다.

---

74 〈5편 무리_11계 소통〉'마케팅은 불가능을 가능하게 보이도록 포장하는 일이다.', p.333
75 〈3편 주거_06계 위치〉'경쟁 상대를 등급별로 나누어 위치를 정하라.', p.271
76 〈3편 주거_07계 전략〉'몇 수 앞을 내다본 전략은 훌륭한 미래를 만든다.', p.285

"이 70페이지의 제안서에 저의 각오가 담겨 있습니다. 철저한 기획의 제안서가 준비되어 있습니다. 이 내용으로 다른 지점을 모두 설득하여 반드시 성공시키겠습니다. 만약 프로젝트를 성공시키지 못한다면, 제가 책임지고 물러나겠습니다. 기회를 주십시오."

"진짜 두환 씨가 책임질 수 있겠어요?"

"물론입니다. 반드시 될 수밖에 없습니다. 확실합니다. 제가 기필코설득하겠습니다."

"그럼 할 수 있으면 해봐요. 그런데 지점이 전부 이탈해도 책임 못져요. 거의 다 이탈할 수도 있어요"

"네, 책임은 제가 지겠습니다."[77]

사실 대표는 제안서를 제대로 읽어 보지도 않았다. 제안서의 세부내용보다는 나의 강력한 각오에 마음이 움직인 것이다. 이후 나는 지점을 일일이 방문했다. 광고 비용을 100만 원으로 높이면 얻을 수 있는 효과에 관해 설명하고 설득하기를 반복했다. 세미나도 열었다. 그자리에서 내가 지금까지 걸어온 길, 네트워크 내에서 이룬 성과, 앞으로의 비전에 대해 구체적으로 어필했다.[78]

흔쾌히 나를 믿어 준 지점이 있는가 하면, 기존보다 높은 비용으로는 절대 진행할 수 없다는 지점도 있었다. 후자인 경우, 직접 원장을 찾아가 도와달라며 무릎을 꿇은 적도 있다. 그리고 무릎의 대가로

---

77 〈5편 무리_11계 소통〉'남들이 미쳤다고 해도 마케팅으로 끌고 가라.', p.330
78 〈4편 의복_09계 각본〉'스토리가 아닌 시나리오를 만들어라.', p.303

승낙을 받았다. 누군가에게 무릎을 꿇은 건 그때가 처음이자 마지막이었다. 그만큼 절실했다.

두 달이 지나 새로운 프로젝트가 본격적으로 시행되는 시점이 왔다. 기존에 함께한 30개의 지점 중 28개의 지점이 연장을 결정했다. 단 두 곳만 제외하고 연장에 성공한 것이다. 나는 내심 월 1,000~2,000만 원 정도의 매출만 달성해도 만족스럽다고 생각했다. 그런데 예상보다 훨씬 많은 2,800만 원의 월 매출을 달성했다. 당시 마케팅팀은 축제 분위기였다. 회사는 늘어난 규모에 맞춰 신규 직원 4명을 추가로 채용하고, 시스템도 재정비했다.

무한 경쟁에서 살아남는 방법

목표한 바를 성공적으로 이루었다. 그리고 어느덧 월 매출 3,000만 원까지 바라보게 되었다. 이 정도 성과를 이루면 보통 '이 정도면 충분하니, 이제 현상 유지만 잘하면 되지 않을까?' 하는 생각을 하기 마련이다. 나도 그렇게 생각했을까?

이쯤 되면 여러분도 '그럴 리가 있나.' 싶을 것이다. 그렇다. 여기서 멈추면 진정한 오케팅을 했다고 할 수 없다. 앞서 오케팅은 알파벳 'O'와 'Marketing'의 합성어로, 'O'는 순환Cycle의 의미를 담고 있다고 말한 바 있다.

'OK.' 할 때처럼 엄지와 검지를 말아 동그라미를 만들어 보라. 엄지와 검지가 맞닿는 부분이 생길 것이다. 바로 이 부분이 중요하다. 이

부분은 한 바퀴를 다 돌고 나서 재정비를 해야 하는 구간이다. 재정비 해야만 다시 한 바퀴를 돌 수 있다. 오케팅을 할 때 의식적으로 재정비를 하지 않으면 더 나아갈 수 없을 뿐만 아니라, 오히려 후퇴하는 결과를 낳기도 한다. 우리가 현상 유지만 하는 동안 경쟁사들은 마냥 놀고 있을 것 같은가. 그들은 호시탐탐 기회를 엿보고 있다. 우리의 자리를 뺏기 위해 칼을 갈고 있다. 마케팅은 무한 경쟁이다.[79]

나 역시 고민에 빠졌다. 이미 충분히 목표를 달성하고, 조직 내에서 인정도 받은 상태였다. 이대로 멈춰도 되는가. 도전을 멈추기에는 후퇴하게 될까 봐 불안한 마음이 앞섰다. 그렇다고 총 네트워크 지점이 정해져 있는 상황에서 비용이나 지점 수를 더 늘리는 것은 비효율적이었다. 노력한 만큼의 결과를 얻기 힘들다는 판단이 들었기 때문이다.

가지고 있는 세숫대야에 이미 물을 가득 채웠는데, 더 채우고 싶다면 어떻게 해야 할까? 답은 간단하다. 세숫대야를 대체할 수 있는 더 큰 것을 찾아 다시 물을 채우면 된다. 이를테면 항아리나 욕조에 물을 채울 수도 있다. 심지어는 직접 우물을 팔 수도 있다. 상상의 나래를 마음껏 펼쳐라. 설사 그게 말도 안 되는 일이라도 말이다. 생각을 전환하면, 바닷물 전체를 세숫대야에 담을 수도 있다. 세숫대야를 뒤집은 채 바다 한가운데로 던지는 것이다. 그럼 세상에서 가장 많은 물을 세숫대야에 담은 사람이 되지 않겠는가.

---

79 〈2편 식사_05계 문제〉 '경쟁 상대가 없는 마케팅이라 해도 시간이 지나면 경쟁 상대는 나타나게 되어 있다.', p.254

언젠가 직원 중 한 명이 내게 이런 말을 했다.

"저는 잡생각이 너무 많아서 탈이에요."

최고의 잡생각 전문가인 나는 이렇게 조언했다.

"잡생각도 생각이야. 그 잡생각이 모이면 진짜 생각이 되는 거야. 그리고 진짜 생각이 응축되면 행동으로 실천할 수 있게 되는 거지."

마케팅에서 문제 제기와 목표설정도 잡생각으로부터 비롯된다. 잡생각은 나쁜 것이 아니다. 잡생각이 든다면 잡생각을 계속하라, 그것도 아주 열심히. 그리고 잡생각에 스스로 묻고 답해 보라. 질문과 답변은 늘 실과 바늘처럼 함께 해야 한다.[80] 모든 문제에 교과서에 적힌 답만 정답이라고 우겨서는 절대 해답을 찾을 수 없다. 철학가들의 격렬한 논쟁이나 문답식 교육처럼 정답이 아니라 해답을 찾아야 한다.

이제 다른 무언가를 찾아 다시 물을 채워야 할 차례였다. 나는 여전히 물을 더 채우고 싶었기 때문이다. 그래서 다음 목표는 내부가 아닌, 외부로 향했다. 내부 네트워크 지점 수와 시스템이 한계점에 도달했으니, 외부로 뻗어 나가야 한다고 생각했다.

월 매출 3,000만 원 정도에 만족하고 안주하면 회사 규모가 크게 성장하기는 어렵다고 판단했다. 나는 외부로부터 새로운 수주를 받아 마케팅과 광고 사업을 진행함으로써 보다 높은 효율을 내고자 했다.

"이제는 외부 업체의 광고를 진행해야겠습니다. 내부에는 더는 비전이 없습니다."

---

80 〈5편 무리_12계 출격〉 '끊임없이 답변하라, 물어볼 것을 찾을 수 없을 때까지.', p.342

나의 주장에 대표와 직원들이 어떤 반응을 보였겠는가. 여러분이 짐작하는 그대로였다. 이번에도 '그게 될 것 같으냐, 절대 불가능한 일이다.'라는 말들이 쏟아졌다. 지금 하는 사업이나 잘하면 되지, 굳이 일을 왜 더 벌이느냐는 것이었다.

오히려 내부에서 생기는 문제나 제대로 관리하라며 쏘아붙였다. 네트워크 구조상 몇몇 안티 지점은 매사에 불만을 넘어 본사의 경영에도 간섭을 일삼았기 때문이다. 그들의 불만을 잠재우기는 쉽지 않았다. 당시만 해도 각 지점장은 절대적인 갑이고, 나는 절대적인 을이었다. 대표도 외부 업체의 광고까지 진행하게 되면 안티고객을 관리하는 일이 더욱 어려워질 것이라 했다. 그러면서 잘못하면 더 큰 문제가 발생할지도 모른다고 우려했다.

나는 이번에도 역시나 장애물에 부딪혔다. 극복해야 할 과제가 하나 더 생긴 셈이다. 장애물이 나타났을 때는 포기해야 할 시점이 아니다. 오케팅해야 할 시점이다. 오케팅적 발상은 항상 대다수가 포기하는 어려운 상황에서 시작된다는 사실을 명심하자.[81]

충성고객을 만드는 전략

살다 보면 내가 아무리 잘해도 나를 싫어하는 사람이 꼭 있기 마련이다. 아무리 좋은 상품, 아무리 좋은 회사라고 해도 '안티고객'은 늘 존재한다. 고객이 10명이라면, 대개 2명은 불만이 있고, 7명은

---

81 〈5편 무리_11계 소통〉 '마케팅은 불가능을 가능하게 보이도록 포장하는 일이다.', p.333

별 관심이 없으며, 1명은 만족한다. 이때 우리가 공략해야 할 대상은 누구일까? 안티고객 2명을 제외한 나머지다.

오케팅적 사고와 행동으로 별 관심이 없던 7명으로부터 호감을 이끌어 내야 한다. 그리고 만족한 고객 1명은 충성고객으로 만들어야 한다. 그렇게 되면 2명의 안티고객도 점차 대중의 흐름을 의식하고 따라가게 된다. 나도 이러한 방식으로 안티고객을 팬으로 만든 경우가 있다.

안티고객은 과감하게 포기하고, 가능성이 있는 나머지 고객에게 에너지를 쏟는 편이 더 효율적이다. 안티들에게 공을 들이면 노력한 것에 비해 결과가 미비하다. 또 엄청난 시간 낭비인 동시에 나머지 고객인 8명에게 죄악을 저지르는 것과 같다. 오케팅하는 시간과 노력은 오롯이 8명에게 쓰여야 한다.

시간은 누구에게나 공평하게 주어진다. 그런데 나를 싫어하는 2명의 마음을 돌리기 위해 주어진 시간을 모두 투입한다고 생각해 보자. 어떤 결과가 나타나겠는가. 2명의 마음을 돌릴 수 있을지도 몰라도, 시간을 전혀 들이지 못한 나머지 8명은 잃게 될 것이다. 그러므로 나머지 8명을 위해 시간을 쏟는 것이 한정된 시간을 효율적으로 분배하여 더 나은 결과를 얻는 방법이다.

'20%의 고객이 80%의 매출을 창출한다.'

이탈리아의 경제학자 빌프레도 파레토Vilfredo Pareto가 주장한 2080 법칙이다. 다수가 아닌 소수의 상위 20%의 고객에게 집중할 것을 암묵적으로 강요한다.

그리고 이는 내 의견과 반대되는 논리다. 나는 다수를 공략함으로써 소수를 다수에 편입시키는 전략을 사용한다. 사람들은 무의식적으로 타인이 욕망하는 것을 욕망한다. 소수는 결국 다수의 대중이 욕망하는 것을 자연스레 쫓게 된다. 따라서 다수를 사로잡는 편이 더 효율적이다. 이처럼 이미 널리 통용되는 법칙일지라도, 의문을 품고 고민해 볼 필요가 있다. 마케팅에 정답은 없기 때문이다.[82]

내가 소신대로 신규 사업을 확장하기 위해서는 일단 대표와 직원들을 설득하는 것이 급선무였다. 이때 나는 또 한 번 배수의 진을 치고 설득을 시작했다.[83]

"쪽박일 경우, 소박일 경우, 중박일 경우, 대박일 경우까지 모두 시뮬레이션을 해봤습니다. 그리고 최소 중박, 잘하면 대박이라는 결론이 났습니다. 외부로 규모를 확장해서 성공한다면, 회사는 완벽하게 안정적인 궤도에 접어듭니다. 그러면 월 매출 1억 원대 이상을 유지할 수 있습니다. 중박 아니면, 대박인데 어찌 시도조차 하지 않을 수 있습니까? 장담컨대 이번에도 성공합니다."

그렇게 주사위는 던져졌다. 나는 모두의 동의를 얻는 데 성공했다. 그리고 기쁜 마음으로 밤을 새워 기획서를 작성했다. 새로운 전략을 짜기 시작했다. 신규 사업을 준비하는 과정에서 기획서는 특히 중요하다. 완성할 작품의 밑그림을 미리 그려 보는 단계이기 때문이다.

---

82 〈3편 주거_06계 위치〉 '조금 다른 시각으로 접근하면 나만의 위치가 나온다.', p.270
83 〈5편 무리_11계 소통〉 '마케팅에서 소통과 수용 없이는 뭉치거나 나아갈 수 없다.', p.331

그렇다면 좋은 기획서는 어떤 기획서일까? 보통 주어진 틀에 따라 기획서를 작성하는 데만 너무 신경 쓴 나머지 내용은 빈약한 경우가 많다. 양식을 위한 기획서가 되어서는 안 된다. 기획을 위한 기획서여야 한다. 따라서 자신만의 방식과 관점에서, 자신만의 의견을 담아야 한다. 기획서에도 오케팅이 필요한 것이다. 치열하게 고민해서 자신만의 차별화된 강점을 잘 드러내야 한다.[84]

나는 어린 시절 종종 바둑을 두었다. 바둑을 그리 잘 두는 편은 아니었지만, 머릿속으로 끊임없이 예측하여 그에 따른 전략을 세우는 '수읽기'라는 개념에 유독 흥미가 있었다. 성인이 된 후에는 바둑을 두는 대신, 현실 속에서 수읽기를 한다. 나는 기획서로 밑그림을 제대로 그렸다. 추진력을 발휘해 계획을 실행해 나갔다. 그리고 그에 따른 결과가 차츰 모습을 드러냈다. 내 예상대로 수읽기가 통했다.

신규 사업의 월 매출이 3,000만 원에 도달하기까지 6개월밖에 걸리지 않았다. 기세를 몰아 같은 방법으로 1년 내 월 매출 5,000만 원 달성이라는 목표를 다시 세웠다. 그리고 이 역시 성공했다. 내가 장담한 대로 중박은 물론, 대박을 향해 가고 있었다. 이후 한 번 더 재설정한 월 매출 억대 달성 목표도 비교적 빨리 이루었다.

그 결과 직원 4명 중 막내에서 프리랜서 포함 100여 명의 직원을 이끄는 연구소장의 자리까지 오르게 되었다. 게임 퀘스트를 하나씩 완료하듯 단계별로 성장하다 보니, 점진적인 성과를 이룰 수 있던 것이다.

---

84 〈2편 식사_04계 식량〉 '남들보다 자신 있는 것들만 계속 찾아내라.', p.243

지금도 나는 이러한 패턴을 끊임없이 반복하고 있다.[85]

오케팅 사고 능력이 곧 경쟁력

오케팅의 핵심 전략은 생각과 사고에 있다. 목표를 얼마만큼 이루었는가? 지금 현실에 만족하는가? 만족한다면, 앞으로도 현상 유지를하며 만족하는 삶을 살고 싶은가? 만족하지 않는다면, 어떻게 해야겠는가?

현실에 만족하지 않는다면 필사적으로 오케팅해야 한다. 현실에 만족해도 오케팅해야 한다. 다시 손가락으로 'OK.' 모양을 만들어 보라. 그리고 가만히 들여다보자. 지금 동그라미에서 한 바퀴를 돌았는가? 이때 한 바퀴를 돌았다고 끝이 아니다. 현상 유지를 하기 위해서는 멈추지 않고 다시 한 바퀴를 돌고, 또다시 한 바퀴를 돌고, 계속 돌아야한다. 즉, 만족하는 삶을 살기 위해서는 꾸준한 노력과 적절한 재정비가 반드시 수반되어야 한다.

시간은 계속 흐른다. 시간이 흐름에 따라 어떤 분야든 대형화, 가속화, 자동화 등의 발전을 도모하기 마련이며 경쟁도 점차 심화한다. 따라서 시간을 마냥 흘려보내는 것은 굉장히 어리석은 일이다. 경쟁 상대가 언제, 어떤 형태로 우리를 위협해 올지 모른다. 그 속에서 살아남기위해서는 변화와 혁신을 거듭하며 부단히 노력해야 한다.

---

85 〈6편 경쟁_15계 점검〉 '끊임없이 새로운 마케팅 거리와 해법을 찾아내라.', p.375

보통 회사의 대표나 임원 몇 명이 이러한 사고를 통해 회사를 성장시킨다. 하지만 시간이 지나면 혁신적으로 사고하지 못하는 직원에게 업무를 전부 위임해 버리는 우^愚를 범한다. 이렇게 되면 언젠가는 오케팅 사고로 똘똘 뭉친 경쟁사가 공략해 올 때 자리를 내주게 된다.

이런 이유로 나 역시 평생 실무를 보며 최전선에서 일하려고 한다. 지금도 컨설팅 전에 마케팅과 광고 전략에 대해 팀장들과 수일간 의논한 후, 합의점을 도출한다. 회사 내에 오케팅 사고를 할 수 있는 인재가 몇 명 있느냐에 따라 다른 업체와의 경쟁에서 승패가 갈린다. 회사 내부에서 인재를 찾는 데 한계가 있다면 적절한 외부 인사를 초빙하여 답을 구하는 방법도 있다. 전략에 정답은 없다. 최선의 시스템으로 해법을 찾는 것이 중요하다.

아이러니하게도 회사의 규모가 커질수록 도전 정신은 낮아지는 경우가 많다. 현 상태에 만족하다 보니, 투자나 연구개발에 소홀해지는 것이다. 따라서 규모가 작은 회사라도 계속 효과적인 전략과 전술을 개발하는 것이 중요하다. 그러면 대형 경쟁사와의 전쟁에서 충분히 승리할 수 있다. 목표를 설정한 즉시 오케팅적인 사고로 전환하라. 그리고 끊임없이 시도하고 공략하라. 머지않아 반가운 역전의 기회가 찾아올 것이다.

"할 수 없다고 말하는 사람이 있다면, 기뻐하라.
그들이 있기에 우리는 할 수 있다."

·····◦►◦◦◦◄◦∈⊃◦◦◦◦⊂∋◦►◦◦◄◦·····

"목표라는 절벽에 오르다가 멈추면, 추락하고 만다.
절벽을 완벽히 벗어나라."

·····◦►◦◦◦◄◦∈⊃◦◦◦◦⊂∋◦►◦◦◄◦·····

"10번 수읽기를 목표로 하면 '알파고'는 아니어도,
'렛츠 고!'는 할 수 있다."

·····◦►◦◦◦◄◦∈⊃◦◦◦◦⊂∋◦►◦◦◄◦·····

"95%가 이미 늦었다고, 그건 안 된다고 한다.
당신의 오케팅 해답은 무엇인가."

by 오두환

오케팅 노트

·1편 정신·

01계 영혼

내가 추진하는 사업이 잘못되어도 직접 뽑은 직원은 해고 없이 끝까지 책임지겠다는 대의大義를 품었다. 누군가를 돕겠다는 마음으로 설정한 대의가 모든 일의 근본이자 시작이다.

02계 보물

이번 편에는 여러 가지 목표가 있었다. 반복되는 단순 업무를 그만하고 싶다는 목표. 새로운 사업에 대한 목표. 사업의 확장에 대한 목표. 그 과정이 험난해도 반드시 추진하겠다는 목표다.

·2편 식사·

03계 성명

스스로 '마케팅·광고 전문가 오두환'이라는 이름을 사용했다. 그리고 회사명을 '한국온라인광고연구소'라고 지었다. 어떤 이름이든 한 번 들어도 바로 이해되는 직관적인 이름이어야 한다.

04계 식량

내가 가진 장점들을 정비했다. 이는 광고를 포장하는 마케팅 능력, 마케팅을 알리는 광고 능력, 글쓰기 역량을 기반으로 한 설득력 있는 제안서 작성 능력, 제안서를 효과적으로 브리핑하는 데 필요한 설득력이다. 이 네 가지는 개인이든 사업에서든 고객을 상대로 했을 때 꼭 필요한 능력이다.

05계 문제

끊임없이 문제를 발견하여 부족한 부분은 개선하고, 분야별로 꾸준히 내공을 다졌다. 그 과정에서 다양한 테스트와 실패가 반복되면서 상당한 시간이 소요되었다. 하지만 이 역시 성공으로 가는 길 중 하나다.

◆━◆━◆━◆━◆━◆━ ﹥3편 주거 ﹤ ━◆━◆━◆━◆━◆━◆

06계 위치

마케팅과 광고에서 경쟁은 자연스럽게 따라온다. 회사 내부의 경쟁자와 다양한 경쟁 구도에 있었다. 외부 경쟁자와는 더욱 치열했다. 우물 안에 갇힌 개구리라는 생각으로 경쟁자를 계속 설정하면서 끊임없이 도약했다. 우물 안에서 탈출하고자 노력했다. 경쟁자를 부정적으로만 인식하지 말고 선의의 경쟁자나 롤 모델로 생각하는 것이 바람직하다.

07계 전략

끊임없이 광고 비용을 재설정했다. 높아진 비용으로 고객에게 어떤 것을 더 해줄 수 있는지 고민해야 한다. 그러다 보면 '무언가를 더 해주고 싶은 마음'으로 비용을 올릴 수밖에 없는 시기가 온다.

08계 장벽

경쟁자와 롤 모델을 끊임없이 주시했다. 그러면서 그들의 좋은 전략을 참고하여 재해석했다. 모든 것이 재인식과 재창조의 싸움이다. 따라서 지금도 나는 경쟁 상대의 마케팅·광고 비용과 시스템을 재인식하고 재창조함으로써 그들보다 더 좋은 것을, 더 저렴하게, 더 많이 제공하고 있다.

◆━◆━◆━◆━◆━◆━ ﹥4편 의복 ﹤ ━◆━◆━◆━◆━◆━◆

09계 각본

내 의견에 반대하는 사람들에게 그동안 내가 이룬 성과와 능력에 대해 알렸다. 신문사 합격 통지서와 마케팅·광고 능력을 보여 주지 않았다면 이후 나에게 기회는 주어지지 않았을 것이다. 잘 짜인 각본을 작품화하는 과정을 끊임없이 거쳐야 한다.

10계 요약

광고는 사전적 의미인 광고廣告가 아닌 광고光高로 존재해야 한다고 주장했다. 즉, 널리 알리는 것보다 본연의 가치를 더 빛내고, 높여 주는 광고를 해야 한다고 강조했다.

·5편 무리·

11계 소통

외풍보다 내풍이 더 무서운 법이다. 회사 내에서 내 의견에 반대하는 사람들을 설득했다. 같은 방향으로 나아갈 수 있도록 끊임없이 독려했다. 내부 사람들과 소통과 신념화 과정을 거쳐 함께 나아가지 못하면 어떤 일이든 모래성처럼 쉽게 무너지고 말 것이다.

12계 출격

초기에 우리에게 광고를 맡겼던 외부 업체에는 신규 상품이 나와도 광고비 인상 없이 무상으로 지원했다. 그들이 지금의 내가 있도록 만들어 주었기 때문이다. 주식 소유자에게 배당금을 주는 것처럼 초창기에 나에게 투자한 사람들에게 가능하면 많은 도움을 주려고 한다. 그래서 지금도 신규 상품이 나오면 바로 적용해 주는 습관이 있다.

·6편 경쟁·

13계 광고

그동안 해온 일을 토대로 회사와 상품을 알리기 위한 광고도 꾸준히 했다. 광고와 마케팅 비용은 아예 고정으로 지출해야 한다. 사업을 하면서 고정적으로 내는 월세를 내지 않으면 쫓겨나는 것처럼, 광고비 지출을 멈추면 해당 사업 분야에서 쫓겨날 수 있음을 명심하자. 광고비에는 시간과 열정, 노력도 포함된다.

14계 분석

고객의 의견을 듣다 보면 생각보다 좋은 아이디어를 많이 얻는다. 그런데 나쁜 의견이 좋은 결과를 불러올 수도 있고, 좋은 의견이 나쁜 결과를 불러올 수 있으므로 늘 신중히 들어야 한다. 그래서 중요 안건에 대해서는 며칠 밤을 새우며 판단하는 과정을 거쳤다.

15계 점검

만족하고 멈추면 현 상황을 유지할 수 없다. 끊임없이 원점으로 돌아가 점검하고 다시 시작해야 한다. 그것이 바로 오케팅의 기본이다.

반지하 원룸 세입자,
건물주가 되다

- 6 -

아내를 만나 함께 살기 시작할 무렵, 우리는 매우 가난했다. 사람은 기본적으로 의식주가 갖추어져야 안정감을 느낄 수 있다. 그런데 이러한 기본적인 욕구조차 충족되지 않는 형편이었다.

어려운 형편에 1,500원짜리 소시지 한 봉지를 사서 소금물에 절여 먹기도 했다. 이렇게 하면 짭조름한 고급 햄의 맛을 조금이나마 맛볼 수 있다. 음식 하나로 둘이 나눠 먹는 일은 일상다반사였다. 음식점에서 3,000원짜리 볶음밥 하나를 시켜 둘이 나눠 먹었다. 라면 하나를 물에 불려서 끼니를 때우기도 했다. 라면을 물에 불리면 양이 1.5배가량 늘어난다. 또 아내에게 가판대에서 판매하는 500원짜리 양말 한 켤레조차 사 주지 못하고 10분을 고민만 하다 그냥 돌아선 적도 있다.

당시 생계유지를 위해 배달 일을 하다 사고를 당한 적도 있다. 갑자기 택시가 내가 탄 오토바이를 들이받은 것이다. 다행히도 큰 상해를 입지는 않았다. 하지만 입원 치료를 받아야 했다. 병원에 있는 동안 마음 편히 잠을 이룬 날은 단 하루도 없었다. 통증 때문이 아닌, 생계 걱정 때문이었다. 걱정이 절정에 다다를 때쯤 가해자 측에서 연락이 왔다. 합의금 30만 원을 받게 되었다. 나는 고작 30만 원, 그것도 합의금에 뛸 듯이 기뻐했다.

궁핍한 현실에도 우리는 함께 있을 수 있다는 것만으로 행복했다. 하지만 나이가 들수록 고시원을 전전하며 방랑자처럼 사는 것에 서서히 지쳐갔다. 더는 안 되겠다는 생각에 조금이라도 구색을 갖춘 월셋집을 알아보기로 했다.

그렇게 해서 찾은 곳이 보증금 300만 원에 월세가 20만 원인 반지하 원룸이었다. 하지만 수중에 300만 원이라는 큰돈이 있을 리 없었다. 나는 결국 아내의 삼촌에게 손을 벌리게 되었다. 감사하게도 삼촌은 너무나 흔쾌히 보증금을 내어 주셨다. 그렇게 나와 아내는 간신히 '주'를 해결할 수 있었다. 월세를 내야 하는 작은 원룸이었지만, 화장실이 딸린 우리만의 공간이 생겼다는 사실만으로 세상을 다 가진 것처럼 행복했다.

그러나 행복감은 생각보다 오래가지 않았다. 아무리 우리만의 공간이 생겼다고 해도, 반지하에 거주한다는 것만으로 상대적 박탈감을 느꼈다.

생각보다 많은 사람이 반지하 월셋집에 살고 있다. 그들 중 대부분은 '내가 왜 이렇게 힘들어야 하지? 저기 저렇게 많은 집이 있는데, 왜 내 집은 없는 거지?'라는 생각을 할 것이다. 그러면서도 정작 문제를 해결하기 위한 노력은 하지 않는다.[86] 하지만 신세 한탄만 한다고 달라지는 것은 없다. 문제를 해결할 방법을 찾아 행동으로 옮겨야만 현실을 바꿀 수 있다.

나는 마음을 다잡고, 오케팅적 발상을 시작했다. 오케팅은 목표를 설정하는 것에서부터 시작한다. 당시 내가 세운 궁극적인 목표는 월세를 내지 않아도 되는, 내 명의의 안락한 집을 갖는 것이었다.

목표를 이루기 위한 전략 구성

목표를 명확히 설정했다. 그러니 목표를 달성하기 위한 구체적인 전략을 세우고 실행에 옮겨야만 했다. 먼저 '내 명의의 집을 가지려면, 어떻게 해야 하는가?'부터 시작해 꼬리에 꼬리를 물고 생각을 확장해 나갔다.

집의 위치나 금액 등 구체적으로 어떤 집을 목표로 하는가. → 매월 얼마를 벌고, 얼마를 쓰고, 얼마나 모아야 목표에 도달할 수 있는가.[87] → 이 목표를 빨리 이루기 위해서는 어떤 행동을 해야 하는가. → 초기 자본은 어떻게 마련할 것인가. → 나의 어떤 능력을 발휘해야 목표를 더 빨리 이룰 수 있을까.[88]

나는 다른 사람의 명의가 아닌 오로지 '우리만의 집'이 필요했다.

---

86 〈2편 식사_05계 문제〉 '문제를 모르면 답도 찾을 수 없다. 필사적으로 찾아야 한다.', p.257
87 〈1편 정신_02계 보물〉 '보물이자 목표는 마케팅의 연료와 같다.', p.218
88 〈5편 무리_12계 출격〉 '끊임없이 답변하라, 물어볼 것을 찾을 수 없을 때까지.', p.342

이 목표를 향해 전진하는 데 방해가 되는 요소는 어떻게든 물리쳐야 했다. 다음은 당시에 내가 전략을 도출해 낸 오케팅적 사고 패턴이다.

1. '매월 얼마를 벌고, 얼마를 쓰고, 얼마를 모으는지'가 핵심이다.
2. '매월 얼마를 버는가'를 높이려면, 일을 더욱 창조적, 창의적, 주도적으로 해야 한다.
3. '매월 얼마를 쓰는가'를 줄이려면, 가족의 동의를 구해서 최대한 허리띠를 졸라매야 한다.
4. '매월 얼마를 모으는가'를 늘리려면, 효율적으로 자산을 운용해야 한다.

이 패턴을 수개월 반복하면 목표를 이룰 수 있다. 나는 구체적인 전략까지 정리한 후, 주변 사람들에게 나의 목표를 알리기 시작했다. 언제나 그랬다. 어떤 목표를 세우면, 반드시 '선포'한다. 다른 이에게 장담하거나 선포함으로써 자연스럽게 배수의 진을 치는 효과를 얻을 수 있기 때문이다. 더는 물러설 곳이 없기에 간절함이 증폭된다. 그러면 목표를 향해 더욱 몰입할 수 있게 된다. 따라서 목표를 이룰 확률도 높아진다. 이로써 나는 어떠한 장애물이 나타나도 극복하고, 목표를 향해 꿋꿋하게 전진할 원동력을 한층 강화했다.

"무슨 일이 있어도 5년 안에 내 명의의 집을 갖는다. 아니, 갖게 될 수밖에 없다!"

물론 모두가 나를 응원해 준 것은 아니다. 반대인 경우가 훨씬 많았다. 그도 그럴 것이 당시 내 월급은 180만 원에 불과했다. 그런데 집을 사겠다니, 불가능하다고 말하는 이가 많은 것도 당연했다.

실제로 대부분은 주변의 우려에 지레 겁을 먹는다. 그리고 중도에 포기하거나 현실과 타협하려 한다. 이를테면 '처음 세운 전략들을 모두 실천하기는 힘들 테니, 한 가지만 잘해도 괜찮지 않을까?'라는 식으로 합리화하는 것이다.[89]

하지만 자신의 한계를 단정 짓는 것만큼 어리석은 일은 없다. 믿기 어렵겠지만, 나는 오히려 "미친놈아, 그게 될 것 같아?"라는 말을 들으면 힘이 불끈 솟는다.

목표를 향해 달려가는 과정에서 포기하거나 타협하지 않으려면, 오케팅이 습관화되어야 한다. 전략이 많든 적든 빠짐없이 주기적으로 확인하고, 점검하고, 반성하는 것. 연 단위로 비전에 대해 검토하고, 이를 토대로 목표를 재설정하거나 전략을 수정하는 것. 끊임없이 반복하는 것.[90] 이 요소들을 기억하고 습관화한다면, 목표를 달성하는 것은 그리 어려운 일이 아닐 것이다.

하지만 마케팅 분야에서 일하는 사람인데도 앞의 세 가지 요소가 습관화되지 않은 경우가 허다하다. 특히 '끊임없이 반복하는 것'을 소홀히 하는 경우가 많다. 대충 양식에 맞춰 만든 종이 쪼가리 몇 장을 들고 와서는 모든 준비가 끝났다고 말한다. 게다가 대행을 맡기는

---

89 〈2편 식사_04계 식량〉 '한 가지에만 쏟아붓는 마케팅은 도박처럼 위험하다.', p.247
90 〈6편 경쟁_15계 점검〉 '끊임없이 새로운 마케팅 거리와 해법을 찾아내라.', p.375

고객마저 결과물을 당장 내놓으라고 재촉하기 일쑤다. 그래서인지 마케팅 업계에서는 컨설팅을 통상 1회, 많아야 2회만 하면 충분하다고 여긴다.

하지만 나는 모두가 당연시 여겨지는 것을 당연하게 받아들이지 않는다. 사실상 단편적이고 보편적인 마케팅으로는 효과적인 성과를 거두기 매우 힘들다.[91] 따라서 고객은 마케터에게 전권을 맡긴다는 생각으로 힘을 실어 주고 기다려 주어야 한다. 그리고 마케터는 자신이 고객사의 대표라는 마음가짐으로 업무에 임해야 한다.[92] 최소 6개월에서 1년은 성과가 날 때까지 고심을 거듭해야만 비로소 목표에 가까워질 수 있다.

나는 당시 세운 전략들을 모두 충실히 이행했다. '아무리 그래도 월급 180만 원으로 그렇게 빨리 집을 마련할 수 있을까.'라고 생각하는가? 혹시 아직도 불가능하다고 생각하는 이가 있는가. 그렇다면 부정적인 생각에서 최대한 빨리 벗어나길 바란다.

나는 결국 3년도 채 안 되어 목표를 달성했다. 처음에는 대출을 받아 집을 샀다. 하지만 네 가지 전략을 꾸준히 반복한 끝에 대출금마저 모두 갚아 완전한 내 집을 갖게 되었다.

91 〈3편 주거_07계 전략〉'가격을 낮출 것이 아니라, 가치를 높여라.', p.283
92 〈5편 무리_11계 소통〉'선장은 판단에 책임져야 하며, 리더임을 증명해야 한다.', p.334

설득의 중요성

내 생애 처음 갖게 된 집은 한적한 유원지에 자리 잡은 빌라였다. 원룸보다 족히 다섯 배는 넓어진 평수와 깔끔한 인테리어가 아주 마음에 들었다. 주차장이 있고, 집 뒤에는 산자락이 있고, 집 앞에는 계곡물이 흐르는 쾌적한 환경이었다.

그런데 그 집에 살면서 큰 실수를 하고 말았다. 그만 만족해 버린 것이다. 너무 만족한 나머지 '우리 가족이 평생 살 집'이라고 생각했다. 다행히도 잘못된 생각이었음을 깨닫고 반성했다. 만약 계속 만족하는 데 그쳤다면 지금의 나는 없을 것이다. 등골이 오싹한 순간이었다.

오케팅을 멈추는 것은 포기하는 것과 다름없다. 앞으로 더 나아갈 수 없을 뿐만 아니라, 머지않아 현상을 유지하는 것조차 힘들어지기 때문이다. 지금 행복하다면, 더 행복해지기 위해 끊임없이 계획적으로, 의도적으로 오케팅해야 한다는 사실을 명심하라.[93]

정신을 바짝 차리고 새로운 목표를 세웠다. 새로운 목표는 먼저 집을 파는 것이었다. 이를 위해서는 가족들을 설득해야 했다. 가족들은 생애 첫 집에 너무나 만족해서 그 집에서 안정적으로 평생 살기를 원했기 때문이다. 물론 현실에 만족하는 것이 꼭 나쁜 것만은 아니다. 만족이란 늘 상대적이기 때문에 남들보다 행복하다고 생각하면 행복하고, 불행하다고 생각하면 불행한 것이다. 불행한 것보다는 행복한 것이

---

93 〈6편 경쟁_15계 점검〉'끊임없이 새로운 마케팅 거리와 해법을 찾아내라.', p.375

낫다. 다만 꼭 이분법적인 논리로만 생각할 필요는 없다. 현재도 행복하지만, 미래에는 더 행복해지고 싶다거나, 주변 사람을 도와서 그들도 행복하게 해주고 싶다고 생각하면 된다.

"현재도 만족스럽지만, 더 큰 만족을 위해 나아가야 한다. 미래를 위해 이제 이 집을 팔아야 할 때다. 이 집은 우리의 종착역이 아닌, 환승역이다."라며 가족들에게 이야기를 꺼냈다. 물론 이 집에 매우 만족하는 가족들의 반대에 부딪혔다. 따라서 나처럼 집을 팔고 싶게 만들어야 했다.[94]

나는 설득하기를 좋아한다. 가족, 직원, 어떤 누구와도 의견이 대립하면 마주 앉아 합의점을 찾을 때까지 끊임없이 대화를 나눈다. 내가 설득에 집착하는 이유는 단순히 내 의견이 맞다는 사실을 증명하기 위해서가 아니다. 같은 목표를 향해 함께 나아가기 위해서다. 그리고 설득을 통해 더 좋은 결과를 낼 수도 있다. 따라서 어떤 목표가 우리에게 꼭 필요하다는 점을 설득하고 합의하는 과정은 매우 중요하다.[95] 그래서 나는 설득에 돌입하기 전에 끊임없이 수읽기를 하고 시뮬레이션을 해본다. 덕분에 성공률이 굉장히 높다. 혹여 실패해도 포기하지 않고, 전략을 수정해 다시 시도한다.

이 과정에서 나는 반대로 내가 설득하려던 사람에게 설득당하기도 한다. 상대의 주장이 나의 조잡한 의견보다 더 설득력 있는 경우도

---

94 〈3편 주거_06계 위치〉 '조금 다른 시각으로 접근하면 나만의 위치가 나온다.', p.270
95 〈6편 경쟁_15계 점검〉 '우연히 걸어가지 말고, 계획하고 의도적으로 걸어가라.', p.381

많기 때문이다. 그래서 나는 언제나 더 설득당하고 싶어 한다. 내심 더 좋은 의견을 듣기 위해 그들을 설득하는 게 아닌가 싶을 정도다.

그런데 어떤 이들은 설득하는 과정에서 반대에 부딪히면 쉽게 수긍해 버린다. 그리고 결과가 나쁘게 나타나면 반대한 사람을 탓하기도 한다. 그러나 스스로 설정한 목표를 이루기 위해서는 설득과 합의에 집중해야 한다. 그리고 그에 대한 책임도 자신이 져야 한다.

요컨대, 설득은 직급자에게는 특히 중요한 부분이다. 회사를 운영하는 과정에서 직원들을 설득하지 않고 오로지 명령으로만 움직이는 경우가 있다. 이는 매우 잘못된 행동이다. 직원의 의견이 더 좋은 경우가 많다. 또 직급자와 직원은 한배를 탄 것이나 다름없다. 경영자나 직급자와 직원이 다른 곳을 바라보며 노를 젓는다면, 회사가 어찌 목표에 도달할 수 있겠는가.

따라서 설득의 과정 없이는 결코 같은 방향으로 함께 나아갈 수 없다. 서로의 의견을 반영하며, 합의점을 찾아 명확한 목표를 설정하는 것이 중요하다. 상호 소통이 없는 수직적 구조에서는 결코 오케팅에 성공할 수 없다. 설득하는 과정도 일종의 마케팅이다. 직원에게도 마케팅하라. 그리고 경영자의 목표에 반하게 만들어라. 직원의 의견이 정답이라 생각하고, 청취하고, 답안을 협의하라. 그러면 성공에 한 발짝 더 가까워질 것이다.

나는 가족을 완벽히 설득하기 위해 지금 사는 집의 단점들에 대해 브리핑하기 시작했다. 다음은 당시 집을 팔아야 하는 이유를 나열한

것이다.[96]

1. 집 주변에 산이 있어 벌레가 많다.
2. 유원지가 있어 유동 인구가 많아 위험하다.
3. 사람이 많아 주변이 시끄럽다.
4. 아이가 곧 초등학교에 입학하는데, 학군이 형성되어 있지 않다.
5. 가족 모두가 함께 즐길 오락 시설이 부족하다.
6. 차가 많이 막혀 출퇴근하는 데 1시간이 넘게 걸린다.
7. 복층이라 난방비가 많이 든다.
8. 집이 산과 물로 둘러싸여 겨울에 춥다.
9. 빌라는 아파트와 비교하면 집값이 금세 하락한다.
10. 학원가가 멀리 있어 매번 아이를 데려다줘야 한다.
11. 도보로 이용할 수 있는 슈퍼마켓이 없다.
12. 집 앞이 일방통행 도로인데, 1차선이라 차가 너무 쌩쌩 지나
    간다.
13. 자꾸 동네 반상회장을 시켜서 귀찮고 힘들다.
14. 옆집에서 피아노를 밤낮 없이 치는 바람에 고통스럽다.
15. 팔아야 할 이유투성이다. 어차피 팔 거라면, 빨리 팔자.

사실 집을 팔아야 하는 이유를 더 대라고 하면, 한도 끝도 없이 댈
수 있다. 반대로 집을 팔지 말아야 하는 이유를 대라고 해도 마찬가지

---

96 〈2편 식사_04계 식량〉 '남들보다 자신 있는 것들만 계속 찾아내라.', p.243

다. 이유는 찾기 나름이다. 그렇다고 이유가 중요하지 않다는 말이 아니다. 이유는 설득의 수단이자, 스토리를 만드는 데 중요한 요소가 되기 때문에 중요하다.[97]

단점을 장점으로

내가 찾아낸 수많은 단점과 뚜렷한 목표를 듣고 이내 가족도 공감하기 시작했다. 그리고 우리는 결국 집을 팔기로 했다. 가족을 설득할 수 있던 것은 오케팅적 사고와 행동을 끊임없이 하고, 중도에 포기하지 않았기 때문이다.

주변에서 '할 수 있겠어?', '어차피 안 될 거야.'라는 말로 포기할 것을 부추길 수도 있다. 그런데 장애물이 나타나거나 반대에 부딪힐 때마다 포기를 선택한다면, 절대 성장할 수 없다. 포기하는 것이 습관이 되면 안 된다. 포기하고 싶지 않다면, '할 수 있어!'라고 자신 있게 외쳐라. 물론 말뿐이 아닌, 실제로 가능성을 증명할 준비가 되어 있어야 한다.[98]

집을 팔기로 했으니, 다시 오케팅할 때가 왔다. 이왕 파는 것, 굳이 싸게 팔 필요는 없지 않은가. 설마 단점이 많으니 싸게 팔아야 하는 것 아니냐고 생각하는가? 앞서 위기와 기회는 동전의 양면과 같아서 늘

---

97 〈4편 의복_09계 각본〉'시나리오는 재미있는 한 편의 드라마여야 한다.', p.309
98 〈5편 무리_11계 소통〉'마케팅은 불가능을 가능하게 보이도록 포장하는 일이다.', p.333

공존한다고 말한 바 있다. 다만 우리 눈에 한 면만 보이는 것뿐이다. 단점과 장점도 마찬가지다. 나는 단점이 오히려 장점이 되는 경우를 너무나 많이 봐 왔다. 단점을 단점인 채로 두면 단점에 그치지만, 단점을 보완하여 오케팅하면 장점으로 바뀌는 기적이 일어난다.[99]

1. 집 주변에 산이 있어 벌레가 많다.
→ 늘 공기가 맑고, 거실 창문에는 계절 따라 멋진 풍경 액자가 걸려 있다.
2. 유원지가 있어 유동 인구가 많아 위험하다.
→ 유동 인구가 많아 보는 눈이 많으므로 보안이 철저하다.
3. 사람이 많아 주변이 시끄럽다.
→ 사람 구경하느라 심심할 틈이 없다.
4. 아이가 곧 초등학교에 입학하는데, 학군이 형성되어 있지 않다.
→ 학교까지 거리가 멀지만, 오가는 길에 나무와 풀이 많아 자연 친화 학습이 절로 된다.
5. 가족 모두가 함께 즐길 오락 시설이 부족하다.
→ 아이가 오락에 빠지지 않고 학업에 전념하기 좋다.
6. 차가 많이 막혀 출퇴근하는 데 1시간이 넘게 걸린다.
→ 교통이 복잡해도 사람들이 일부러 찾아올 만큼 인기 있는 동네에 살고 있다.
7. 복층이라 난방비가 많이 든다.

---

99 〈3편 주거_06계 위치〉 '단점을 장점으로, 위기를 기회로 보이게 하라.', p.270

→ 복층이라 넓고, 위층에 올라갈 때마다 펜션에 온 것 같다.

8. 집이 산과 물로 둘러싸여 겨울에 춥다.

→ 산과 물로 둘러싸여 풍수지리상 최적의 위치다.

9. 빌라는 아파트와 비교하면 집값이 금세 하락한다.

→ 빌라여도 입지가 좋으면, 가치는 올라가기 마련이다.

10. 학원가가 멀리 있어 매번 아이를 데려다줘야 한다.

→ 직접 데려다주니 안전하고, 아이와 교감하는 시간이 늘어 정서
　발달에도 좋다.

11. 도보로 이용할 수 있는 슈퍼마켓이 없다.

→ 자가용을 타고 대형마트로 가면 된다. 대형마트가 가격은 훨씬
　싸다.

12. 집 앞이 일방통행 도로인데, 1차선이라 차가 너무 쌩쌩 지나
　간다.

→ 집을 나설 때 차가 오는지 한쪽만 확인하면 되니, 그나마 안전
　하다.

13. 자꾸 동네 반상회장을 시켜서 귀찮고 힘들다.

→ 요즘 같은 팍팍한 세상에 동네 사람들과 친목을 다질 수 있어서
　좋다.

14. 옆집에서 피아노를 밤낮 없이 치는 바람에 고통스럽다.

→ 언젠가 피아노를 잘 치는 날이 오면, 다양한 클래식을 라이브로
　들을 수 있다.

15. 팔아야 할 이유투성이다. 어차피 팔 거라면, 빨리 팔자.

→ 사야 할 이유투성이다. 어차피 살 거라면, 빨리 사라.

이런 식으로 발상의 전환을 통해 기업이나 사람의 단점을 장점으로 만들 수 있다면? 기업이나 사람의 브랜드를 재창조할 수 있다.

발상의 전환은 곧 오케팅적 사고다. 꾸준히 경쟁 상대를 분석과 발상의 전환을 통해 적극적으로 오케팅하면 분명히 엄청난 결과를 가져오게 된다. 기업의 브랜드와 슬로건, 가치, 목표, 시스템, 제품, 서비스에 이르기까지 혁신을 모색할 수 있으며, 장기적으로는 목표를 이룰 수 있다.[100]

한편으로는 우리가 억지로 단점을 찾아내서, 안 되는 이유를 만들어 내는 것은 아닌지 곰곰이 생각해 봐야 한다. 단점을 장점으로 바꾸기 위해 집중하는 편이 훨씬 생산적이고, 효율적이라는 사실을 명심하자.

집의 가치를 높이다

집을 비싸게, 빨리 팔려면 매수자가 사고 싶게 만들어야 한다. 그럼 어떻게 해야 할까? 보통 매수자들은 주택을 살 때 위치, 교통, 환경, 상권, 학군 등을 고려한다. 하지만 이 요소들은 우리가 쉽게 바꿀 수 있는 것이 아니다. 단, 마케팅을 통해 가치를 높일 수는 있다. 마케팅은 근본적으로 물건을 상품화시켜 잘 팔리도록 만드는 활동이다. 마케팅에 있어 주택도 예외는 아니다.

드디어 집을 보러 온다는 중개인의 연락을 받았다. 즉시 온 집안을

---

100 〈3편 주거_07계 전략〉 '몇 수 앞을 내다본 전략은 훌륭한 미래를 만든다.', p.285

환기하고, 싱크대와 바닥을 광이 나게 닦았다. 햇빛이 들고, 풍경이 훤히 보이도록 커튼도 활짝 열었다. 위층은 아기자기한 소품으로 꾸미고, 바비큐장 세팅까지 보기 좋게 해두었다. 위층에 올라서는 순간, TV나 잡지에서나 볼법한 장면이 눈앞에 펼쳐졌다.[101]

"딩동!"

벨이 울렸다. 살고 싶은 집의 모양새는 이미 모두 갖추어 놓았다. 이제는 심리전이다. 오케팅을 통해 내 집을 꼭 사고 싶게 만들어야 한다. 어필하고, 장담하고, 설득도 해야 한다. 나는 한 여자가 중개인과 함께 집에 들어오자마자, 환한 미소로 맞이했다. 이어 비타민 음료를 슬쩍 건네고, 화기애애한 분위기 속에서 집 소개를 시작했다.

일단 거실의 풍부한 일조량과 탁 트인 전망을 강조했다. 그리고 각 방의 장점을 세세하게 알려 주었다. 덧붙여 불편했던 점을 보완하기 위해 사비로 시공한 부분, 신축 후 2년이 지나 새집증후군이 없어 이사 오기 딱 좋은 시기라는 점, 배산임수라서 풍수지리가 좋아 우리 가족도 잘 되어서 나간다는 점 등을 빠짐없이 설명했다. 그녀의 눈빛이 반짝거릴 때쯤 위층으로 자리를 옮겼다. 위층의 모습을 마주한 그녀의 눈이 휘둥그레졌다. 나는 때맞춰 강력한 한마디를 던졌다.

"아! 오늘 저녁에 바비큐 파티가 있어서요."

이 말인즉슨 그녀도 이 집에 살면, 이렇게 멋진 파티를 날마다 열수 있다는 뜻이다.[102] 이어서 선심을 베풀 듯 말했다.

---

101 〈6편 경쟁_13계 광고〉 '광고는 마케팅 함선의 초고속 프로펠러다.', p.350
102 〈4편 의복_09계 각본〉 '스토리가 아닌 시나리오를 만들어라.', p.303

"만약 계약하시면 위층에 있는 냉난방기 두 대는 그대로 두고 가려고요. 여기가 위층이라 실외기 설치가 힘들다고, 설치비도 비싸게 받더라고요. 어제 집 보러 오신 분도 놓고 가달라고 하시던데, 혹시 필요 없으시면……."

내 말이 채 끝나기도 전에 그녀는 대답했다.

"아니요! 두고 가주시면, 감사히 쓸게요!"

어제 집을 보러 온 사람이 먼저 계약할지도 모른다는 생각에 마음이 다급해진 모습이었다.

그녀는 오전에 집을 보러 왔었는데, 그날 저녁 남편과 함께 찾아와 다시금 집을 둘러봤다. 그리고 바로 매매계약서를 작성했다. 모든 것이 일사천리로 진행되었다. 빠르게 집이 팔렸다. 무엇보다 처음 매수했던 가격보다 30%나 더 높은 가격에 매도하여 시세차익까지 얻었다. 이처럼 '오케팅'은 우리의 모든 삶 속에 광범위하게 적용될 수 있는 생계형 마케팅이다.

불가능은 불가능을 만든다

이후 기존 집을 매도한 돈으로 다가구 주택을 매수했다. 지은 지 10여 년 된 오래된 집이었다. 언뜻 보아도 살고 싶다는 생각이 들지 않는 집이었다. 그런데 왜 이런 구옥을 매수했을까?

신축이 좋다는 것은 누구나 공감하는 사실이다. 하지만 그만큼 비싸다. 내가 가진 돈은 한정되어 있으므로 최소 비용으로 최대 효율을 내야 했다. 따라서 나는 낡은 집을 새집처럼 만들어 가치를 높이고자 했다. 집을 리모델링하기로 한 것이다.

사전 조사를 통해 수요층의 니즈Needs를 파악한 후, 본격적인 리모델링 공사에 착수했다. 1층에 주차 공간을 만들고, 방이 2개인 구조를 3개인 구조로 변경해 효율성을 높이고, 빌트인을 적용하는 등 최신식 구조와 인테리어를 구현하기 위해 애썼다. 이는 동급의 매물에서는 찾아볼 수 없는 수준으로 차별화된 전략이었다.

리모델링을 한 결과, 10여 년 된 구옥은 신축급으로 재탄생했고 예상을 뛰어넘을 정도로 가치가 상승했다. 그리고 이러한 방식을 거듭한 끝에, 보증금 300만 원조차 없어 쩔쩔매던 나는 금세 매매가 10억이 넘는 건물의 주인이 되었다.

이후 다시 건물을 매도하여 지금은 60평대 아파트에 거주 중이다. 그리고 분양 평수 1,000평에 달하는 빌딩을 매입하는 데 성공했다. 앞으로도 멈추지 않고, 목표를 상향하며 나아갈 생각이다.

건물주가 되겠다는 포부를 처음 이야기했을 때, 모두 미쳤냐고 반문했다. 가능할 것이라고 말한 사람은 단 한 명도 없었다. 오로지 나만 그 가능성을 믿었다. 불가능에 대한 두려움이 엄습해올 때는 자신에게 '정말 불가능할까?'라고 되물어 보자. 그리고 가능하게 만들려면 어떤 노력을 해야 할지 치열하게 고민해 보자. 그 과정에서 확신을 얻었다면 무소의 뿔처럼 꿋꿋하게 전진하라.[103]

---

103 〈5편 무리_11계 소통〉 '남들이 미쳤다고 해도 마케팅으로 끌고 가라.', p.330

"조급할수록 침착하라.
침착해야 흥미로운 전략을 세울 수 있다."

···•◦►◦•◅〔◦◦◎◎◦◦〕►◦•◅◦•···

"돈이 없는 것에 대해
고민하지 마라.
오케팅이 없는 것만 고민하라."

···•◦►◦•◅〔◦◦◎◎◦◦〕►◦•◅◦•···

"마약보다 중독성이 강한 것은 '포기하는 습관'이다.
편함과 쾌락에 지지 마라."

···•◦►◦•◅〔◦◦◎◎◦◦〕►◦•◅◦•···

"단점을 장점으로 바꿀 수 있다면
모든 편견을 바꿀 수 있고, 늘 감사하며 살게 된다."

···•◦►◦•◅〔◦◦◎◎◦◦〕►◦•◅◦•···

"다이아몬드도 캐내기 전까지는 돌덩이에 불과하다.
마케팅은 돌덩이를 다이아몬드로 만드는 과정이다.
눈에 보이지 않는 가치를 섣불리 단정 짓지 마라."

by 오두환

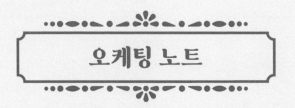

오케팅 노트

·1편 정신·

02계 보물

내 집이 갖고 싶다는 목표를 세웠다. 이 목표가 없었다면 지금의 집과 자산, 능력 그 어떤 것도 갖추지 못했을 것이다.

·2편 식사·

04계 식량

집을 사기 위해서는 수입을 늘리는 능력, 지출을 줄이는 능력, 자금을 모으는 능력 이 세 가지 역량이 필요했다. 이 중 한 가지 능력이라도 현저히 부족하다면 원하는 목표에 다가설 수 없을 것이다.

05계 문제

어떻게 하면 세 가지 능력을 키울 수 있을지 다방면으로 공부하고 연구했다. 신용카드를 없애고, 밤을 새우며 일하고, 부동산과 입지를 공부하고, 통장을 용도별로 10개 넘게 개설했다.

·3편 주거·

07계 전략

끊임없이 내 집에 가치를 부여하고, 누가 사고 싶을지 연구했다. 30대 부부를 예상했는데 맞아떨어졌다. 그리고 그들이 매력적이라고 여길 만한 요소를 찾아 가치를 부여했다.

09계 각본

내가 살던 집에는 항상 각본이 있었다. 첫 번째 집은 내가 그토록 꿈에 그리던 첫 집이었기에 더 멋진 집으로 만들려고 노력했다. 다음 집도 아버지와 함께 꼼꼼히 공사했다. 그 과정에서 영광의 흉터까지 생길 정도로 신경을 많이 썼다.

10계 요약

살던 집을 위해 많은 일을 했고, 진짜 성공해서 이사 가는 복 있는 집이라고 요약했다. 이 한마디만 들어도 귀가 쫑긋해서 계속 듣게 되는 매력이 있다. 여기에 상대의 니즈를 빨리 파악하여 그 상황에 맞는 추가 요약본까지 던져 주면 완벽해진다.

━·━·━·━·━·━·━─   ·5편 무리·   ━·━·━·━·━·━·━

11계 소통

이사를 반대하던 아내를 설득해서 성공적으로 추진했다. 이런 과정은 항상 필요하다. 소통은 전진의 필수 덕목이다. 소통과 신념화 과정은 언제나 내부를 단단하게 만들어 준다.

━·━·━·━·━·━·━─   ·6편 경쟁·   ━·━·━·━·━·━·━

13계 광고

당시 했던 광고 중에 으뜸은 부동산 광고였다. 직접 광고 플랫폼을 알아본 후, 다양한 사이트에 글을 올렸다. 부동산에서 제시한 매매가가 마음에 들지 않아 직접 매매가를 정해 올린 것이다. 이는 부동산과 협상할 때도 매우 유용했다.

15계 점검

매매를 하기 위해 수십 명의 가격 협상자를 만났다. 그때마다 전략과 포지션을 재검토하였다. 그 결과 성공적으로 거래를 마칠 수 있었다.

무료 강의도 거절당하던 강사,
스타 강사가 되다

- 7 -

지난 일들을 떠올려 보면 난 누가 봐도 '별 볼 일 없는 놈'이었지만, '별난 놈'이기도 했다. 가난한 삶을 살았던 나는 한순간도 멈추거나 만족할 수 없었다. 특히 하던 일에 집중하면서도 늘 갈망하던 것이 있었다. 누군가에게 도움을 주고 싶다는 생각이었다. 어찌 보면 내 인생 자체가 그러한 행보로 흘러왔다고 볼 수 있다. 교사 생활이나, 보육원을 후원하는 것이나, 공익을 위한 마케팅과 광고 사업을 지원하는 것도 같은 맥락이다.

나는 평소 '보은'과 '정의'를 중요시한다. 보육원을 설립하는 게 꿈이었을 정도로 사회적 환원에도 관심이 많다. 부족하지만 조금이라도 주변에 선한 영향력을 전달하고자 늘 고민하고 실천해 왔다. 하지만 내가 처음 마케팅이나 광고, 성공학 강의를 한다고 했을 때 주변의 반응은 냉랭하기만 했다.

　강의를 시작한 지 얼마 안 된 때의 일이다. 어느 날 지인이 근무하는 공공기관에서 강의하려고 했던 강사가 개인 사정으로 일정을 취소했다는 이야기를 전해 왔다. 그러면서 나에게 주변에 강의할 만한 분이 없냐고 물었다. 그에 나는 "그럼 내가 무료로 마케팅 강의를 해줄게." 라고 했는데 바로 거절당했다. 윗선에 보고도 해보지 않고, "마케팅 강의는 안 될 것 같다."라며 거절한 것이다. 마케팅을 너무 어렵고 전문적인 분야로만 여긴 것이다.

　이후 나는 집 근처에 있는 보육원에 마케팅 강의를 제안한 적도 있다. 아이들에게 꿈과 희망을 주고 싶은 마음에 강의료는 받지 않겠다는 의사를 밝히며 자원한 것이다. 그러나 보육원 측에서는 나의 제안을 단호하게 거절했다. 마케팅 교육은 필요하지 않다는 이유였다. 그러면서 나의 전공과목을 강의해 주는 것은 괜찮다고 덧붙였다.

　대개 반복적으로 선의를 거절당하면 자신감이 떨어져 포기하고 싶은 마음이 들기 마련이다. 특히 주변의 선입견이나 편견이 동반된 불가능 신호에는 더 의욕을 잃게 된다. 마케팅 강의가 생소하다는 이유로 거절당하는 것은 납득하기 어려웠다. 하지만 이것 또한 이겨 내는 수밖에 없다. 만약 그때 내가 거절에 상심해 쉽게 포기했다면, 지금의 나는 없을뿐더러 앞으로 변하게 될 여러분의 모습도 없을 것이다.[104]

---

104 〈5편 무리_11계 소통〉 '마케팅은 불가능을 가능하게 보이도록 포장하는 일이다.', p.333

마케팅에 관한 편견을 버려라

생각보다 많은 사람이 마케팅 강의는 대단한 사람들만 하거나 듣는 것이라 잘못 알고 있다. 고등학교까지 교육과정에 마케팅 관련 내용이 없다. 그렇기에 대학교 이상의 상위 클래스 교육이라고 여기는 경향이 짙은 것이다. 물론 마케팅이 경영학이라는 학문에 해당하므로 전문적이라면 한없이 전문적인 분야이기도 하다. 그래서 많은 이들이 마케팅을 어렵고 복잡하게 느껴지며, 배우는 과정도 쉽지 않다. 하지만 생계형 마케팅인 오케팅은 엄연히 다르지 않은가.

나는 언제 어디서나 일상적으로 쓸 수 있는 마케팅을 추구한다. 따라서 어렵고 복잡하게 접근할 필요가 없다고 조언한다. 내가 쓴 책인 《광고의 8원칙》은 사고력을 키우는 내용으로 구성되어 있는데, 중학생도 읽고 이해할 수 있을 정도로 쉽게 쓰였다.

나는 마케팅과 광고를 대중화하는 것을 새로운 목표로 설정했다. 마케팅 전문가가 될 것이 아니라면 일반 대중들은 마케팅을 실생활에 써먹을 수 있는 정도로만 배우면 된다. 그것이 바로 생계형 마케팅, 즉 오케팅이다. 굳이 어려운 마케팅 이론을 달달 외우지 않아도 된다. 생각하는 법을 알고 아이디어만 있으면 충분하다.[105]

외우는 것에만 치우치면, 오히려 마케팅을 실생활에는 적용하지 못할 수도 있다. 아무리 암기를 잘하고, 시험을 잘 보고, 아는 것이 많은

---

105 〈5편 무리_12계 출격〉 '끊임없이 답변하라, 물어볼 것을 찾을 수 없을 때까지.', p.342

엘리트라고 해도 막상 연구와 개발은 지지부진하여 인정을 받지 못하는 경우가 허다하다. 새로운 것을 창출하기 위한 선행 과정으로 학문을 배우는 것이다. 그런데 외우기만 해서 개발과 창조는 하지 못하면 쓸모없는 인재가 되는 것이다.

'암기'는 내가 교육 쪽에 계속 몸담을 수 없던 이유 중 하나이기도 했다. 우리나라 교육이 암기와 진도 나가는 것에만 초 집중되어 있기 때문이다. 학생들에게 외우라고 가르치지 않으면 학부모와 교육부 등 사방을 적으로 돌리게 될 수 있다. 게다가 나조차 외우기를 싫어하는데 학생들에게 외우라고 가르칠 수는 없었다.

하지만 오케팅은 내가 가르치고 싶은 방식대로 가르칠 수 있다. 스스로 질문하고, 생각하고, 답을 찾아 실제로 적용할 수 있도록 말이다. 사고가 안 되면 될 때까지 하거나, 옆에 두고 계속 시간과 공을 들여 차근차근 생각의 깊이를 더해 줘야 한다.

세계 유명 대학이나 대기업은 주입식 교육이 아닌, 대화식 교육 방식을 채택하여 학생과 사원들을 교육한다.[106] 또 4대 성인이라 불리는 공자, 소크라테스, 예수, 석가모니 역시 대화법을 통해 사고를 길러 주고자 했다. 우리나라도 예전에는 이런 교육 방식을 행한 적이 있다. 바로 과거 시험이다. 과거 시험 문제는 당시 직면한 정책이나 시책에 관한 질문 몇 줄이 전부였다. 문제를 해결할 수 있는 실천적 해법을 제시하라는 것이다. 따라서 정답이 없고, 응시자에게 좋은 해답을 묻는 것이다. 하지만 안타깝게도 식민지 시기를 보내면서 이러한 교육 방식은

---

106 〈3편 주거_06계 위치〉 '조금 다른 시각으로 접근하면 나만의 위치가 나온다.', p.270

주입식 교육, 노동자를 길러내는 교육으로 변모했다. 결국, 현재 우리는 생각을 할 수 없게 만드는 교육만 시행하고 있다. 이러한 폐단은 부분적으로나마 계속해서 개선해 나가야 한다.

특히 내가 추구하는 마케팅 교육은 소통과 사고가 가장 중요하다. 따라서 초등학생, 중학생, 고등학생, 성인 등 교육 대상의 눈높이에 맞춘 응용 교육을 한다. 없는 문제를 자신만의 문제로 만들어 답을 찾게 한 후, 그 답의 오류를 발견해 다시 문제를 내는 방식으로 교육한다. 종종 그냥 외우는 편이 낫겠다며 볼멘소리를 하는 학생도 있다. 하지만 그렇게 습득한 지식은 자신의 것이 될 수 없을 뿐만 아니라 제대로 활용할 수 없다. 암기로 배운 지식은 해법이 아니기에 곧 쓸모없게 될 지식이다.

아는 것과 실천하는 것의 차이

예전에 한 기업의 강단에 섰을 때 있었던 일이다. 기업의 대표를 비롯한 직원 20여 명이 나의 강의를 집중해 듣고 있었다. 그런데 갑자기 대표가 "그걸 누가 모르냐. 다 아는데 안 되니까 그렇지."라며 나에게 성공하게 만드는 방법을 알려 달라고 했다.

나는 적잖이 당황했지만, 이내 침착하게 "제가 하는 강의는 발상의 전환에 초점이 맞춰져 있습니다. 단순히 정답만 알려드리는 강의가 아니기 때문에 스스로 고민해서 해법을 찾아내셔야 합니다."라고 대답했다. 그리고 각 틀에 맞춰 사고를 뻗어 나가는 과정을 반복해야 한다고 조언했다. 그러나 그 대표는 결국 강의를 끝까지 듣지 않고 30분도 되지 않아 나가 버렸다. 심지어 내가 교육을 제대로 해주지 않았다며 컴플레인을 했다. 정말이지 힘 빠지는 순간이었다. 강의를 계속하는 것이 맞나 싶었다. 그렇지만 고작 한 사람 때문에 나의 강의에 고마워하는 사람들까지 저버릴 수는 없었다. 당시 나는 대표가 자리에 없음에도 불구하고, 나머지 사람들을 위해 더 열정적으로 강의를 진행했다. 그 강의 이후 간부 몇 분은 지금까지 나와 좋은 인연을 이어가고 있다.

책을 읽을 때도 요약 이론만 외우거나 주요 골자만 보고 다 알고 있다고 주장하는 사람들이 제법 많다. 그런 사람들은 보통 책을 읽은 후에 변화하는 단계까지는 가기 어렵다. 대충 읽는 것, 단순히 아는 것, 완벽히 이해하는 것, 실행에 옮기는 것, 훈련으로 이어지는 것, 결국 변화하는 것은 모두 다른 재능이기 때문이다. 변화하는 단계까지 도달하려면 같은 책과 강의를 반복해서 보고 듣는 과정에서 깨달음을 얻어야 한다.

혹시 '다 알고 있는 것'이라고 해서 배움을 거부한 경험이 있다면, 그것은 '다 알고 있다는 착각'을 한 것이다. 알고 있는 내용이라도 목적과 접근법 등에 따라 전혀 다른 내용이 될 수 있다. 마케팅에도 정답은 없다고 거듭 말했다. 만약 정답이 있다고 해도 '일시적인 답변'이나 '최선책' 정도로만 존재할 뿐이며, 이마저도 또 다른 생각을 낳는다.[107]

아는 것과 아는 것을 실천하는 것은 엄청나게 다르다. 알기는 쉬워도,

---

107 〈2편 식사_05계 문제〉'문제를 모르면 답도 찾을 수 없다. 필사적으로 찾아야 한다.',
    p.257

직접 행동에 옮기기는 어렵기 때문이다. 계속 알기만 한 채로 살 텐가.

이후 나는 다 알고 있는 것이라며 들을 생각도, 바뀔 생각도 없는 사람에게는 굳이 에너지를 쏟지 말자고 결심했다.[108] 배우려는 최소한의 의지도 없는 경우에는 아무리 엄청난 것을 가르친다 해도 소용없다는 사실을 여실히 깨달았다. 최소한 의지가 충만해야 한다.

나는 정말 배우고 싶어 하는 이들을 위한 강의에 집중하기 시작했다. 그리고 열심히 강의를 듣는데도 이해하지 못하는 사람에게는 2~3개의 예시라도 더 들어 주려고 노력했다. 그러다 보니 강의의 질도 좋아지고, 교육생들의 만족도도 높아지고, 덩달아 강의 요청도 늘어나는 선순환이 이어졌다.[109] 내가 그들을 가르치기만 한 것이 아니라, 나도 그들에게 많은 것을 배운 셈이다.

강의를 계속하는 이유

앞만 보고 열심히 달려온 끝에 마케팅과 광고업계에서는 나름대로 유명인사가 되었다. 현재 다양한 업체와 개인에 비공식인 마케팅 컨설팅과 초청 강연 등을 해주고 있다. 더불어 내가 운영하는 회사도 교육, 컨설팅, 대행, 연구 등 다양한 사업을 영위하고 있다. 그렇다고 스스로 대단하다거나 특별하다고 여긴 적은 단 한 번도 없다. 스스로 너무 부족하다고 느끼기에 어디서든 배우고 싶어 안달 난 학생일 뿐이다.

---

108 〈3편 주거_07계 전략〉'가격을 낮출 것이 아니라, 가치를 높여라.', p.283
109 〈3편 주거_07계 전략〉'합리적인 가격은 오직 고객만 정할 수 있다.', p.285

세상을 바꾸는 시간, 15분

꿈을 찾는 사람들

국민건강보험공단

유통인쇼(SETEC)

행정안전부 주최 행사

서울교육대학교 에듀웰센터

《부자들의 멘토》 강연회(메렴홀)

대한피부과의사회 추계학술대회

블루스퀘어 브랜드 토크쇼

코엑스 창업박람회

경기도인재개발원

7 무료 강의도 거절당하던 강사, 스타 강사가 되다 **153**

'별 볼 일 없는 놈'이던 내가 많은 이들이 찾는 성공학, 브랜딩, 마케팅 강사가 되었다. 하지만 나의 주업은 교육이 아니다. 사실 사업에 투자하는 시간만으로도 24시간이 부족하다. 그런데도 내 도움이 필요하다는 사람들을 위해서 시간을 쪼개 강단에 서고 있다. 단순히 돈을 벌기 위해서 강의를 계속하는 것이 아니다.

나는 힘들었던 지난날을 또렷하게 기억한다. 아니, 기억하려고 애쓴다. 초심을 잃지 않고, 과거의 나와 같이 방황하는 이들에게 희망을 주기 위해서다. 앞으로도 여력이 되는 한 틈틈이 그들을 위한 교육 활동을 계속할 것이다.[110]

이미 세계적으로 높은 지위에 오르고, 명예와 부를 거머쥔 대가들도 꾸준히 집필과 교육 활동을 하고 있다. 그들은 자신들의 사업만으로도 충분히 엄청난 성공을 이루었고, 가만히 있어도 많은 돈을 벌어들일 수 있다. 그런데도 그들이 영업 비밀과도 같은 자신의 노하우를 시간과 노력을 들여 굳이 대중에게 알려 주는 이유는 무엇일까? 그들 역시 더 많은 이들에게 도움을 주고자 하는 것이며, 그로 인해 사회적 선순환을 일으키고자 하는 것이다.

간혹 이런 이야기를 하면 차라리 어려운 사람들에게 적선이나 기부를 하는 것이 서로 편하지 않겠냐는 이들이 있다. 과연 그럴까? 물고기를 나눠 주는 것과 물고기 잡는 법을 알려 주는 것 중에 어느 쪽이 더 나을지 생각해 보라. 물고기를 그냥 나눠 주면 당장은 배부르고 행복할지 몰라도 머지않아 다시 굶주리게 될 것이다. 그리고 누군가 물고

---

110 〈2편 식사_05계 문제〉 '판매자 입장만큼 쓸모없는 것도 없다. 구매자가 되어라.', p.256

기를 다시 나눠 주기만을 목이 빠지게 기다릴 것이다. 또 물고기를 나눠 주는 사람조차 언젠가는 물고기가 모두 동이 날 것이다. 반면 물고기 잡는 법을 알려 주면 자급자족할 수 있다. 물고기를 나눠 줄 필요도 없어지므로 모두 풍족해질 수 있다. 나아가 물고기 잡는 법을 배운 사람이 다시 다른 사람에게 잡는 법을 알려 줄 수 있다. 방법을 배운 사람이 다른 사람을 계속 교육하는 것이다. 그러면 점점 모두 행복한 세상에 다가설 수 있다.

내가 이 책을 내고자 마음먹은 것도 같은 이유에서다. 이 책을 통해 많은 이들이 삶의 목표와 희망을 찾고, 오케팅적 사고를 갖추길 바란다. 그럼으로써 삶의 질을 높일 수 있다면 그것만으로 가치 있는 일이 아니겠는가. 마치 아버지를 처음 도와드렸을 때 느꼈던 보람과 같을 것이다.[111]

나는 앞으로도 사회에 선한 영향력을 전파하겠다는 사명으로 새로운 선장들에게 오케팅을 전파할 것이다. 내가 그러하듯 여러분 역시 이 책을 읽고 깨달은 바를 다른 이들에게 전파하길 바란다.[112] 그런 이유 때문에 혁신영재사관학교도 만들고, 굿닥터네트웍스(보육원 후원단체)도 운영하고, 꿈을 찾는 사람들(강연 유튜브, 네이버 카페)도 운영하는 것이다. 선한 영향력을 갖춘 사람들이 많아질수록 지금보다 더 풍요로운 사회가 되리라 확신한다.

---

111 〈5편 무리_12계 출격〉 '좋은 업데이트가 되었다면, 가급적 무상으로 지급하라.', p.343
112 〈1편 정신_02계 보물〉 '내가 갖고 싶은 것을 모두 갖고 싶게 만들어라.', p.221

"진정한 배움이란 학문적 지식만을 이야기하지 않는다.
머리로만 배우려 하지 마라."

⋯⊶⊷⋯⊷⊶⊷⊶⋯

"잘될수록 선한 영향력을 베풀어라.
선순환의 마법이 일어날 것이다."

⋯⊶⊷⋯⊷⊶⊷⊶⋯

"오케팅을 하되, 즐겁게 하라.
즐기는 것보다 좋은 방법은 없다."

⋯⊶⊷⋯⊷⊶⊷⊶⋯

"나만의 마케팅이 오케팅이 된 것은
내 마케팅을 오케팅했기 때문이다."

by 오두환

오케팅 노트

`1편 정신`

01계 영혼

공익을 위한 사업이나 보육원의 아이들을 돕기 시작한 것이 이때부터였다. 지금도 어려움을 겪는 소상공인과 공공기관을 위해 강의와 컨설팅을 진행하고 있다.

02계 보물

선한 영향력을 전파하고, 더 확산시키는 데 함께할 능력자들을 모으겠다고 목표를 설정했다. 감사하게도 나의 강의를 듣거나 책을 보고 찾아오는 분 중에 그런 분이 너무 많다. 역시 나쁜 것은 나쁜 것을 몰고 오고, 좋은 것은 좋은 것을 몰고 온다.

`2편 식사`

04계 식량

강의하는 데 필요한 식량으로 오케팅, 마케팅, 광고, 성공학, 마음가짐 등을 설정했다. 주제를 한 가지만 설정하면 각기 다른 분야에서 강의를 요청했을 때 각각에 맞는 도움을 줄 수 없기 때문이다.

05계 문제

제대로 배우려는 의지가 있는 사람에게만 강의하겠다는 원칙을 세웠다. 어차피 의지가 있는 사람만 변화할 수 있다. 그리고 강의는 규모에 상관없이 진행한다. 수강 인원이 수백 명대인 강의부터 1대1 강의까지 진행한 적도 있다.

07계 전략

마케팅이나 광고 강의가 필요 없는 곳은 제법 많다. 그러나 오케팅이나 성공학, 마음가짐이 필요 없는 곳은 거의 없다. 따라서 나는 대중이 어떤 교육을 받고자 할지 고민하고 그에 맞는 나의 가치와 가격을 정하여 혜택을 알려 준다. 그래야 더 많은 사람을 도울 수 있기 때문이다.

、4편 의복、

09계 각본

수강자들에게 나의 과거 일들을 곁들여 내가 어떻게 강의를 하게 되었는지도 이야기한다. 특별하지 않은 내가 오늘에 이르게 된 것처럼 모두 더 좋아질 것이라 독려해 준다.

、5편 무리、

11계 소통

이제 나에게는 얼마 안 되지만 소중한 팬들이 있다. 그들이 특별하지 않은 나의 강의를 들어주는 것 자체가 나에게는 매우 고마운 일이다. 늘 부족하여 배움의 자세에 있는 내가 팬들에게 조금이나마 도움이 되고자 강단에 선다.

、6편 경쟁、

13계 광고

내가 마케팅과 광고 강의를 한다는 것을 다방면으로 광고하고 있다. 추진하는 오케팅을 그만할 것이 아니라면 광고는 어떤 단계에서든 빠짐없이 해야 한다.

출간 거절당한 글쟁이,
베스트셀러 작가가 되다

내가 처음 책을 내겠다고 주변에 선포했을 때, '네가 뭐 특별한 사람이라고 책을 내냐, 누가 미쳤다고 네 책을 사서 보냐.'라는 질책을 제법 받았다. 맞는 말이다. 그렇지만 특별하지 않은 사람이 특별하지 않게 무언가를 공유할 때, 특별하지 않은 사람들도 특별해질 수 있는 길이 열린다고 생각한다.

배운 지식이나 처음부터 특별했던 사람들의 이야기에서 특별함을 얻는 것도 중요하다. 하지만 자신과 비슷한 사람의 이야기가 더 잘 이해되고 와닿지 않을까 생각했다. 다만 내 이야기를 꺼내 보이기 민망하여 책을 내는 데 겁을 낸 것도 사실이다. 그렇지만 이런 두려움은 오히려 내게 무기가 되었다.

내가 책을 출간하기로 마음먹은 가장 큰 이유는 강의보다 강력한 힘을 지닌 것이 글이라고 생각했기 때문이다. 강의는 말을 통해 전달하는 것으로 일시적이지만, 글은 기록되는 것이라 영속성을 갖지 않는가. 그래서 부끄럽지만, 책 출간을 위해 노력한 일련의 과정도 공개해 볼까 한다.

출판사를 선택하다

지금까지 개인이 살아온 삶의 여정을 마케팅으로 풀어낸 '생계형 마케팅 입문서'를 본 적이 있는가. 나도 본 적이 없다. 단언컨대 생계형 마케팅으로는 감히 최고라고 자부할 수 있다.[113] 나는 먼저 내 책에 대한 믿음과 확신으로 무장한 뒤, 다음과 같이 무모한(?) 목표를 설정했다.[114]

- 내 책은 베스트셀러가 되어 전국의 서점과 온라인상에서 항상 보이게 될 것이다.
- 내 책은 남녀노소를 막론하고 모두가 항상 지니고 다니며 읽는 스테디셀러가 될 것이다.
- 내 책은 번역되어 세계 각국에 출간될 것이다.
- 내 책을 읽은 전 세계 사람들이 Korea와 오케팅, 출판사를 기억하게 될 것이다.

---

113 〈2편 식사_04계 식량〉'남들보다 자신 있는 것들만 계속 찾아내라.', p.243
114 〈1편 정신_02계 보물〉'보물이자 목표는 마케팅의 연료와 같다.', p.218

자! 목표를 설정했으면 달려볼 차례, 오케팅할 때가 왔다. 이젠 목표를 설정하고 항해를 계획하는 시간이 가장 즐겁다.

먼저 책을 출간하기 위해 신중하게 출판사를 물색했다. 앞서 J 신문사의 면접을 봤을 때 내가 한 말이 있다. '우리의 결정이 선행되어야만 비로소 회사에서 결정할 수 있다. 즉, 발상을 달리하면 최초 결정권은 우리에게 있는 것이다.' 이번에도 나는 출판사가 내 원고를 선택하기 전에 내가 출판사를 선택하는 과정을 거쳤다. 내가 원하는 출판사는 다음과 같은 역량을 갖춘 곳이어야 했다.

1. 책이 스테디셀러가 될 수 있도록 기획, 편집 능력이 뛰어나야 한다.
2. 뛰어난 마케팅, 광고 능력을 바탕으로 한 다수의 베스트셀러 출간 경험이 있어야 한다.
3. 해외 수십 개국에 번역본 출간 경험이 있어야 한다.
4. 나와 같은 사고방식과 목표를 가지고 함께 오케팅할 준비가 되어 있어야 한다.

일단 수백 개의 출판사 리스트를 정리했다. 출판사가 이리 많은지 몰랐기에 리스트를 뽑아 놓고 적잖이 당황했다. 이후 일일이 검색을 통해 내가 설정한 조건에 부합하는 출판사를 추리기 시작했다. 모니터링에 수일, 재차 검증에 수일이 걸려 출판사 3곳을 선정했다.

내가 책을 출간하겠다고 집필을 시작했을 때도 주위에서 많이 말렸지만, 이는 이후에도 계속되었다. 특히 첫 출간부터 인지도 있는 대형 출판사에서 책을 낼 것이라고 하니 다들 미쳤다고 했다. 그런 출판사에서는 내 원고를 쳐다도 안 볼 것이라는 이야기였다.[115]

그도 그럴 것이 유명 출판사는 매일 엄청난 양의 투고를 받는다. 그러니 모든 원고를 제대로 읽기는 어려울 것이다. 따라서 내가 원하는 출판사에서 책을 내려면 그들이 내 원고를 반드시 읽게 해야만 했다.

내가 책을 내려는 이유는 누군가를 돕기 위함이다. 내 책을 통해 많은 이들이 삶에 희망을 찾고, 삶의 질이 개선되길 바란다. 여러분이 오케팅을 습관처럼 의도적으로 할 수 있다면 그것만으로도 나는 충분한 가치와 보람을 얻었다고 말할 수 있다. 그러한 이유로 나는 내가 제시할 수 있는 어떠한 기발한 제안을 해서라도 나의 책을 널리 배포해야 했다. 무엇보다 나와 같은 사고방식과 목표를 가지고 오케팅하도록 하려면 출판사를 반드시 설득해야 했다.[116]

나는 결코 돈을 벌기 위해 책을 내려 한 것이 아니다. 그러나 출판사는 다르다. 출판사는 책을 팔아서 남는 이익으로 회사를 운영한다. 따라서 매출이 무조건 나와야 하며, 그 매출은 당연히 높으면 높을수록 좋다. 그러니 출판사 측에서 봤을 때, 원고 내용이 좋고 돈이 될 것 같으면 투자하지 않을 이유가 없다.

내가 쓴 원고는 에세이와 마케팅, 광고 전략이 섞여 있다. 따라서

---

115 〈5편 무리_11계 소통〉 '남들이 미쳤다고 해도 마케팅으로 끌고 가라.', p.330
116 〈5편 무리_11계 소통〉 '마케팅에서 소통과 수용 없이는 뭉치거나 나아갈 수 없다.', p.331

아무도 시도한 적 없는 세계 최초의 획기적인 마케팅 보급서다.[117] 따라서 기존에 없던 새로운 형태의 마케팅 도서라는 차별성이 있다. 또 나는 출판사에 판매가의 3%만 인세로 받겠다고 제안할 생각이었다. 일반적인 인세에 비해 너무 적다고 생각할 수 있지만, 애초에 내 목적이 돈이 아니니 인세는 크게 상관이 없었다.

게다가 나는 마케팅과 광고 분야의 전문가다. 나만의 강점을 활용하여 책의 마케팅과 광고를 일부 지원하기로 했다. 또 나는 강의하거나 컨설팅을 할 때 참고 서적을 보여 주며 설명하는 경우가 많다. 그러니 나 자신이 걸어 다니는 광고판이 되는 것 아니겠는가. 마케팅과 광고 분야에서 내 책이 계속 입에 오르내리게 될 것이다. 더불어 출판사의 브랜드 가치까지 높아지게 될 것은 예견된 일이다. 이렇게 출판사에 제시할 수 있는 강점들을 나름대로 추려냈다.[118]

기억에 남는 사람이 기회를 얻는다

최종적으로 내 기준에 완전히 부합하는 출판사는 3곳이었지만, 먼저 나의 기준 1위에만 출간제안서를 보냈다. ○○출판사의 홈페이지에 들어가 보니, 투고란이 보란 듯이 있었다. 그러나 나는 홈페이지에 투고하지 않았다. 이미 셀 수 없이 많은 원고가 계속해서 들어오고 있을 것이다. 그중 내 원고가 읽힐 확률은 현저히 낮다고 판단했다. 나는 반

---

117 〈3편 주거_06계 위치〉 '조금 다른 시각으로 접근하면 나만의 위치가 나온다.', p.270
118 〈6편 경쟁_15계 점검〉 '우연히 걸어가지 말고, 계획하고 의도적으로 걸어가라.', p.381

드시 OO출판사에서 책을 내야겠다는 굳은 목표가 있었다. 그렇기에 남들이 다 하는 방식을 가볍게 부숴야만 했다.[119]

그럼 나는 어떻게 했을까? 일단 원고 파일을 보기 좋게 정리했다. 그리고 책자 형태로 15권을 제본했다. 원고가 들어오면 프린트해서 볼 것이라는 판단에서였다. 프린트할 시간과 비용을 줄여 주고자 한 것이다.

이어 출간 문의 관련 미팅 약속을 잡았다. 원래 잘 만나 주지 않지만, 내 능력과 제본된 책을 강력하게 어필하여 약속을 잡았다. 그리고 출판사를 방문할 때는 빈손이 아닌, 무언가를 들고 가는 게 좋겠다고 생각했다. 어떻게든 수많은 경쟁자 사이에서 기억에 남아야 했다.[120]

커피나 병 음료는 취향을 타기 쉽다. 가능하면 대다수가 만족할 수 있는 것을 찾고자 했다. 고민 끝에 백설기를 준비하기로 했다. 보통 백설기는 경사로운 날에 감사의 의미로 주위에 돌리는 떡이면서, 한국인이라면 대부분 좋아하기 때문이다. 나는 출판사 인근에 있는 떡집에 미리 전화하여 방문 시간을 알려주었다. 그리고 30분 전까지 떡을 뽑아달라고 부탁했다. 아마 나처럼 '제본 책'과 '갓 만든 백설기'를 준비해 간 사람은 없었을 것이다.

그리고 제일 중요한 출간 기획서에는 인세를 3%만 받겠다는 내용과 각종 지원을 아끼지 않겠다는 의지를 강력하게 어필했다. 이로써 내 원고가 수많은 원고 중에서 적어도 기억에 남는 원고가 될 것이라는

---

119 〈3편 주거_06계 위치〉 '경쟁 상대를 등급별로 나누어 위치를 정하라.', p.271
120 〈6편 경쟁_13계 광고〉 '광고는 마케팅 함선의 초고속 프로펠러다.', p.350

확신이 들었다.[121]

    얼마 지나지 않아 출판사로부터 연락이 왔다. 검토 결과는 거절이었다. 당연히 받아들일 만한 제안을 했기에 솔직히 충격이 컸다. 원고를 끝까지 읽어본 게 맞는지 의문스러운 메시지도 받았다. 게다가 나머지 두 곳 역시 출간 제의를 거절하기에 이르렀다. 결국 이번 오케팅은 처참하게 실패했다. 나는 스스로 다시 질문하고 답을 구해야 했다.[122]

전략 수정 후 다시 오케팅하다

    고심 끝에 내린 답은 간단했다. 출판사 선택에 실패한 것이지, 다른 이를 돕고자 하는 진짜 목표는 포기하지 않았다. 아니, 포기할 수 없었다. 그렇다고 다른 출판사에서 내 책을 내고 싶지는 않았다. 나는 결국 내가 원하는 출판사 중에 나를 이해하는 곳이 없다면 내가 원하는 출판사를 직접 만들기로 마음먹었다.[123]

    본업에 여러 가지로 지장을 줄 터였다. 하지만 반드시 도전해야 한다고 생각했다. 게다가 앞으로 많은 책을 출간하게 될 텐데 그때마다 이런 과정을 거칠 수는 없는 노릇이다. 또 내 책 이외에 다른 사람의 진정성 있는 책도 출간해 줄 수 있다면 좋겠다고 생각했다. 어찌 보면 그게 나를 믿고 따라 주는 팬들에게 보답하는 길이라는 생각이 들었다.

---

121 〈3편 주거_07계 전략〉 '몇 수 앞을 내다본 전략은 훌륭한 미래를 만든다.', p.285
122 〈5편 무리_12계 출격〉 '끊임없이 답변하라, 물어볼 것을 찾을 수 없을 때까지.', p.342
123 〈1편 정신_02계 보물〉 '보물이자 목표는 마케팅의 연료와 같다.', p.218

새로운 목표를 향해 나아가기 위해서 또다시 단계별로 오케팅해야 했다. 먼저 모든 과정에 전문적이지 않아도 끝내 출간을 할 수 있는 사람이 필요했다. 수십 번의 면접과 다양한 테스트를 거친 후, 진짜 마음이 맞는 사람을 얻게 되었다. 나는 달란트[124]라는 말을 좋아한다. 그리고 모두 자신만의 달란트가 있다고 믿는다. 이 사람은 나에게는 없는 달란트인 꼼꼼함을 지녔고, 완벽함을 추구했다.

그리고 몇 달에 걸쳐 출간 준비를 했다. 이 과정에서 《오케팅》보다 먼저 완성된 《광고의 8원칙》과 수험서들을 먼저 출간했다. 여기서 또 하나 고백을 하면, 사실 《광고의 8원칙》은 잘 팔릴거라는 기대를 전혀 하지 않았다. 물론 언젠가는 원하는 목표에 도달하겠지만, 그때가 이번은 아니라고 생각했다. 《광고의 8원칙》은 순수하게 내가 쓴 책과 출판사의 역량, 그리고 마케팅과 광고에 대한 테스트 차원에서 출간한 것이다.

그러니 유통 계약과 광고 순서가 엉망진창이었다. 책을 이미 유통한 후에 광고를 준비하기 시작했으니 말이다. 심지어 출간 이후에 유통 계약을 맺은 곳도 있다. 각종 매장 광고와 온라인 서점 광고를 알아보고, 광고 시안만 최소 50번은 넘게 수정했다. 다른 광고 매체까지 모두 따지면 수정만 500번 넘게 했을 거라 장담한다. 사실 직원 여러 명이 달라붙어 제법 고생했다. 그렇지만 판매는 크게 기대하지 않았고, 서로

---

124 각자의 타고난 자질을 비유적으로 이르는 말

좋은 경험이라 생각하자고 다독였다.[125]

그런데 막상 책 판매가 진행되고 나서 당황스럽기 그지없는 결과가 나왔다. 출간한 지 1주일 만에 베스트셀러에 진입했다. 그리고 무려 13주 연속으로 상위권을 유지했다. 특히 국내 서점 업계 1위인 곳에서 여러 번 종합 베스트셀러 1위에 안착하는 기염도 토했다.

또 한국출판문화산업진흥원 수출지원팀에서 영문 웹진에 내 책을 소개하고 싶다는 연락이 왔다. 한국의 베스트셀러를 국내외에 소개하는 웹진이었다. 주요 서점 네 곳의 베스트셀러에 오른 《광고의 8원칙》에 대해 번역하여 올려 주고, 출판 수출 통합 플랫폼에 등재해 준다는 것이다. 이 밖에도 대학교의 마케팅과 교재로 선정되거나, 여러 잡지 사에서 화제의 책으로 소개해 주겠다는 연락이 쏟아졌다. 게다가 내가 운영하는 회사로 강의, 컨설팅, 마케팅, 광고 문의가 빗발쳤다.

광고를 주제로 쓴 책이 이렇게 화제가 될 것이라고는 전혀 예상하지 못했다. 만약 이렇게 많은 사람이 내 책을 볼 줄 알았다면 조금 더 친 근하게 집필했을 텐데 하는 안타까운 마음이 들었다.

---

125 〈5편 무리_11계 소통〉 '선장은 판단에 책임져야 하며, 리더임을 증명해야 한다.', p.334

베스트셀러 1위《광고의 8원칙》, 출간 첫 주 베스트셀러 1위《오케팅》

　그런데 여러분이 지금 읽고 있는《오케팅》은 그 이상의 성과를 이루었다. 훨씬 더 깊이 있는 내용의 원고이고, 여러 경험을 바탕으로 편집과 광고 등을 더 잘할 수 있는 시스템까지 구축했기 때문이다.[126]

　《오케팅》은 출간 첫 주에 종합 베스트셀러 1위에 등극했고, 17주 연속으로 종합 베스트셀러 1~3위를 기록했다. 그 덕분에 해외의 많은 출판사들이 판권 문의를 해왔고, 현재 번역본으로 출간되었다. 이러한 성공을 바탕으로 이듬해에는 어린이를 위한 오케팅 동화책인《특별한 내가 될래요》도 출간하게 되었다. 그리고 이 책은 대한출판문화협회가 선정한 '2022 올해의 청소년 교양도서'로 뽑혔다. 이로써 어린이부터 성인까지 더 많은 사람들이 오케팅을 알게 되었다. 이후 출간된《부자들의 멘토》도 많은 사랑을 받아 종합 베스트셀러에 올랐으며,《오케팅》은 50쇄 이상 인쇄되었고, 결국 본 도서인 오케팅 양장본까지 나오게 되었다.

---

126 〈6편 경쟁_13계 광고〉'광고는 마케팅 함선의 초고속 프로펠러다.', p.350

올해의 청소년 교양도서 선정《특별한 내가 될래요》, 베스트셀러 3위《부자들의 멘토》

이쯤 되니 처음 나를 거절해 준 출판사에 감사한 마음도 든다. 지금은 내가 설립한 '대한출판사'와 '북울림'에 출간 문의가 들어오고 있다. 그때마다 내가 출간을 거절당했을 때를 생각해 직원들이 성심껏 원고를 검토하고 있다.

당신은 특별해질 자격을 갖추었다

앞서 내가 원하는 출판사가 지녀야 할 역량으로 네 가지를 이야기했다. 스테디셀러를 만들 수 있는 기획·편집 능력, 뛰어난 마케팅·광고 능력, 번역본 출간 경험, 오케팅을 할 수 있는 능력이 그것이다. 그리고 지금 나는 그런 출판사를 만들어 가고 있다. 철저한 분석을 통해 베스트셀러가 될 수 있는 원고만을 선별한다. 편집과 교정에 각고의 노력을 기울이는 것은 물론, 다른 출판사와는 차별화된 마케팅과 광고를 적용하고 있다. 따라서 원고를 받으면 반드시 수십 번의 검토를 거쳐 출간할지를 결정한다.

나와 같은 목표를 갖고 오케팅할 수 있는 작가와만 합작 출판을 한다. 그런데 다른 곳에서 사용하는 합작 출판과는 의미가 다르다. 나와 출판팀이 원고를 최소 세 번은 읽어 보고 반드시 사람들에게 도움이 될 만한 책, 선한 영향력을 발휘할 수 있는 책, 출판팀에서 마케팅·광고에 자신 있는 책만 출간한다. 특히 한 달에 책이 수천 권씩 쏟아지는 출판 시장에서 본인 스스로 압도적인 헌신과 투자를 각오한 작가들의 책만 선정하여 출간한다. 그리고 이러한 책이 많이 배포되길 원하는 만큼 반드시 베스트셀러 그 이상의 반열에 올리고자 한다. 마음먹고 타깃을 선정하고 과감하게 자신의 브랜딩에 적극적으로 투자하면, 누구든 원하는 결과를 이룰 수 있다고 생각한다.

이제 세계 수십 개국에 번역본을 출간하는 것을 목표로 정하고 항해하고 있다. 여기서 여러분에게 질문하고 싶다. 특별하지도 않고 늘 부족한 능력에 시달리는 내가 이런 목표를 말하면 미쳤다고 생각하는가?

부디 스스로 설정한 목표를 두고 '미친놈아 그게 될 것 같아?'라고 생각하는 우(愚)를 범하지 않길 바란다. 여러분의 능력도 스스로 평가절하하지 않기를 바란다. 이 책을 여기까지 읽은 당신은 이미 충분히 특별해질 자격을 갖춘 세상에 둘도 없는 특별한 사람이다. 남들의 안 된다고 하는 말을 즐기며 도전하고, 실패하고, 성공하라.

"모든 일에 목표를 세우고, 끊임없이 설계하라.
잠자는 것조차 목표를 정해라."

⋯◦▶◦◁◀◀◦◦◦◦◦▶◦◦◦◦◦◦◦◦◦◦◦◦

"실현 가능성이 없는 일이 실현될 때
그것을 기적이라 한다.
당신이 할 일은 곧, 기적이다."

⋯◦▶◦◁◀◀◦◦◦◦◦▶◦◦◦◦◦◦◦◦◦◦◦◦

"모든 일을 테스트하는 마음으로 행하라.
테스트 결과를 잘 쌓으면
잘 맞춘 테트리스 블록처럼 성과가 펑펑 터질 것이다."

⋯◦▶◦◁◀◀◦◦◦◦◦▶◦◦◦◦◦◦◦◦◦◦◦◦

"목표를 정하고 최선을 다한 실패는
성공할 수 있는 발판을 하나 얻은 것과 같다."

by 오두환

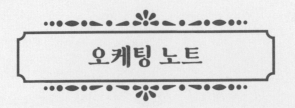

오케팅 노트

·1편 정신·

01계 영혼

오케팅을 많은 사람에게 알려서 더 좋은 삶을 살도록 해주고 싶었다. 또 오케팅을 배워 선함을 세상에 드러내려는 사람들에게 기회를 주고 싶었다.

02계 보물

일단은 내 책을 내는 것이 목표였다. 그리고 내가 원한 출판사에서 출간하는 것이 목표였다. 다음은 출판사를 차리는 것이 목표였고, 책을 베스트셀러로 만드는 것도 목표였다. 최종적으로는 독자를 위한 출판사가 되는 것이 목표다.

·2편 식사·

03계 성명

책 제목을 《광고의 8원칙_실전 광고학개론》, 《오케팅_'더 행복한 삶'을 위한 작은 습관》으로 지었다. 이 외에도 내가 집필한 수험서 제목을 《광고설계사》, 《마케팅설계사》, 《의료광고법률지도사》 등으로 지었다.

04계 식량

내 책의 장점으로는 네 가지를 꼽을 수 있다. 첫째, 지금까지 자신의 경험에 빗대어 마케팅을 풀어낸 책은 없었다. 둘째, 마케팅으로 이름을 알린 작가가 쓴 책으로 품격이 높아 보일 수 있다. 셋째, 작가가 마케팅과 광고에 능숙한 전문가라 판매 촉진이 가능하다. 넷째, 인세가 적기 때문에 상대적으로 독자는 양질의 책을 저가로 구매할 수 있다.

06계 위치

생각보다 출판사는 많고 그만큼 투고도 많다. 따라서 경쟁자들의 원고보다 내 원고가 더 눈에 띄고 기억에 남아야 한다. 그러려면 경쟁자들을 선정하고, 그들이 보통 실행하는 방법부터 파악해야 나만의 전략을 세울 수 있다.

07계 전략

내가 원하는 출판사와 직접 만나기 위해 미팅을 잡고, 제본된 책과 선물을 준비하는 등 나름의 전략을 세웠다. 내 원고만의 강점과 함께 나름의 미끼를 던진 것이다.

08계 장벽

책을 출간하고자 하는 작가들이 보통은 하기 어려운 일들을 실행했다. 거의 모든 출판사를 찾아 목록을 세분화했고, 3곳으로 추렸다. 그리고 매력적인 제안을 짜서 출판사에 제안했다. 이런 식으로 1%씩 혁신하다 보니 출판사를 만들겠다는 결론에까지 도달한 것이다.

·5편 무리·

11계 소통

오케팅 원고를 쓰겠다고 할 때도, 출간을 거절당했을 때도, 출판사를 차려서 베스트셀러를 만들겠다고 할 때도 주위에서 만류했다. 그들을 설득하고 신념화하는 과정을 거치지 않았다면, 내 책들은 세상에 나오지 못하고 사장되었을 것이다.

·6편 경쟁·

13계 광고

광고를 제대로 못 했다면 출판사가 나를 인식조차 못 했을 것이다. 또 내가 낸 책과 출판사 역시 많은 독자에게 도달할 수 없었을 것이다. 출판사도 결국 광고를 빼놓고는 마케팅이나 판매를 논할 수 없다.

14계 분석

출간 후 독자들의 후기를 분석한 결과 대략 우호적인 의견이 90%, 비판적인 의견이 10%로 정도로 나뉘었다. 몇몇 비판적인 독자에게는 나름대로 해명했고, 다음에는 기대에 부응하겠다고 답했다. 그리고 우호적인 분들을 위해 유튜브 채널 〈킹메이커 오두환〉을 개설하였고, 고민을 들어주거나 홍보를 도와주며 소통하고 있다.

15계 점검

오케팅을 설계하고, 실행하고, 실패하고, 다시 돌아가서 설계를 반복하다 보면 결국 원하는 결과에 도달해 있을 것이다.

코로나19로 해고된 실직자, 여러 기업의 대표가 되다

- 9 -

나는 네트워크 병원이 운영하는 광고 회사에서 오랜 기간 내가 대표라는 마음가짐으로 일에 전념했다. 내가 맡은 곳의 모든 마케팅과 광고를 직접 집행했기에 동료들과 상사, 대표까지 내 열정과 능력을 인정해 주었다. 그런데 뜻하지 않은 사태가 발생하며 나는 단단한 벽에 부딪히고 말았다. 2020년 코로나19의 확산으로 팬데믹이 선언되고, 회사는 심각한 경영 악화를 맞았다. 매출이 거의 반으로 줄어든 것이다. 광고주가 빠질 때마다 상황은 더욱 심각해졌다. 그런데도 아무런 대책도 내놓을 수 없었다.

그렇게 3개월 동안 매달 3,000만 원 이상의 적자가 발생했다. 회사 설립 이래 최초였다. 그런 상황에서 나는 속수무책이었고 무능력했다. 처음 겪는 상황이어서 적지 않게 당황한 것도 사실이다. 한동안 절망했고, 동종 업계의 회사들이 폐업하는 것을 보며 우리도 저렇게 될지도 모른다는 두려움에 휩싸였다. 하지만 살아남은 곳을 보며 우리도 반드시 버텨서 살아남아야 한다고 생각했다.

대표는 내게 이 상황이 언제까지 이어질 것 같냐고 물었다. 나는 알 수 없었다. 다만, 이런 때일수록 잘 이겨 내야 한다고 조금만 지켜보자고 설득했다. 하지만 대표는 더는 적자를 감당할 수 없다고 말하며, 급기야 직원을 해고하라고 지시했다. 지금 돌이켜 생각하면 당연한 일이었다. 회사가 계속 적자를 감당하며 직원을 유지하는 것은 불가능하다. 그런데 그때까지 나는 경영 악화라는 이유로 직원을 해고한 적이 단 한 번도 없었다. 그것은 곧 내가 무능력하다는 것이고, 그 책임을 열심히 일한 직원에게 떠넘기는 것이기에 해고만은 절대 피하고 싶었다. 아니, 절대로 그렇게 할 수 없었다.

인생을 건 강제 창업

눈앞이 깜깜했다. 하지만 정신을 부여잡고 앞으로 6개월 이내에 반드시 매출을 정상화하겠다는 목표를 세웠다.[127] 그리고 이와 관련해 여러 장에 달하는 제안서를 작성했다. 위기는 기회다. 전화위복이 되어 이 상황을 반전시킬 전략을 수립했다. 코로나19라는 외부적인 요인이 문제인 상황이다. 따라서 내부적 요인을 최대한 가다듬고 기다려야 했다. 그리고 오히려 이런 때일수록 경제적으로 어려운 사람이 많으

---

127 〈1편 정신_02계 보물〉 '보물이자 목표는 마케팅의 연료와 같다.', p.218

니 후원도 겸해야 한다고 제안했다. 어떻게든 나를 믿고 지원해 주면 6개월 이내에 성과로 보답하겠다고 호언장담했다. 지금까지 십여 년 동안 증명해 왔으니 이번에도 그렇게 될 것이라고 설득했다. 그런데도 만약 내게 직원 해고를 강요한다면, 차선책으로 직원들을 책임지기 위해 모두 데리고 나가드리겠다고 했다. 그리고 이와 별개로 현재 진행 중인 사업의 일부도 계속 맡아서 진행해드리겠다고 덧붙였다. 그렇다. 앞서 해온 것처럼 또 한 번 나와 직원들을 위해 배수의 진을 친 것이다.[128]

그리고 이차피 이렇게 회사가 조금 한가해진 김에 뒤도 돌아보고, 새로운 것들을 준비하면 된다고 설득했다. 링컨은 '나에게 나무를 벨 8시간이 주어진다면, 그중 6시간은 도끼의 날을 가는 데 쓸 것이다.'라는 명언을 남겼다. 어쩌면 도약을 준비하는 시간이 미련해 보일 수도 있지만, 그만큼 확실한 투자도 없다.

하지만 한편으로 몹시 두렵기도 했다. 이 정도로 적자인 상황은 처음이었으며, 막상 나가라고 하면 감당할 자신이 없었다. 마케팅과 광고에는 능할지언정 경영이나 회계, 관리 분야는 문외한이었기 때문이다.

수차례 서면 보고와 대화를 통해 설득이 오갔다. 그리고 마지막으로 대표와 함께 대화를 한 곳은 아담한 횟집이었다. 5분여 동안 서로 말이 없다가, 대표가 어렵게 입을 뗐다.

"두환 씨, 여기까지 하고, 두환 씨가 제시한 차선책으로 했으면 해요."

청천벽력같은 소리였다. 상상도 못 했다. 순간 눈물이 핑 돌았다.

---

128 〈5편 무리_11계 소통〉 '선장은 판단에 책임져야 하며, 리더임을 증명해야 한다.', p.334

머리도 아찔했다. 무언가 대화를 이어갈 것으로 기대했는데, 시작부터 완벽하게 눌려버렸다. 돌파구를 찾아야 했지만, 막상 떠오르는 단어나 문장은 없었다. 이런 상황이 너무 낯설었다. 그래도 최대한 담담하게 답변하려 노력했다.

"네, 알겠습니다. 마무리 잘하겠습니다. 지금 진행하는 사업은 계속 도와드리겠습니다."

충분히 이해가 되는 상황이긴 했다. 대표는 많이 지쳐 있었다. 애당초 사업을 이렇게까지 크게 벌일 생각이 없던 분이기도 했다. 7명의 주주가 있던 회사에서 등 떠밀려 경영을 시작했고, 나와 상사가 회사를 키우다 보니 상당수의 직원을 둔 경영자가 되어 버린 것이다. 개인의 성향에도 맞지 않았을뿐더러 어느덧 사람 관리와 경영이 고된 나이가 된 것이다. 그렇게 나는 세상에 던져졌다. 이번에는 가족들과 친한 친구들조차 나를 말리는 상황이었다. 그간 열심히 일했으니 조금 쉬어가는 게 어떻겠냐는 조언도 받았다. 또 지금 상황이 어려워져 해고된 마당에 같은 업종으로 창업이라니 미쳤냐는 질타도 받았다.[129] 하지만 나는 지금까지 나 스스로 해온 약속을 저버릴 수 없었다.

'내가 반드시 책임진다.'

그렇게 단 한 명도 놓치지 않고 전원 내가 설립한 회사로 데려왔다. 한 명이라도 놓치면 내 삶이 통째로 무너질 것만 같았다. 그렇게 '한국온라인광고연구소'의 소장이 되었고, 내 인생을 건 강제 창업이 시작 됐다.

---

129 〈5편 무리_11계 소통〉 '남들이 미쳤다고 해도 마케팅으로 끌고 가라.', p.330

그것이 무엇이든 회사에 이익이 되게 하라

창업을 준비하면서 몸이 열 개라도 부족할 지경이라는 말을 몸소 체험했다. 그간 대표가 겪은 안정적 경영에 대한 고충이 충분히 이해됐다. 집을 매매한 돈을 거의 모두 베팅했음에도 불구하고, 불안감에 잠을 못 이뤘다. 내가 지켜야 할 직원도 많았고, 무엇보다 적자인 상황이 문제였다. 새로 시작하게 되었으니 기존 거래처에도 인사해야 했고, 신규 사업도 시작해야 했고, 시스템도 개편해야 했다. 적자를 모면하기 위해 뭐라도 해야 했다. 모르는 분야에 대해서는 여기저기 도움을 구하러 다니기 시작했다. 마치 어린아이가 된 것처럼 새로운 분야에는 무지했기에 입에 질문을 달고 살았다.[130]

사무실을 계약하고, 인테리어를 하고, 컴퓨터와 책상 등 필요한 것들을 모두 새로 준비했다. 새 술은 새 부대[131]에 담으라고 했다. 이왕 벌어진 일 혼신의 노력을 다해 다시 배수의 진을 쳐야 했다. 이번에는 내 인생 전부를 거는 모험이었다. 등 떠밀린 상황이었지만, 지금까지 그래 왔듯이 이 위기를 반드시 돌파할 것이다.[132]

새로운 회사에서 다시 목표를 세웠다. 반드시 6개월 이내에 흑자로 전환하고, 회사 규모를 2~3배로 늘릴 것이라 다짐했다. 그리고 우리

---

130 〈2편 식사_05계 문제〉'문제를 모르면 답도 찾을 수 없다. 필사적으로 찾아야 한다.', p.257
131 종이, 피륙, 가죽 따위로 만든 큰 자루
132 〈3편 주거_08계 장벽〉'마케팅 경주에서 때로는 치타처럼 빠르게, 때로는 코끼리처럼 강력하게 변화를 시도하라.', p.296

회사만의 비전과 목표를 새로 구성해야 했다. 그렇다면 어떻게 구성해야 할까. 그 해답은 지금까지 해온 오케팅 과정에 꾸준히 나와 있다.

나는 직원을 굉장히 소중히 여긴다. 생각만 해도 기분이 좋고, 든든하다. 한 명, 한 명 꼭 필요한 인재들이다. 나와 함께 오케팅에 참여하는 정말 고맙고 소중한 직원들이다. 고맙고 소중한 직원들은 항상 열정 넘치는 사고와 행동으로 함께 이루어 갈 미래를 만든다. 그러다 보니 내가 대충하면 안 된다는 생각이 강력하게 들었다. 나는 회사의 주인이 아니다. 나 역시 회사의 이익에 반하게 되면 회사에서 해고될 수 있다. 그래서 함께 만들어 갈 미래를 위해 내가 먼저 솔선수범해야 한다고 생각한다. 이런 식으로 생각을 뻗어가다 보니 결국 하나의 해답으로 귀결됐다.

'그것이 무엇이든 회사에 이익이 되게 하라'[133]

나는 이것을 우리 회사의 비전으로 세우고 직원들에게 알렸다. 회사의 이익이 곧 직원의 이익이 되고, 협력사에도 이익이 될 것이라고 말했다. 그리고 가능하다면 늙어 죽는, 그날까지 나를 도와 함께해달라고 말했다. 그러면서 모두에게 반드시 의식주 걱정 없는, 내가 그토록 꿈꾸던 경제적 자유를 얻게 해주겠다고 약속했다. 다행히 직원들 대다수가 새로운 비전에 공감해 주었다. 그렇게 회사의 주인이 점점 많아지고 있다.

---

133 〈6편 경쟁_15계 점검〉 '우연히 걸어가지 말고, 계획하고 의도적으로 걸어가라.', p.381

우리는 같은 목표를 향해 달려왔고, 천만다행으로 처음 세운 목표를 초과 달성하였다. 그리고 지금은 또 다른 목표를 향해 항해하고 있다. 창업 당시의 매출보다 10배가 넘는 매출을 달성했으며, 수십 명의 직원이 우리 회사와 함께하고 있다. 동종 업계 사람들 외에도 많은 이들이 우리 회사를 인정해 주고, 오케팅에 공감하여 소통하고 있다.[134]

또 국내 22개 보육원에 있는 1,000여 명의 아이들을 후원하는 단체인 '굿낙터네트웍스'를 운영하고 있다. 보육원 후원은 바쁘다고 한 번 미루기 시작하면 못할 것 같아 아예 매달 자동이체로 정기후원을 하고 있다. 특히 회사를 설립하고 정신없는 상황에서도 마스크와 소독제, 과자와 케이크 등을 기부했다. 그리고 아이들이 놀이공원에서 신나게 놀 수 있는 이벤트를 진행해 함께 좋은 추억도 쌓았다. 그때마다 전 직원이 기쁜 마음으로 참여해 주어 고마울 따름이다.[135] 또 정기적으로 노트북도 기부하고 있다. 아이들이 마케팅과 광고를 미리 접하도록 도와주어 미래에 우리와 함께할 수 있게 만들 것이다.

나는 여기서 멈추지 않고 새로운 사업을 계속 벌이고 있다. 힘든 기업을 지원하기 위해 중소벤처기업부 산하의 사단법인 국가경제발전진흥원을 출범시켰다. 또 '아껴주는 치과' 그룹을 공동 창업했고, '항정살이 맛있다'라는 고깃집 프렌차이즈 본점도 론칭했다. 그리고 오두환이 자라고 배운 환경과 사고방식, 문제해결 능력과 추진력을 그대로 교육

---

134 〈3편 주거_07계 전략〉'합리적인 가격은 오직 고객만 정할 수 있다.', p.285
135 〈5편 무리_12계 출격〉'좋은 업데이트가 되었다면, 가급적 무상으로 지급하라.', p.343

하여 인재를 양성하기 위한 혁신영재사관학교(초중고 통합형 국제학교)도 설립 중이다. 이외에도 선재도 '30초바닷가펜션'이나 '이차돌 산본역점' 등 많은 사업을 추가해 지금은 20개 넘는 사업을 운영하게 되었다.

직원들은 곧 나의 힘

내가 가진 몇 안 되는 재능 중 하나는 직원들의 드러나지 않은 자질까지 발견하여 각자 적재적소에서 일할 수 있게 만들어 주는 것이다. 나는 직원들이 본의 아니게 잘못된 방향으로 가는 것을 바로잡아 주는 역할을 할 뿐이다. 그들의 업무 능력은 나보다 훨씬 월등하기 때문이다.

정말 뛰어난 사람이라 해도 혼자 모든 일을 다 할 수는 없다. 따라서 다른 사람에게 도움을 주려는 자세를 갖춰야 한다. 또 그만큼 도움을 받으려는 자세도 중요하다. 다른 사람의 고맙고 소중한 의견을 수긍할 수 있어야 하며, 감사하게 생각하라. 필요하면 직설적인 질문과 토론을 거쳐서 좋은 대답을 유도해 보는 것도 좋다. 나는 지금까지 나와 의견이 맞지 않아도 나만의 방식으로 해석함으로써 언제나 좋은 것을 받아들이려고 노력하며 살아왔다. 그러다 보니 이제는 직원들이 먼저 내게 새로운 사업을 제안한다. 내가 무언가 말하기도 전에 다음 목표로 넘어가자고 나를 압박한다.

나는 창업이라는 두려움이 현실로 다가왔을 때, 그 두려움을 무기로 세상에 발을 디뎠다. 사실 지금도 한편으로는 계속 불안하고 무섭다. 다만 이제는 든든한 사람들이 각자의 자리에서 나를 도와주고 있기에 우리 회사는 앞으로도 탄탄할 것이다.[136]

한번은 내가 아끼는 직원이 내 일정을 너무 빠듯하게 잡았는데 괜찮은지 물었다. 나는 그때 '사생활이 없다고 생각하고 마음껏 굴려 줘요, 회사에 이익이 되게.'라고 답했었다. 그래서 늘 시간이 없지만, 직원들이 행복해하기에 나도 즐겁다.

가장 확실한 투자처

나에게는 남동생이 한 명 있다. 동생은 머리가 좋아 여러 중견기업을 다니며 경력을 쌓았다. 그런데 주식을 좋아해서 최근에는 하던 일을 그만두고 투자 프로그램 개발을 목표로 그 일에 매진하고 있다.

그리고 주식을 전혀 모르고 관심도 없는 나를 끈질기게 설득하여 결국 주식시장에 발을 들이게 했다. 그리고 나는 주식으로 상당히 많은 돈을 벌기도, 잃기도 했다. 이 때문에 불안한 마음이 항상 나를 따라다니게 되었고, 본업에도 지장을 주는 경우가 종종 생겼다.

그렇게 주식 시스템을 이해하고 투자를 하면서 깨달은 것이 있다. 주식은 투자할 회사를 충분히 이해하고 공감한 후에 발전 가능성이 있고, 기술력이 뒷받침되는 곳을 선택함으로써 미래 가치에 투자해야 한다는 것이다. 그런 논점으로 봤을 때 투자하기에 가장 적합한 회사는 어디일지 고민했다. 당시 여러 회사가 떠올랐지만 아무리 분석

---

136 〈5편 무리_11계 소통〉 '마케팅에서 소통과 수용 없이는 뭉치거나 나아갈 수 없다.', p.331

을 해봐도 그 회사를 아주 자세히 알고 이해하기에는 한계가 있었다.

그런데 생각보다 해답은 가까운 데 있었다. 바로 우리 회사에 투자하는 것이다.[137] 우리 회사만큼 내가 잘 이해하고 있으면서 미래 가치가 높은 회사가 없다는 것이 내가 내린 결론이었다. 그래서 지금은 수익 대부분을 계속 회사에 재투자하고 있다. 나는 결과를 알기 어려운 일에 뛰어들어 모험하는 것보다 노력으로 무언가를 성취할 수 있는 곳에 투자하고 싶었다. 돌이켜 보면 나는 직원일 때도 7시에 출근하고, 12시에 퇴근했다. 내 월급의 몇 배를 초월하는 시간과 열정을 회사에 투자했다. 지금도 마찬가지다.

그렇게 길을 찾았다. 스스로 책임질 수 있는 일을 하면 된다. 주식을 하는 데도 철저한 분석과 열정 넘치는 노력이 필요하다. 감으로 선별하는 과정은 최악의 결과를 초래할 수 있다. 그런데 그러한 분석과 노력을 정해진 시간에만 하고 그만둔다면 그것이 진짜 열정이고 철저한 것이라고 말할 수 있을까? 적어도 혼신의 노력으로 한 방향을 향해 간다면 불가능해 보이는 일에서도 반드시 좋은 결과를 만들어 낼 수 있다. 그리고 책임도 질 수 있게 될 것이다.[138] 그래서 나는 여러 법인의 대표가 된 지금도 막내 직원처럼 회사의 성장을 위해 발돋움하고 있다.

덧붙이자면 내가 종사하는 마케팅과 광고 업계에 10% 정도 존재하는 무책임하고 비양심적인 곳들이 반성했으면 좋겠다. 그런 업체에 당

137 〈3편 주거_06계 위치〉'조금 다른 시각으로 접근하면 나만의 위치가 나온다.', p.270
138 〈5편 무리_11계 소통〉'마케팅은 불가능을 가능하게 보이도록 포장하는 일이다.', p.333

하는 고객을 보면 가슴이 매우 아프다. 누구나 고객에게 항상 감사하고, 진심으로 고객을 책임지고, 반드시 잘되게 만들어 주길 바란다.

나는 지금도 한국온라인광고연구소를 통해 광고주는 물론이고, 다양한 업종에 종사하는 사람들을 최대한 도와주기 위해 노력한다. '꿈을 찾는 사람들(꿈찾사)'이라는 커뮤니티 공간을 만들어, 각계각층에서 성공을 거둔 명사를 초청해 무료 강연을 제공하고 있다. 그리고 나는 킹메이커라는 이름으로 '세상에 단 1명뿐인 특별한 사람'이 되기를 원하는 분들을 위해 퍼스널 브랜딩 강연을 펼치고 있다. 지금까지 내가 연구하고, 실행한 '오케팅 15계'와 '13가지 브랜드 법칙', '브랜드 상대성 이론' 등을 통해 누구나 특별한 인생을 살도록 도와준다. 수강자 모두가 꿈찾사 강연을 듣고 생각만 하던 꿈을 꾸고, 꿈을 찾고, 꿈을 이루기를 바란다.

이 외에도 특별한 전문가(퍼스널 브랜드)를 만드는 〈킹메이커 오두환〉과 숨은 인재를 발굴해 더욱 빛나게 만들어 주는 〈지식포털〉 유튜브 채널도 운영하고 있다. 〈꿈을 찾는 사람들〉이라는 채널을 통해 사연에 따라 유·무료 컨설팅을 겸하고 있으니 필요한 분은 신청하면 된다. 나로 인해 많은 이들이 도움을 얻고, 희망을 찾았으면 한다. 지키고 싶은 사람과 도우려는 사람이 많아질수록 여러분은 더 많은 일을 해내게 될 것이다. 누구나 이런 마음만 먹으면 가능하다는 의미다.

"내가 힘들 때 힘든 사람을 모른 척하는 것은
앞으로도 힘들겠다고 말하는 것과 같다."

···◁▷◁◁⧫◯⧫◯▷◁◁▷◁▷···

"직원이 직원으로만 남는 것은
대표가 대표로만 존재하기 때문이다."

···◁▷◁◁⧫◯⧫◯▷◁◁▷◁▷···

"바다에 대한 열망이 배를 만들어 냈듯이,
좋은 회사에 대한 열망이 좋은 회사를 만든다."

···◁▷◁◁⧫◯⧫◯▷◁◁▷◁▷···

"당신의 달란트를 찾고 싶은가. 당장 다른 이들을 도와라.
누구여도 좋다. 그들이 당신의 달란트를 말해 줄 것이다."

···◁▷◁◁⧫◯⧫◯▷◁◁▷◁▷···

"치르치르는 파랑새를 찾아 헤매다가
집에서 기르던 비둘기가 그토록 찾던 파랑새임을 깨달았다.
행복은 가까이에 있다. 투자할 곳도 멀리 있지 않다.
바로 당신이 좋은 투자처, 파랑새임을 깨닫고 투자하라."

by 오두환

오케팅 노트

·1편 정신·

01계 영혼

나는 직원들에게 평생 의식주 걱정 없이 안정적으로 적당히 일할 수 있는 경제적 자유를 얻게 해주겠다고 선포했다. 그리고 그게 무엇이든 회사에 이익이 되는 일을 함으로써 사회에 선한 영향력을 펼치고자 한다.

02계 보물

직원이던 나는 쓰러져 가는 회사를 살려 보겠다는 목표를 세웠다. 강제 창업 후에는 운영 적자를 흑자로 돌리겠다는 목표도 세웠다. 모두가 주인인 회사를 만들고, 회사에 투자하겠다는 목표도 세웠다. 앞으로도 새로운 사업에 계속 도전하며 목표를 세울 것이다.

·2편 식사·

04계 식량

회사를 운영하기 위해서는 다양한 능력이 필요하다. 자금조달 능력, 자금 운영 능력, 신상품 개발 및 실무 운용 능력, 직원 관리 능력, 미래 예측 및 전략 설계 능력 등이 그것이다. 갑자기 다양한 능력이 필요해진 상황이 되었으므로 식량을 재설정해야 했다.

05계 문제

다양한 능력이 필요하다는 것을 알았으므로 이젠 스스로 그 능력들을 죽이 되든 밥이 되든 키워야 했다. 앞서 나열한 능력 중 하나만 마비되어도 수많은 직원을 관리하며 회사를 운영할 수 없기 때문이다. 이때 스케치북에 각 식량에 맞게 내가 할 수 있는 모든 일을 적으며 해법을 찾아 헤맸다.

06계 위치

경쟁자는 사방에 널려 있었다. 이때 나는 100여 개의 경쟁사를 살펴본 후 분야별, 등급별로 분류했다. 또 분류한 곳들의 장단점을 함께 기록해 두었다.

07계 전략

경쟁자들과 비교했을 때 우리만의 가치를 높이고 합리적인 가격을 정할 방법에 대해 고심했다. 또 나의 식량에 맞는 업종별, 유형별 전략을 재설정했고, 공략할 타깃도 확정지었다.

08계 장벽

남들이 하기 어려운 일들을 하나하나 진행했다. 1%씩만 달라지면 되었기에 서두르지 않았다. 그렇게 시간이 지나고 보니 생각보다 많은 것을 이루어 냈다. 상품의 질과 구성에 있어서 초격차가 벌어졌고, 다양한 기법을 기반으로 계속 업그레이드했다.

· 4편 의복 ·

10계 요약

결국 모든 것은 '회사에 이익이 되게 하라'는 원칙으로 통한다. 회사에 이익이 되려면 무조건 협력사에 이익이 되게 만들어 줘야 하고, 직원에게도 이익이 되게 만들어 줘야 한다. 협력사와 직원에게 이익이 되어야만, 입소문을 타고 큰 거인이 되기 때문이다. 이만큼 완벽한 원칙이 어디 있겠는가.

· 5편 무리 ·

11계 소통

나는 직원들을 매우 신뢰한다. 신뢰는 믿을 신信, 의뢰 뢰賴를 합친 말이다. 즉, 믿고 맡긴다는 의미다. 모든 직원은 나에게 없는 달란트를 지니고 있다. 난 재능이 부족하기에 그들의 좋은 점을 찾아내서 배우려고 애쓴다. 그러나 달란트는 쉽게 배울 수 있는 것이 아니다. 그러므로 늘 나와 함께 해주는 것을 고마워하며 믿고 맡긴다.

13계 광고

많은 광고를 했다. 대표에게 제안서를 보여 준 것도 광고였으며, 새로운 비전을 직원들에게 알린 것도 광고였다. 혼자 생각하고 준비한 전략을 누군가 알아주리라 생각하면 안 된다. 열심히 준비한 것이 광고가 안 되어 알려지지 못한 채 조용히 사장되는 사례가 많다.

15계 점검

어떤 상황에도 좌절하지 마라. 실패했다고 단정 짓지도 마라. 그것은 더 좋은 미래로 나아가기 위한 도약임이 분명하다. 만약 내가 코로나19를 탓하며 하릴없이 시간을 보냈다면 어찌 되었겠는가. 세상은 당신을 기다리고 있다. 그러니 이 순간에도, 어떤 힘든 순간에도 반드시 오케팅하라.

제3장

무엇이든
되게 하는
오케팅

* 3장은 특별히 독자분들께 드리는 당부의 말씀으로 진정성을 전달하기 위해 경어체로 서술하였습니다.

　　마케팅과 광고는 기업, 사업, 제품, 서비스, 사람 등 어디에 대입하더라도 매우 중요합니다. 그리고 마케팅은 사실 특별하거나 어려운 것이 아닙니다. 우리는 일상에서 무의식적으로 마케팅 기법을 사용하고 있습니다. 스스로 인식하지 못할 뿐입니다. 2명 이상 모인 곳에서는 이미 마케팅이 이루어지고 있습니다. 그만큼 생각보다 쉽게 마케팅에 접근할 수 있습니다.

　　이 책을 읽고 있는 여러분도 충분히 마케팅을 할 수 있습니다. 단, 제대로 알고 체계적으로 접근하는 것과 주먹구구식으로 대충하는 것은 분명히 다릅니다. 저 역시 생계를 위해 무의식적으로 마케팅에 뛰어들었지만, 이후 수많은 마케팅 관련 서적을 읽었습니다. 그 과정에서 알게 된 마케팅 기법들을 수없이 현실에 적용하고, 그 결과를 분석해 왔습니다.

　　그리고 지금까지 마케팅과 광고 업계에 있으면서 제가 내린 결론은 '마케팅이란 최소 1년 이상은 치열한 광고를 하지 않아도 될 정도로 확고한 위치를 굳히는 것'이라는 것입니다. 마케팅은 상황과 대상에 따라 효과적인 전술을 구사하는 것입니다.

　　마케팅에 정답은 없습니다. 무조건 어떤 것을 정답이라고 말하는 사람은 지금 그 정답에만 갇혀 있는 사람입니다. 설령 지금까지 그것이 정답처럼 보였더라도 더 좋은 정답이 반드시 나타나게 되어 있습니다. 따라서 정답이 아니라 해법을 연구해야 합니다. 편한 정답은 없습니다. 우리는 해법을 연구함으로써 불가능해 보였던 하늘을 날고, 손 안에서 영상을 보고, 우주도 여행할 수 있게 되었습니다. 지금까지 사회, 문화, 과학 등 모든 분야는 이런 식으로 발전해 왔습니다.

그리고 마케팅에서도 정답이 아닌 해법을 얻기 위해 계속 연구함으로써 그 한계를 극복해 나가고 있습니다. 그리고 저는 그 연구 결과로, 마케팅과 광고를 기업, 제품, 생활, 서비스 등 모든 것에 적용할 수 있는 오케팅을 개발했습니다.

자신을 팔아라!

오케팅은 중소기업은 물론이고 개인도 다방면으로 유용하게 활용할 수 있는 전략입니다. 오케팅의 기본은 '자신을 파는 것'입니다. 너무 추상적인 이야기라고 생각할 수도 있습니다. 그러나 명백한 사실입니다.

《필립 코틀러의 마켓 4.0》의 저자, 필립 코틀러Philip Kotler는 "마케팅할 대상은 상품이나 서비스에 그치지 않는다. 사람이나 장소, 아이디어, 경험, 그리고 조직을 마케팅할 수도 있다."라고 말했습니다. 또 《마케팅이다》의 저자, 세스 고딘Seth Godin은 "누구도 당신의 제품을 필요로 하지 않는다."라고 말한 바 있습니다. 이 말은 자신의 제품과 서비스에만 초점을 두면 안 되고 우리가 가진 초라한 것이 '더 위대한 것'으로 탈바꿈할 수 있다는 뜻입니다.

즉, 마케팅을 제품이나 서비스에만 적용하는 것으로 한정해서는 안 됩니다. 우리가 살아가는 시대는 바야흐로 '퍼스널 브랜딩Personal Branding' 시대입니다. 다양성, 변화, 경쟁이 난무하는 환경에서는 결국 끊임없이 자신을 팔 수 있는 사람만이 살아남습니다. 그리고 그런 사람만을 진정한 오케터라고 할 수 있습니다. 실로 인생은 마케팅의 연속입니다.

현재 당신이 회사의 막내 직원이라면 오케팅은 팀장이 되는 데 도움이 될 것입니다. 팀장이라면 여러 명의 팀장을 관리하는 파트장이 되는 데 도움이 될 것입니다. 사장이라면 오케팅을 통해 곧 사업을 크게 확장하게 될 것입니다. 서비스 담당자라면 서비스의 질을 파격적으로 개선할 방법을 생각해 낼 수 있을 것입니다. 신제품개발 담당자라면 제품 개발뿐만 아니라 생산, 마케팅, 서비스 분야에 대해서도 제안할 만한 아이디어가 생길 수도 있습니다. 만약 내가 한 회사의 직원이던 과거로 돌아가 이 책을 최소 5번 읽는다면 5년 안에 중견기업의 간부 자리에 오를 자신이 있습니다.

어떤 업무를 맡겨도 성공할 수 있는 사고력을 지닌 사람을 목격한 경험이 있습니까? 오케팅은 그런 사고력을 키워 주는 것을 넘어, 무조건 상위 5% 부자에 진입할 수 있도록 훈련해 주는 시스템입니다. 논어論語 술이述而 편에 이런 구절이 있습니다.

'세 사람이 길을 같이 걸어가면 반드시 내 스승이 있다.
좋은 것은 본받고 나쁜 것은 살펴 스스로 고쳐야 한다.'

무언가에 도전해서 열정적으로 배우려고 하면 확실히 배울 수 있습니다. 하지만 단순히 아는 것에만 그치고 적용하여 실천하지 못한다면 진정으로 발전하기 어렵습니다. 세상에서 제일 깨우기 힘든 사람은 곤히 잠든 사람이 아닙니다. 일어날 생각 없이 자는 척하는 사람입니다. 당신이 곤히 잠든 사람이었다면, 반드시 오케팅으로 잠에서 깰 수 있을 것입니다.

오케팅을 하는 자세

오케팅은 총 6편 15계로 구성되어 있습니다. 여기서 6편은 정신 편, 식사 편, 주거 편, 의복 편, 무리 편, 경쟁 편을 말합니다. 이는 생계형 마케터인 우리가 성공적인 오케팅을 하기 위해 꼭 갖추어야 할 자세를 뜻합니다. 보통 사람이 살아가는 데 꼭 필요한 것으로 '의衣', '식食', '주住' 세 가지를 말합니다. 같은 맥락으로 오케팅을 할 때 꼭 필요한 것을 여섯 가지로 구분합니다. 그리고 모든 구성 요소가 중요하지만, 앞에 나열된 것일수록 더 우선시할 요소라고 생각하면 됩니다.

이러한 우선순위는 우리의 삶에도 비슷하게 적용됩니다. 즉, 오케팅에서 가장 앞에 있는 '정신'은 모든 것의 근본입니다. 정신이 온전하지 못하면, 다른 모든 것들을 갖추고 있더라도 살아가기 위한 근본적인 힘을 얻을 수 없습니다. 결국 정신이 올바르지 않으면 일을 해 나가거나 살아남기가 어렵다는 말입니다.

'정신'에 이어 중요한 것이 '식사'입니다. 의식주 중에서는 이 '식食'이 가장 중요한데, 이는 생명과 직결되는 요소이기 때문입니다. 사람은 먹지 못하는 상태로 30일을 넘기기 어렵습니다. '식' 다음은 '주住'입니다. 주거 환경이 제대로 갖춰지지 않으면, 추위나 더위를 피하지 못해 살아남기 힘듭니다. 그리고 외부에 있을 때 추위나 더위에 영향을 받게 되므로 의복이 갖춰지지 않으면 그 역시 살아남기 어렵습니다. 따라서 의衣도 중요하게 생각해야 합니다.

이렇게 기본적으로 살아남는 데 필요한 요소들이 준비된 후에는 '무리'를 짓게 됩니다. 그리고 2명에서 10명으로, 10명에서 100명으로 무리는 계속 커지기 마련입니다. 이 단계에서는 철학 사상이나 이데올로기가 형성되고 그것에 영향을 많이 받게 됩니다. 이렇게 무리가 만들어지면 대내외적으로 '경쟁'이 심화됩니다. 그리고 경쟁에서 이기기 위해 오케팅 역량이 필요한 상황에 놓입니다. 오케팅은 다른 이를 따라 하거나 외워서 할 수 있는 것이 아니라, 스스로 생각하고 연구해야만 할 수 있습니다.

따라서 오케팅을 반복적으로 실행하다 보면 마케팅과 광고 역량이 비약적으로 상승합니다. 이뿐만 아니라 살아가는 데 전방위적으로 도움이 될 것이라고 확신합니다.

다음 장에 나오는 항해, 보물선, 무역선이라는 설정은 사실 수년간 끊임없이 오케팅을 하다 끝내 내린 결론입니다. 누군가를 진정 바꾸려면 철학적, 문학적 비유밖에 해법이 없었습니다. 사람, 기업, 제품, 서비스, 프로젝트 등 다양한 상황에 오케팅을 제대로 적용하려면 고정관념을 깨야 합니다. 오케팅을 한 분야에 국한해 생각하는 순간 생계형 마케팅에 제약이 생깁니다. 또 우리가 말을 하듯 숨 쉬듯 할 수 없습니다. 처음에는 생각하며 대입하는 게 어려울 수 있습니다. 그래도 반드시 그렇게 해보세요. 곧 익숙해질 겁니다. 하다 보면 새로운 시야가 열리고 사고력이 생깁니다. 오케팅이 몸에 배면 멋지게 세상을 헤쳐나가는 동반자가 되어 줄 것입니다.

제4장

보물선 항해
오케팅 6편 15계

※ 오케팅 6편 15계입니다. 아래 동그라미 부분을 채워 보세요.
(정답은 이 책의 마지막 페이지에 있습니다.)

1 편 정신

01 계 영혼 : 보물선은 보물을 찾지 않는다. "보물선 항해의 ○○를 찾아라."
02 계 보물 : 진귀한 보물 두 가지를 찾아라. "대의를 위한 세부 ○○를 세워라."

2 편 식사

03 계 성명 : 보물선에 옳은 이름을 지어라. "옳은 ○○을 지어서 말하라."
04 계 식량 : 보물선의 식량 4 종을 정하라. "남보다 자신 있는 ○○을 찾아라."
05 계 문제 : 지금 식량을 빼앗기고 있다. "○○를 찾고, 즉시 개선하라."

3 편 주거

06 계 위치 : 생사가 걸린 위치를 찾아라. "가치를 높이고, ○○○를 선정하라."
07 계 전략 : 무역선은 자주 오지 않는다. "고객에 맞춰 ○○을 세워라."
08 계 장벽 : 무엇으로 살아남을 것인가. "경쟁자도 따라 할 ○○○○을 세워라."

4 편 의복

09 계 각본 : 누가, 왜, 어떻게 그 일을 하는가. "매력적인 ○○○○를 들려줘라."
10 계 요약 : 한마디로 모든 것을 증명하라. "짧고 강한 ○○○을 만들어라."

5 편 무리

11 계 소통 : 선장으로서 리더십을 발휘하라. "주위의 사람을 ○○으로 만들어라."
12 계 출격 : 오케팅? 로케팅? "시작 단계에서는 무조건 ○○○○."

6 편 경쟁

13 계 광고 : 신나게 팔아라. 보물을 찾아라. "당신이 할 수 있는 ○○ 곳에 알려라."
14 계 분석 : 뭐가 됐든, 닻을 올려라. "고객의 불만에 ○○를 표하라."
15 계 점검 : 항해는 계속되어야 한다. "멈추지 말고 끊임없이 ○○○하라."

내 롤 모델은 '세종대왕'이다. 세종대왕이 세운 업적은 이루 말할 수 없을 만큼 많다. 나는 그중에서도 단연 '훈민정음 창제'를 최고로 꼽는다. 훈민정음은 당시 한자를 몰라 어려움을 겪는 백성들을 위해 만들어진 우리 글자이다.

나는 감히 마케팅계의 세종대왕을 꿈꾼다. 마케팅을 전혀 모르는 일반인들도 쉽게 익히고, 일상에서 활용할 수 있는 마케팅을 보급하고자 한다. 이러한 동기로 개발한 것이 바로 오케팅이다. 오케팅은 철저히 살아남는 데 초점을 둔 생계형 마케팅이다.

우리에게 당장 필요한 것은 전문적인 마케팅 지식이 아니다. 어려운 마케팅 이론이나 대기업의 사례를 열심히 외운다 해도 막상 각 개인이 처한 상황에 적용하기에는 큰 어려움이 있다. 반면 오케팅은 사람, 기업, 제품, 심지어 연애를 비롯해 사람과 사람이 만나는 모든 장소와 시간에 쓸 수 있는 이론이자 학문이다. 따라서 오케팅은 누구나 무의식중에 하고 있고, 무인도에서 혼자 살지 않는 한 죽을 때까지 꼭 필요하다.

나는 마케팅에 관한 복잡한 개념이나 화려한 기술을 전달할 생각이 전혀 없다. 단지 여러분이 스스로 생각하고, 답을 찾을 수 있도록 돕고자 한다. '지식'을 전달하기보다 '지혜'를 선사하고 싶다.

따라서 단편적인 설명이 아닌, 비유를 통해 여러분이 사고를 확장할 수 있도록 돕겠다. 여러분은 내 비유에 맞춰 '내가 지금 무엇을 하고 있는지'를 스스로 생각하며 다음 내용을 읽어 내려가길 바란다. 이러한 과정을 통해 자신만의 답을 찾고 삶에 즉각적으로 적용할 수 있게 되면, 생계형 마케팅을 자연스럽게 할 수 있을 것이다.

이를 위해 4장에서는 '오케팅 6편 15계'를 보물선 항해에 빗대어서 풀어냈다. 많은 사람이 마케팅을 사업이나 제품에만 적용하는 기술이라고 오해한다. 나는 여러분이 그러한 틀에서 벗어나길 바라는 마음에 보물선 항해라는 설정을 쓰게 되었다. 여러분은 보물선을 사람, 기업, 제품, 인생 어디에도 대입할 수 있다.

오케팅은 삶에 전방위적으로 적용하거나, 모든 고민의 시작점에서, 문제 해결안을 제시하려는 과정에서 엄청난 도움이 될 것이다. 그러니 나를 믿고 오케팅 6편 15계의 순서와 시스템대로 실천해 준다면, 내가 지금까지 많은 사람을 바꿔 온 것처럼 여러분의 삶도 바뀔 수 있을 것이다.

지금보다 더 나은, 180도 다른 삶을 살고 싶은가? 그렇다면 마음을 열고 진심으로 나와 대화해 주기를 바란다. 앞으로 이어지는 보물선 항해는 개인이 처한 상황마다 다른 해법을 제시해 주며, 목적지로 향하는 더 빠른 길을 안내해 줄 것이다. 그리고 속는 셈 치고 15계를 3개월만 반복적으로 실행해 보라. 사람, 사업, 제품, 서비스든 어디에 대입해도 반드시 상위 5%가 될 수 있다.

'더 행복한 삶'을 살 수 있다. 재차 강조하지만 반드시 이 책을 2회 정독하기를 부탁한다. 이 책을 2회 정독하면 반드시 인생이 바뀐다. 특히 어렵다는 평이 많은 4장을 읽고 뒷부분의 문제를 풀어 보기를 바란다. 현재 수천 명의 행복한 삶을 만들어 준 법칙이다.

1편

정신

※ 주요 용어 설명
보물선: 당신이 팔고 싶은 모든 것(나를 비롯한 사람, 기업, 제품, 서비스 등)
다른 보물선: 나와 경쟁하는 모든 것(사람, 기업, 제품, 서비스, 스승, 경쟁자 등)
무역선: 당신이 팔고 싶은 것의 구매 대상, 고객
보물: 당신이 판매하려는 특별한 상품
선원: 동료, 직원, 거래처 등 함께 힘을 합치는 아군

* 4장의 내용을 위의 표현으로 빗대어 서술한 이유는 첫째, 연상 대입을 통해 생각하는 힘을 길러 주기 위함이다. 둘째는 사람이나 기업의 이야기로 단정해서 자유로운 사고를 방해하지 않기 위함이다. 이를 통해 문제해결력과 사고력이 크게 성장할 것이다.

    1편 정신은 01계 영혼과 02계 보물로 구성되어 있다. 앞서 3장에서도 언급했듯이 6편 15계가 모두 중요하지만, 그중 정신은 오케팅의 가장 근본이 되는 요소다. 정신이 올바르게 잡혀 있지 않으면 정상적인 항해가 불가능하기 때문이다.

    우리는 모두 항해하고 있음에도 자신이 항해하고 있다는 사실조차 모르는 이들이 많다. 어디를 향해 나아가고 있으며, 왜 항해하는지 알지 못한 채 그저 물 위를 떠다니는 것이다. 하지만 무엇이든 알고 하는 것과 모르고 하는 것에는 어마어마한 차이가 있다. 따라서 성공적인 항해를 위해서는 우선 동기와 목표를 명확하게 알아야 한다. 뿌리를 제대로 내린 나무만이 탐스러운 열매를 맺을 수 있다는 사실을 명심하자.

보물선은 보물을 찾지 않는다

- 01계 영혼 -

우리는 누구나 항해를 하며, 보물을 찾고 싶어 한다. 그리고 찾고
자 하는 보물은 저마다 다르다. 큰 것일 수도 작은 것일 수도, 좋은 것
일 수도 나쁜 것일 수도, 단기적인 것일 수도 장기적인 것일 수도 있다.
한편 독이 될 수 있음에도 보물이라 여기며 그것을 찾기 위해 안간힘을
쓰는 경우도 많다. 그럼 우리는 어떤 보물을, 어떻게 찾아야 할까?

보물을 찾기에 앞서 명심해야 할 점은 보물이 보물선의 궁극적인 목
표가 되어서는 결코 안 된다는 것이다. 여러 가지 형태의 보물들은 보
물선 항해 과정에서 찾게 되는 일부분으로 인식해야 한다. 만약 보물
이 보물선의 최종 목표가 되면, 보물을 찾게 됨과 동시에 항해의 동기
와 목표를 잃게 된다. 그 보물로 인해 항해를 이어 나가기 어려운 상태
에 빠질 수 있으므로 그러한 실수를 범하지 않도록 늘 경계해야 한다.

단순히 일시적인 보물에만 현혹되어서는 안 된다.

항해는 보물이 아닌 궁극적인 목표, 즉 '대의大義'를 향해 나아가야 한다. 그러므로 보물선이 출항한 순간부터 대의를 세워야 한다. 그리고 대의는 항해를 멈출 때까지 존재해야 한다.

그렇지만 10척 중 9척의 보물선은 단편적인 몇 개의 보물만을 찾기로 마음먹고 닻을 올린다. 당장 손에 쥘 수 있을 것 같은 보물에만 정신이 팔려 항해를 망치는 우를 범하는 것이다. 하지만 그런 마음가짐으로는 보물을 찾기도 힘들다. 만약 보물을 찾아도 되돌아가거나 방황하면서 그 보물에만 신경을 쏟게 된다. 다른 보물을 더 찾을 수도 있다. 하지만 원하는 항해를 계속 이어 가지는 못한다. 그러니 우리는 그 9척 중 하나가 아닌, 단 1척의 진정한 보물선이 되어야 한다.

인생에서 큰 성공을 이룬 사람들은 모두 대의를 갖고 항해했다. 보물은 대의를 조금 더 빨리 이루는 데 필요한 도구 중 하나로 존재해야 한다. 다시 말해 목적이 아닌, 수단으로 여겨야 한다는 말이다.

여기서 대의란 대단한 목표나 거대한 포부를 말하는 것이 아니다. 자신이 탄 보물선에 맞는 대의를 찾으면 된다. 대의를 찾는 방법은 생각보다 간단하다. 자신에게 이렇게 질문해 보라.

"내가 지금 진정 원하는 것은 무엇인가.
그리고 내가 진짜 하고자 하는 것은 무엇인가."

나는 이 질문에 다음과 같이 답할 것이다.

"내가 원하는 것은 단순히 돈, 명예, 지식이 아니다. 나로 인해 많은 이들이 소망하는 것을 얻는 것, 그리고 진정 소망하는 것을 찾게 해 주는 것이다."

보물선들이 제대로 항해할 수 있게 등대 역할을 해주는 것이 내 궁극적인 목표다. 더불어 지혜의 보물이라 할 수 있는 '오케팅적 사고'를 경영자뿐만 아니라 일반인들도 쉽게 생각하고, 실행할 수 있도록 만들어 줄 것이다.

우리가 반드시 갖춰야 할 '오케팅적 사고'는 현재 아쉽게도 일부 기업이나 특정 인물들만 행하고 있다. 하지만 이제 깨어 있는 사람들은 모두 의식적으로 오케팅적 사고를 해야 한다. 나는 보물선 항해를 하는 사람들이 눈앞의 보물에만 현혹되지 않길 바란다. 나는 그들이 대의를 찾아내어 결국 그것을 이룰 수 있는 환경을 만들어 주려는 대의를 지니고 있다.

회사의 대의를 예로 들어 보자. 회사를 설립할 때 단순히 매출을 늘리자, 이 상품을 판매하자, 서비스를 제공하자, 나를 어필하자 등과 같은 것을 대의로 세운다. 하지만 이런 것은 꼭 필요하되, 사소한 보물에 불과하다. 대의를 이루기 위해서는 보물도 필요하다. 하지만 대의가 없는 보물선은 결국 오래 가지 못한다. 따라서 자신이 이루고자 하는 대의가 무엇인지 정확하게 세우고 늘 인지하고 있어야 한다.

우리 회사에도 대의가 있다. 그것은 단순히 돈을 많이 벌거나, 대박 아이디어를 내거나, 높은 사회적 위치나 명예를 얻는 게 아니다. 우리와 함께하는 기업들이 함께 성장하는 게 궁극적인 대의다. 이를 위해 우리의 능력으로 기업에 최대한 많은 도움을 주려 한다. 그래서 늘 '우리가 마케팅, 광고 부서가 되어 주겠다.', '광고는 특정 제품, 특정 인물의 가치를 빛나게 해주고, 높여 주는 것이다.'라고 말한다. 그리고 나에게도 대의가 있다. 대의를 꿈꾸는 사람들이 모여 즐겁게 사는 것이다. 유럽의 독일처럼 적당히 일하며 먹고살 걱정 없는 마을을 만들 것이다.

여러분이 이 책을 읽고 오케팅적 사고로 무장하여 삶의 질을 높이고, 다른 이를 도와 그 도움을 받은 사람들이 좋은 성과를 얻는다면 그보다 더 좋을 수 없을 것이다. 만약 독자들이 오케팅적 사고를 하기 위해 정답이 아닌 방법에 대해 질문한다면 성의껏 답변해줄 것이다. 무엇보다 공익을 위한 일이라면 최대한 도움이 될 수 있도록 긍정적으로 검토하고, 의견을 제시할 것이다. 그것이 이 책의 대의다.

만약 대의가 없이 오직 보물에만 치중하게 된다면, '보물 우선주의'에 빠지게 된다. 직원들은 궁극적인 목표보다 단편적인 효과에만 치중할 수밖에 없다. 그렇게 되면 모든 초점이 보물에만 맞춰져, 보물이 별로 없어 보이는 고객에게는 불친절해질 것이다. 누군가의 가치를 보물로만 판단한다면 나 역시 누군가에게 똑같이 취급받을 수 있다는 사실을 알아야 한다. 대의는 앞으로 이어질 나머지 14계의 근본이다. 그리고 어떤 것의 가치와 업적을 평가할 때 가장 큰 요소가 된다.

《보랏빛 소가 온다》의 저자, 세스 고딘Seth Godin은 '작은 것을 운영하는 사람이 크게 생각한다면 그 작은 것은 장차 큰 것이 될 것'이라고 주장했다. 즉, 처음부터 거대한 것이 아니어도 영혼을 다해 큰 것을 만들어가다 보면 자신도 모르는 사이에 위대해질 수 있다는 것이다.

'대의를 위한 대의'를 세운 보물선이 가장 좋고, '커다란 대의'를 세운 보물선이 그다음이다. 이밖에 '적당한 대의'를 세운 보물선, 대의는 없지만 '좋은 보물'을 여러 개 가지고 있는 보물선, 대의 없이 '평범한 보물'을 찾아 떠나는 보물선, '나쁜 보물'을 찾고 만족하는 보물선, '나쁜 보물을 찾아 헤매는 보물선', '보물을 찾으러 가지 않고 떠도는 보물선', '자신이 보물선인지도 모르는 보물선' 등 세상에는 아주 다양한 보물선이 많이 존재한다.

그중 대의를 찾아 헤매는 보물선은 비록 지금은 작아 보일지라도 언젠가는 바라던 것을 찾는 날이 온다. 그때가 되면 그 보물선의 존재를 인식한 다른 보물선들이 어마어마하게 크게 보이는 보물선을 바라보며 존경심을 느낄 것이다. 어떤 보물선은 그 존경심을 바탕으로 앞으로 나아갈 것이고, 자신은 절대 이루지 못할 것이라며 포기하는 보물선도 있을 것이다.

우리가 하는 모든 일에는 대의가 필요하다. 이때 자신이 세운 대의를 혼자 알고 있어도 좋고, 주변에 말해도 좋다. 다만, 누군가에게 대의를 알릴 때는 미친 소리라며 비난받을 각오를 단단히 해두는 게 좋다. 주변의 비웃음을 사고, 욕을 먹고, 좌절하고, 실패하고, 절망하더라도 마음속에 굳건한 신념을 세우고 있는 사람이 살아남게 되어 있다. 내가 바로 그 증거다.

여러 가지 문제에 막힐 때, 아니면 힘이 들어 쓰러지겠다 싶을 때, 어디로 나아가야 할지 모르고 방황할 때, 미리 정해 둔 대의가 있다면 반드시 그 길로 '모든 이가 함께' 나아가 줄 것이다.

{ 오케팅 타임 }

내 보물선의 대의를 무엇으로 할지 잠시 5분간 오케팅을 해보자.

수많은 시련을 겪고 성공한 사람들의 이야기를 들어 본 적이 있을 것이다. 이들은 우리 주변 인물일 수 있다. 또는 언론이나 소문을 통해 알게 된 사람일 수도 있다.

그들이 지금 하는 일은 무엇인지, 또 그들이 이루고자 하는 것은 무엇일지, 그들의 대의가 무엇인지 유추해 보자. 어느 정도 알려진 위대한 인물이라면, 그 사람은 반드시 미쳤다는 소리를 들으며 자신의 대의를 여러 사람에게 공개했을 것이다. 또는 함께 항해하는 사람들의 신념에 각인시켰을 것이라 확신한다.

다사다난한 과정을 거쳐 성공을 이룬 사람 중 90% 정도는 말도 안 되는 대의를 의식적으로든 무의식적으로든 세워 두고 있다. 하지만 대부분은 대의를 세웠다고 처음부터 말하지 않는다. 험난한 가시밭길이 펼쳐질 것을 미리 알고 있기 때문이다. 하지만 그들의 행보를 보면 결국 대의로 귀결된다. 아무도 종용하지 않았음에도 대의를 이루게 된다. 큰 대의를 갖고 꿈꾸는 자는 언젠가 반드시 해낸다.

반면 단발적인 보물을 찾아 헤매는 보물선들은 잠깐은 잘 항해하고 있는 듯 보여도, 결국 어느 순간 침몰하거나 멈춰 버린다. 그러므로 우리의 보물선은 대의를 향해 5년, 10년, 20년 동안 긴 시간을 항해해야 한다. 적어도 나와 함께 하는 여러분의 보물선은 보물을 향해 나아가지 않을 것이다. 보물 대신 대의라 하는 영혼과 비전을 찾을 것이다. 미리 설명한다. 이 오케팅 6편 15계 이론의 궁극적인 알고리즘은 브랜딩 원리를 기반으로 한다. 나도 브랜딩 분야에서 오래 일해왔다. 브랜드는 '사랑받는 기업(기업 이미지 브랜딩)', '잘 팔리는 제품(제품 평판 브랜딩)', '믿고 맡기고 싶은 사람(퍼스널 브랜딩)'을 만든다. 나는 수많은 사람과 기업, 제품에 관해 컨설팅하고 광고 대행을 해주고 있으며 내가 모두 다 할 수 있다. 일반인 대부분도 맡기지 않고 직접 해야 한다. 남에게 맡기면 투자한 것의 몇 배의 가치를 얻을 수는 있지만, 언제가 직업해야 하는 타이밍이 찾아오기 때문이다. 모두가 잘됐으면 좋겠다. 그러므로 나는 아낌없이 하나라도 더 알려 주기 위해 혼신의 힘을 다해 이 책을 썼다.

큰 뜻, 비전을 세워야 한다. 세상을 어떻게 이롭게 할 것인가.
사람에 대입한다면 자신의 존재로
어떤 이들을 어떻게 이롭게 해줄지 찾아내라.
위인전의 위인이 되어라.
기업, 제품, 서비스에 대입한다면 그것이 궁극적으로
어떻게 다른 이들에게 도움이 되면 좋을지 찾아내라.
에디슨의 전구처럼 세상을 밝혀라.

"목적지 없는 항해만큼
어리석은 일도 없다."

···◁▷○◁{○○◎○○}▷○◁▷···

"사람들이 모이는 곳에서는
대의가 법보다 중요할 때도 있다."

···◁▷○◁{○○◎○○}▷○◁▷···

"위대한 사람들은 위대해서 대의를 세운 것이 아니라,
대의를 세웠기 때문에 위대해진 것이다."

···◁▷○◁{○○◎○○}▷○◁▷···

"원대하게 꿈꾸고, 이룰 것을 믿고, 간절히 원하고,
뜨겁게 전진하라."

by 오두환

<hr />

· 01계 영혼 ·

**내 보물선은
왜 항해하고 있는가?**

<hr />

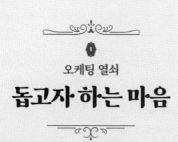

돕고자 하는 마음

누가 봐도 미쳤다고 할 만한 큰 뜻, 대의, 비전을 세우십시오. 그리고 그것이 왜 세상에 존재해야 하는지에 대해 심도 있게 고민해 보십시오.

오케팅의 핵심은 여기서부터 시작합니다. 5%가 되기 위한 길은 대의를 세운 자를 돕거나, 대의를 세워 다른 이들을 이끌거나, 대의를 새로 세울 수 있는 자들을 양성하는 방법이 있습니다. 그리고 자신의 대의를 주위에 당당히 알릴 수 있어야 합니다.

처음부터 대의를 너무 거창하게 생각하지 않아도 됩니다. 사소한 것이어도 좋습니다. 다만 주변을 둘러보십시오. 대의는 다른 이들의 대의를 불러옵니다. 따라서 그런 사람들과 진정으로 혼신의 노력을 다해 함께하십시오. 대의는 결코 혼자 힘으로 한두 번 만에 이룰 수 없습니다. 한배를 탄 사람들이 함께 대의를 향해 끊임없이 나아갈 때 비로소 이룰 수 있을 것입니다.

그러기 위해서는 먼저 자신이 잘할 수 있는 것을 찾으십시오. 세상을 도울 만한 것도 찾으십시오. 모든 것은 찾는 것에서 시작합니다. 찾지 않으면 해결되지 않습니다. 문제를 찾고, 해석하고, 해결하고, 포장하고, 전진하십시오.

여기서 한 가지 조언을 드리자면 가능하면 희망으로 가득 찬 사람이나 창조적이고 낙관적인 사람들과 교류하십시오. 긍정적인 사람이 모이면 더 큰 대의를 이룰 수 있습니다. 반면 부정적이고 비판적인 시각을 가진 사람들을 멀리하십시오. 단지 그들이 올바른 길로 갈 수 있도록 도와주는 등대가 되어 주십시오.

누군가에게 진정으로 도움이 되고 싶다는 생각은 필수입니다. 없다면 이제라도 만들어서 마케팅할 대상에 대입하십시오.

· 01계 ·
영혼의 질문

● 당신의 대의는 무엇인지 곰곰이 생각해 보았는가?

● 대의가 없었다면 그 이유가 무엇이라고 생각하는가?

● 진정으로 원하는 것을 얻기 위해 미친 듯 항해할 각오가 되어 있는가?

● 주변에 위대한 대의를 가진 '무엇'이 있는가? 그 '무엇'을 돕는 것도 대의다.

진귀한 보물 두 가지를 찾아라

- 02계 보물 -

우리는 보물만을 추구해서는 안 되지만 보물을 찾아야만 한다. 보물이 없다면 대의를 이룰 수 없기 때문이다. 앞서 보물에도 여러 종류가 있다고 했다. 좋은 보물과 평범한 보물, 나쁜 보물 등 다양하다. 중요한 것은 최소 두 가지의 보물을 찾아야 한다는 것이다. 너무 적어도 안 되고, 너무 많아도 좋지 않다. 오케팅이 익숙해지면 자신에게 필요한 만큼 보물을 찾아 적용해도 좋다. 하지만 그렇지 않다면 보물 두 가지는 반드시 찾아야 한다.

보물은 01계에서 설정한 대의를 뒷받침하는 보물일수록 좋다. 보물들은 대의를 이루기 위한 보물선의 단기 행동 지침이기 때문이다. 반드시 거쳐야 하는 과정이고, 모두가 추구해야 하는 목표이다. 즉 보물은 전략, 전술, 관리, 목표와 같은 맥락으로 볼 수 있다.

보물이자 목표는 마케팅의 연료와 같다. 자동차의 연료통에 음료수 같은 잘못된 연료가 들어가면 차가 움직이겠는가. 따라서 보물은 추상적인 것으로 설정하면 절대 안 된다. 대의는 비현실적이면서 크면 클수록 좋지만, 보물은 다르다. 뚜렷한 보물, 즉 단기적인 목표와 규칙을 세워야 한다. 그래야 보물선이 계속 나아갈 수 있다.

《30일간의 게릴라 마케팅》의 저자, 제이 레빈슨Jay Conrad Levinson과 알 로이텐슬래거Al Lautenslager는 "마케팅의 목표가 전반적인 사업 목표와 어울리고 그것을 뒷받침할 수 있어야 한다."라고 이야기했다. 따라서 보물은 단순한 이해관계에 얽매여서는 안 된다. 모두가 존중하는 가치를 추구해야 한다.

그렇다면 대의를 이루기 위해서 당장 어떤 보물(행동 지침)을 설정하는 것이 좋을까. 가능하면 대의를 실현하려는 모든 이가 목표로 하고, 그에 걸맞게 움직일 수 있는 것이 좋다. 다음은 내 인생의 대의에 맞춰 설정한 보물들이다.

1. 내 논리의 가치를 스스로 인정할 때까지, 새로 정립하고 부수기를 반복한다.
2. 오케팅을 연습하고 대의를 이루기 위해, 공익적인 마케팅 교육을 계속한다.
3. 장기적인 수익모델이 필요하므로 기존 사업과 신규 사업의 성과를 계속 높인다.

4.유럽의 독일처럼 사람들이 적당히 일하며 먹고살 걱정 없는 마을을 만든다.

가능하면 보물의 개수는 네 가지를 넘지 않는 것이 좋다. 처음부터 많은 보물을 설정하면 힘에 부쳐 아예 보물찾기 자체를 포기해 버릴 수 있기 때문이다. 다음은 나쁜 보물의 예다.

1. 특정 인물보다 뛰어난 능력을 갖춘 후, 그 사람을 밟고 올라서겠다.
2. 큰돈을 벌어 동네에서 제일 부자가 되겠다.
3. 수영장, 주차장이 있는 멋진 집을 사서 신나게 즐기겠다.
4. 어떤 일을 열심히 해서 나 혼자 잘 먹고, 잘살겠다.
5. 나를 위해 책을 출간하고, 강의를 잘하는 멋진 사람이 되겠다.

이러한 나쁜 보물들은 보통 대의가 없을 때 많이 설정된다. 또 단편적이면서 개인주의적인 성향을 드러낸다. 그렇다고 이러한 보물들이 나쁘다고만 할 수는 없다. 대의가 없어도 또 다른 보물을 찾아 계속해서 항해하는 보물선도 많기 때문이다. 그리고 그 보물선 중 일부는 매우 많은 보물로 가득 차 있어 다른 보물선의 부러움을 사기도 한다.

하지만 보물을 위한 보물선에는 보물만을 추구하는 사람들만 모인다. 따라서 보물을 차지하기 위한 쟁탈전이 뒤따를 수밖에 없다. 그 과정에서 누군가는 다치고, 미래를 보장받지 못하게 될 수도 있다.

반면, 대의를 추구하는 보물선은 아무리 많은 보물이 쌓인다고 해도 그것을 욕심내는 이가 없다. 그보다 더 위대한 대의를 이루기 위해 모였기 때문이다. 서로가 보물을 지키려 하므로 그들이 뭉친 곳에는 언제나 강한 힘이 존재한다. 그 힘은 희망과 열정으로 가득 차, 대의를 품은 사람을 끌어당길 수 있다.

따라서 대의를 뒷받침할 수 있는 보물을 설정하는 것이 가장 이상적이다. 그리고 이 경우 보통 '~이므로 ~하겠다.' 또는 '~해서 ~해야 한다.' 등과 같은 형태로 보물을 설정한다. 우리 회사가 대의를 이루기 위해 설정한 보물들을 예로 들어 보겠다.

1. 우리를 믿고 일을 맡긴 광고주에 감사해서, 단기적인 손해를 감수하더라도 광고비를 일부 지원한다.
2. 우리의 이익도 중요하므로, 신규 사업을 통해 수익모델을 만들고 혁신을 거듭해 영업이익을 늘린다.
3. 광고주에게 마케팅 부서가 필요 없을 정도로 광고주의 가치를 더 빛내고 높이는 데 힘쓴다.
4. 직원의 이익과 광고주의 이익이 회사의 이익이라는 사실을 명심하여 상생하는 미래를 그린다.
5. 우리의 발전이 곧 광고주의 발전이라 생각하고, 꾸준히 연구개발에 투자한다.

이렇게 설정한 보물은 회사의 모든 직원이 추구하게 된다. 그리고 정확히 대의를 향해 나아갈 때 진정으로 하나가 된다.

항해를 꾸준히 하기 위해서 연료만큼 중요한 것은 없다. 01계 영혼, 02계 보물, 이 두 가지는 항해를 하는 데 필수인 연료라고 보면 된다. 앞으로 계속 나아가기 위해 꼭 필요하고, 없어지는 순간 떠돌이 난파선이 될 수 있다는 사실을 명심하자.

오케팅 항해에서 올바른 보물을 설정하기 위해서는 다음의 일곱 가지 조건이 필요하다.

첫째, 보물은 대의를 이루기 위한 과정으로 존재해야 한다. 보물이 대의를 넘어서거나 그에 미치지 못하게 설정하는 것은 좋지 않다. 즉, 보물을 너무 크게 설정하면 항해자가 지쳐 버릴 것이다. 반대로 보물을 너무 작게 설정하면 보물선의 연료로서 제 역할을 해내지 못할 것이다.

둘째, 자신을 비롯해 모든 항해자에게 이득이 되어야 한다. 보물을 찾는 과정이나 보물을 얻은 이후에 모두가 납득할 만한 이득이 있어야 순탄한 항해를 이어갈 수 있다. 여기서 이득이란 물질적인 것만을 일컫는 것이 아니다.

셋째, 내가 갖고 싶은 것을 모두 갖고 싶게 만들어라. 보물 자체가 모두에게 매력적이고 충분한 가치가 있어야 한다. 그리고 그것을 갖고 싶도록 모두를 설득할 수 있어야 한다. 그래야 다 함께 집중적으로 보물을 찾기 위해 노력하고, 함께하고자 하는 이들을 더 많이 모을 수 있다.

넷째, 최소 1년 이상 투자만 하더라도 그만큼의 충분한 가치가 있는 보물이어야 한다. 항해 과정에서 때로 보물이 바로 눈앞에 잡힐 것처럼 보일 때가 있다. 이때 쉽게 덤볐다가 실패하면 그냥 포기하는 경우가 생긴다. 또 끝내 보물을 얻어도 시간을 허비했다며 오히려 성공을 실패로 인식하기도 한다. 따라서 시간이 오래 걸리더라도 그럴 만한 가치가 있는 보물에만 투자해야 한다.

다섯째, 보물은 보관용이나 과시용이 아니어야 한다. 그저 지니고만 있는 보물은 항해자들의 불만을 가져올 수 있다. 보물은 항해 과정에서 실질적인 도움이 되는 것으로 정해야 한다.

여섯째, 보물들은 서로 연관성이 있어야 한다. 설정한 보물들이 서로 전혀 연관이 없으면 하나의 보물을 찾기 위해 12시 방향으로 항해하다가 실패할 경우, 전혀 다른 6시 방향으로 되돌아가야 할 수도 있다. 적어도 12시 방향에서 1시나 2시 방향으로 바꿀 수 있도록 연관성 있는 항해 노선을 짜야 한다.

일곱째, 끝내 찾지 못하더라도 충분히 보람이 있을 만한 보물이어야 한다. 보물을 찾는 데 실패하더라도 과정 자체가 값진 경험으로 남아야 한다. 그 경험이 다음 보물을 찾는 데 필요한 자양분이 될 수 있기 때문이다. 보물선 항해 이력은 사라지지 않고 끝까지 남을 것이다. 부끄럽지 않은 도전이 될 수 있도록, 보물 설정에 신중해야 한다.

이 순간에도 보물을 찾으려 하지 않는 보물선과 자신이 보물선인지도 모르는 보물선이 너무나 많다. 하지만 이 글을 읽는 여러분은 지금껏 자신이 보물선인지 몰랐더라도 이제는 확실히 인식하게 되었다. 이제 제대로 된 보물을 의식적으로 설정할 차례이다.

스페이스X의 유인우주선이나 의료 보조용 로봇, 친환경 에너지 등과 같은 보물들 역시 대의를 이루기 위해 태어난 것들이다. 이 보물들은 그 자체가 대단한 게 아니다. 각각 대의를 뒷받침하는 보물이기에 위대한 것이다. 미래의 인류 생존과 복지라는 대의를 꿈꾸며 개발된 보물들이다.

보험이나 백신도 마찬가지다. 이들은 현재 일상적으로 쓰이게 되면서 기업에 어마어마한 수익을 가져다주고 있다. 하지만 처음에는 금전적인 이익보다 공공의 이익을 위해 탄생했다. 아파도 치료받기 어려운 사람들을 돕고, 전염병으로부터 인류를 지키기 위해 개발됐다.

제품이나 서비스 등에 대의가 담기면 그것을 파는 사람의 인생과 가치관까지 변한다. 간혹 제품이나 서비스에 위대한 보물을 담다가 자신도 모르는 사이에 대의가 생기기도 한다. 하지만 이러한 경우는 흔치 않기 때문에 우리는 의식적으로 대의를 세우고 그것을 뒷받침할 보물을 찾아야 한다.

우리가 탄 보물선은 현재 항해 중이다. 암초에 걸리거나 큰 파도를 만났다는 이유로 대의를 바꾸고, 보물을 새로 설정해서는 안 된다. 한 번 세운 대의는 짧게는 5년, 길게는 20년까지 유지해야 한다. 그리고 설정한 보물을 찾을 때까지 항해를 지속해야 한다. 오케팅은 동그라미 형태로 계속 반복해야 한다고 말한 바 있다. 02계까지 제대로 된 대의와 보물을 설정했다면, 03계부터 15계까지는 반복해서 오케팅하면 된다.

> 다양한 목표를 세워야 한다.
> 단기, 중기, 장기 목표를 찾아내라. 찾았다면 순서대로 이뤄 내야 한다.
> 사람에게 대입한다면 크고 작은 목표를 찾고,
> 순서를 선정하고, 계속 성취하라.
> 기업, 제품, 서비스에 대입한다면
> 분기별·연도별 성장 목표를 정하고, 계속 성취하라.

"위기가 왔다면, 광기狂氣가 온 듯이 일해라.
지킬 것은 지켜야 한다."

•••◦◦◦◦◦⧽∙∙∙◦◦◦◦◦•••

"보물은 빛난다.
보물을 많이 모은 사람의 눈빛도 빛난다."

•••◦◦◦◦◦⧽∙∙∙◦◦◦◦◦•••

"암초에 걸린 보물선이 빠져나오는 유일한 길은
보물에 대한 무한한 욕망뿐이다."

•••◦◦◦◦◦⧽∙∙∙◦◦◦◦◦•••

"허황한 큰 보물 상자를 찾지 마라.
작은 보물을 모으면 큰 보물 상자가 된다."

by 오두환

—— · 02계 보물 · ——

**보물선을 선택하고,
항로를 계획했는가?**

끊임없이 질문하는 사람

다양한 보물, 즉 목표를 설정하십시오. 만약 목표를 이루었다면 끊임없이 재설정 하십시오.

가능하면 대의를 이루기 위한 단기·중기·장기 목표를 설정하는 것이 좋습니다. 몇 개월에서 몇 년이 걸리는 다양한 보물을 설정하는 것이지요. 한두 가지의 단기적 인 목표 달성에만 심취하지 마십시오. 몇 가지의 조그만 보물에 만족하는 상황에 자 주 놓이면 대의를 향해 나아가는 길이 훨씬 더딥니다. 그러니 처음부터 다양한 목표 를 세워 순차적으로 이루어 나가십시오. 단기적인 목표가 아닌 다음다음의 목표를 준비하는 것이 현명합니다.

또 대의로 향하는 길이 어렵고, 위기가 찾아와도 목표를 더욱 굳건히 설정해야 합니다. 누구나 위기에 약해질 때가 있습니다. 이때 초조해하지 말고 목표를 향해 한 단계씩 나아가길 바랍니다. 의욕적으로 자신감 있게 설정해 보십시오. 《오케팅》을 읽었다면 당신도 충분히 해낼 수 있습니다.

더 나아가 목표는 위기를 기회로 만드는 힘이 있습니다. 즉, 위기가 생기면 목표 를 향한 추진력이 몇 배는 더 강해집니다. 그러니 위기가 오면 오히려 감사하는 마 음을 갖는 게 어떨까요. 그리고 '언제까지 반드시 ~한다'라고 다짐해 보십시오. 목 표가 훨씬 더 선명하게 보일 것입니다.

목표를 좀 더 쉽게 이룰 방법을 알려드릴까요? 목표에 대해 생각할 때 질문형으로 바꾸어 보십시오. '왜 그래야 하지?'라고 말이죠. 세상은 질문을 던지는 사람과 질문을 받는 사람으로 나뉩니다. 목표는 우연히 달성하는 것이 아닙니다. 끊임없이 질문을 던져 해법을 찾아낸 사람만이 목표를 이룰 수 있습니다. 당장 해내겠다는 조급한 마음을 버리십시오. 질문과 가설로 시작해서 오케팅을 반복하여 목표를 이루겠다는 마음가짐으로 접근하십시오. 훨씬 더 빠르게 목표에 도달할 수 있습니다.

· 02계 ·
보물의 질문

● 어떤 보물이 대의를 향한 보물이라고 할 수 있는가?

● 어떤 보물을 설정해야 당신을 보물로 여겨 주는 사람들이 모일 수 있겠는가?

● 보물을 몇 개 설정했는가? 설정한 보물들은 각각 일곱 가지 기준에 부합하는가?

2편

식사

※ 주요 용어 설명

보물선: 당신이 팔고 싶은 모든 것(나를 비롯한 사람, 기업, 제품, 서비스 등)

다른 보물선: 나와 경쟁하는 모든 것(사람, 기업, 제품, 서비스, 스승, 경쟁자 등)

무역선: 당신이 팔고 싶은 것의 구매 대상, 고객

보물: 당신이 판매하려는 특별한 상품

선원: 동료, 직원, 거래처 등 함께 힘을 합치는 아군

* 4장의 내용을 위의 표현으로 빗대어 서술한 이유는 첫째, 연상 대입을 통해 생각하는 힘을 길러 주기 위함이다. 둘째는 사람이나 기업의 이야기로 단정해서 자유로운 사고를 방해하지 않기 위함이다. 이를 통해 문제해결력과 사고력이 크게 성장할 것이다.

2편 식사는 03계 성명, 04계 식량, 05계 문제로 구성되어 있다.

이들은 의식주 중에서 가장 중요하다고 할 수 있는 식食에 해당한다. 따라서 이 세 가지 계를 제대로 준비하지 못하면 매우 힘든 항해가 될 것이다. 자칫 항해를 중단해야 하는 상황이 발생할 수도 있다. 아무도 없는 망망대해에서 제대로 먹지 못하면 어떻게 되겠는가. 주린 배를 부여잡고 며칠은 견딜 수 있다. 그러나 목적지까지 항해하는 것은 불가능하다.

보물선에 옳은 이름을 지어라

- 03계 성명 -

어떤 것을 마케팅하고자 할 때 가장 먼저 해야 할 일은 03계 성명 단계를 제대로 거치는 것이다. 즉, 이름을 짓는 것이다.

하지만 생각보다 이름 짓기를 쉽게, 대충 생각하는 경우가 많다. 기업이나 제품, 서비스 등에서 이 단계를 아무 의미 없이 진행하여 끝내버리기도 한다. 게다가 프로젝트나 인물 등은 아예 이 단계를 거치지도 않는데 이는 모두 잘못된 것이다.

또 01계와 02계를 제대로 거치지 않고, 바로 이름을 짓기도 한다. 이런 경우 어떤 이름을 지었든 잘못된 것일 확률이 높으니 당장 바꾸는 것이 좋다.

나는 제품이나 서비스 등의 이름을 바꿀 수 없다는 말을 많이 들었다. 이미 너무 많은 돈을 투자했다는 게 이유다. 그러나 세세하게 따져 보면 이름을 바꾸는 데는 생각보다 큰 비용이 들지 않는다. 오히려 이름을 바꿈으로써 얻을 수 있는 효과와 이익이 더 크다. 따라서 향후 얻게 될 수익이 더 크다면 이름을 바꾸길 추천한다.

이름은 다양한 형태를 띠고 있다. 기업이나 제품의 줄임말이나 로고 등도 이름을 대신한다. 이 때문에 세계적인 기업들은 이름과 로고의 연관성을 만들기 위해 엄청난 돈을 쏟아부었다. 우리에게 익숙한 나이키나 메르세데스-벤츠의 로고가 그 예다.

그런데 로고만 보고 어떤 기업인지 바로 생각해 낼 수 있는 경우는 생각보다 많지 않다. 읽기 어려운 이름이나 로고도 상당히 많다. IBM, 3M, SAMSUNG 등을 예로 들 수 있다. 예전에는 TV 광고만으로도 대다수 사람에게 이들을 전파할 수 있었다. 하지만 지금은 천문학적인 광고비를 투자해야만 한다.

《마케팅 불변의 법칙》의 저자, 알 리스Al Ries와 잭 트라우트Jack Trout는 "브랜드명이 적절하지 못하면 마케팅 분야에서 그 어떤 것도 성공을 거두지 못한다. 만약 브랜드명이 잘못되어 있다면 아무리 세계적으로 최고의 기업, 최고의 제품, 최고의 포장, 최고의 마케팅을 갖추었다 하더라도 제대로 효과를 발휘할 수 없다."라고 말했다. 그만큼 브랜드에 제대로 된 이름을 짓는 것은 무엇보다 중요하다.

그런데 요즘은 브랜드명을 지을 때 단순히 멋지고, 기억에 남을 만한 이름으로 지으려는 경향이 강하다. 이런 경우 브랜드가 가진 의미를 지나치게 함축하여 표현하게 된다. 그러면 결국 자신만 이해할 수 있는 이름이 탄생한다. 소비자들에게 퀴즈를 낼 목적인가? 그게 아니라면 의미를 함축하는 방식으로 브랜드명을 지어서는 안 된다.

마케팅하려는 게 무엇이든지 매우 신중하고 진지하게 이름을 결정해야 한다. **이름은 브랜드 자체이며, 신뢰와 직결된다.** 이름을 바꾸는 것이 불가능한가? 그렇다면 기존의 이름에 특별한 신뢰감을 덧붙이려는 시도라도 해야 한다.

말 속에는 힘이 있다. 따라서 어떤 이름도 절대로 가볍고 소홀히 지어서는 안 된다. 그렇다면 좋은 이름을 짓는 방법은 무엇인가. 바로 절대 기준을 세우고, 그에 맞는 이름을 설계하면 된다. 대체 그 절대 기준이란 무엇일까?

"이해하기 쉽고, 기억에 남고,
그 이름을 부를 때 신이 나면 그것으로 명하라."

그렇다. 아주 간단하지 않은가? 처음 듣는 사람도 쉽게 이해할 수 있고, 기억에 남는 이름이어야 한다. 그리고 그 이름을 부를 때 신이 난다면 금상첨화다. 기본적으로 자신조차 이름을 이해하기 어렵다면 듣는 사람은 무슨 생각을 하겠는가. 따라서 절대 기준은 반드시 지켜야 한다.

회사나 프로젝트, 인물 등 어떤 종류의 보물선에도 이 기준을 적용해야 한다. 보물선에 제대로 된 이름이 없다면 어떻겠는가. 앞서 말한 언어가 가진 힘을 제대로 발휘할 수 없다. **신중히 고른 명칭은 반드시 이름값을 한다.**

나 자신의 브랜드명은 '헤드라이터 오두환'이다. 카피라이터가 아닌 헤드라이터다. '머리를 쓰는 사람' 또는 '머리가 빛나는 사람'이라고 생각하면 된다. 참고로 내 머리는 실제로도 빛나고 있다. 사진을 보면 알 수 있다. 이름의 뜻도 머리 두, 빛날 환이다. 개명한 게 아니라 원래 이름이다. 이렇듯 언어유희로 탄생한 이름이라 듣는 사람은 꽤 유쾌하게 반응한다.

또 내가 개발한 마케팅 시스템의 이름은 '오케팅'이다. 오케팅은 'OK.'라는 긍정의 의미와 'O' 형태로 반복한다는 의미를 동시에 지녔다. 또 어감상 마케팅이라는 말과 비슷해서 사람들이 쉽게 기억할 수 있다. 모두 절대 기준에 따라 지은 이름이다.

마케팅 분야의 세계적인 저명인사인 알 리스[Al Ries]와 잭 트라우트[Jack Trout]는 말했다.

"언어는 인간이 가진 의식의 운영체제다. 어떤 단어라도 그 자체의 가치로만 받아들여지는 법이 없다. 사람들의 마음속에 호의적인 인상을 심어 주고자 한다면, 호의적인 인식을 반영해 주는 단어들을 사용해야만 한다."

"마케팅에서 가장 중요한 의사결정은 어떤 이름을 붙일까 정하는 일이다."

보물선의 이름은 그 자체로 매우 중요하다. 절대 기준에 부합하는 이름을 지었는가? 그렇다면 몇 가지 세부적인 속성들까지 갖추었는지 확인하는 과정이 필요하다. 절대 기준을 따르기 위한 세부적인 속성들은 다음과 같다.

단순함, 궁금증, 전달력, 말장난, 자부심, 호소력, 연관성, 긍정성, 독창성.

먼저 **단순**하게 지어라. 즉, 쉽게 부를 수 있어야 한다. 여기서 약자를 떠올렸다면 바로 지우길 바란다. 단순히 줄이는 것만으로 단순하다고 할 수 없다. 여기서 단순함은 모두가 쉽게 이해하고, 부를 수 있는 것을 뜻한다. 단순한 이름은 기억하기도 훨씬 쉽다. 따라서 여러 사람의 입을 통해 더 멀리 퍼질 수 있다.

궁금증을 유발하는 이름으로 지어라. 이름을 듣자마자 '무슨 의미지?', '저게 뭐지?'라는 약간의 호기심과 의문점을 품게 해주면 기억에 더 오래 남을 수 있다. 하지만 정보가 넘쳐나는 요즘 시대에 궁금증을 유발하는 것은 매우 어려운 전략이다. 따라서 오랜 시간 신중히 고민하여 설계해야 한다.

의미 **전달력**이 있게 지어라. 무슨 뜻인지도 모르는 이름은 안 쓰느니만 못하다. 간혹 일부러 어려운 언어를 사용하는 사람들이 있다.

소위 말하는 '있어 보이는' 효과를 노린 것이다. 하지만 이러한 이름은 의미 전달력이 매우 떨어지므로 추천하지 않는다. 이름을 짓고 알리는 데는 막대한 비용과 시간을 투자한다. 따라서 누군가에게 이름을 들려 주었을 때, 무엇을 하는 곳인지 바로 알 수 있게끔 이름을 지어야 한다.

이름에 **말장난**을 가미하라. 그러면 듣는 이에게 재미를 줄 수 있다. 또 기억에도 오래 남는다. 쉽게 말해 웃길 수 있으면 좋다는 이야기다. 그렇다고 너무 우스꽝스럽게 지을 필요는 없다. 큰 웃음을 주려고 하면 본질에서 어긋날 수 있다. 따라서 듣는 사람이 미소를 머금을 수 있을 만한 이름이 좋다.

이름을 부르는 것만으로 **자부심**을 느낄 수 있게 만들어라. 예컨대 자신이 다니는 회사 이름을 누군가에게 말했을 때 자부심과 뿌듯함을 느낄 수 있다면 어떨까. 유명한 기업이 아니어도 가능하다. 이름에 앞서 설정한 대의나 보물이 담겨 있으면 된다. 그러면 회사 이름을 소개할 때 구구절절 설명하지 않아도 된다. '우리 회사는 무엇을 추구하기에 무엇이라 부릅니다.'라고 확고한 의지를 전달할 수 있다.

강한 인상을 주려면 짙은 **호소력**을 더하라. 힘, 강력, 기막힌, 신新 등의 단어나 감탄사를 사용하면 강한 인상을 줄 수 있다. 또 사람들은 이미 그런 단어에 익숙하므로 자연스럽게 친근감을 느끼게 할 수도 있다. 덧붙여 이러한 단어는 1개만 사용하는 게 적당하다. 여러 단어를 나열하면 오히려 역효과가 난다.

이름은 보물과 **연관성**이 높게 지어라. 보물이 추구하는 방향과 전혀 맞지 않는 이름을 지으면 모든 과정에서 불협화음이 발생할 수 있다. 따라서 목표로 하는 것과 이름을 함께 들었을 때 듣는 이가 자연스러운 느낌을 받는 것이 중요하다. 그러면 이름을 더 강하게 각인할 수 있고, 보물을 이루고자 하는 의지도 더 확고해질 수 있다.

이름을 부를 때 즐거워야 한다. 내가 신나게 이름을 부를 수 있어야 다른 사람도 신나게 부를 수 있다. 따라서 이름을 지을 때 긍정적인 단어를 써라. 만약 긍정적인 의미의 단어가 아니더라도, 여러 번 이름을 불렀을 때 긍정적인 이미지가 연상되는 수준이면 된다.

독창적인 이름을 지어라. 이름을 다른 브랜드명과 비슷하게 짓는 경우가 종종 있는데, 그러면 사람들이 혼동하기 쉽다. 나를 찾아오려 했던 사람이 이름이 비슷한 다른 대상을 찾아가는 일이 발생하기도 한다. 게다가 이름이 비슷하면 누군가에게 정확하게 인식시키기도 어렵다. 내 보물선만의 색깔을 표현할 수 있는 이름이야말로 더할 나위 없이 좋은 이름이다.

이 아홉 가지 세부 속성들을 모두 맞추라는 게 아니다. 최소 3개 이상을 맞추고, 또 3개를 비슷하게라도 맞추고, 마지막 3개는 크게 벗어나지 않도록 하면 된다.

그리고 이름만큼은 이후 변경될 여지를 남겨 두어야 한다. 물론 이름을 변경하지 않아도 되도록 처음부터 잘 설계하는 게 가장 좋다. 하지만 새로운 전략에 따라 이름이 바뀔 가능성이 있으므로 이를 염두에 두는 게 좋다.

또 오케팅 과정에서 새로운 프로젝트가 생기면 그때마다 이름을 지어 주는 것이 좋다. 만약 이때 이름 짓기를 소홀히 하거나, 그냥 지나치면 어떻게 될까. 나중에 그 프로젝트를 뭐라고 불러야 할지 몰라 결국 프로젝트가 묻혀 버릴 수 있다.

오케팅은 반복해서 하는 것이다. 15계까지 오케팅을 하고, 다시 03계로 돌아와 성명을 시작해야 한다. 이때 이름의 중요성을 다시 한번 깨닫게 될 것이다.

> 형태별로 다양한 이름을 지어야 한다.
> 필요하다면 기존 이름을 바꿔서라도 제대로 지어라.
> 사람에게 대입한다면 목표나 프로젝트,
> 별명(호) 등에도 좋은 이름을 붙여라.
> 기업, 제품, 서비스에 대입한다면
> 기업 이름, 제품 이름, 연구 프로젝트 이름, 서브 브랜드 이름,
> 사내 호칭 등에 좋은 이름을 붙여라.

"이름을 이해시키는 시간이 빠를수록
당신이 성공하는 시간도 빨라진다."

❖❖❖❖❖❖❖❖

"이름은 그 자체로 빛이 나야 한다.
빛내지 말고, 빛나게 지어 보자."

❖❖❖❖❖❖❖❖

"이름, 1초 만에 당신을 알릴 최고의 마케팅 수단이다.
난 머리가 빛나는 오두환이다."

❖❖❖❖❖❖❖❖

"내가 부를 이름이
나의 부를 이룬다!"

❖❖❖❖❖❖❖❖

"신나게 5%가 되려면,
신나게 부를 이름을 신나게 지어라."

by 오두환

·03계 성명·

**오래 기억에 남을
이름을 지었는가?**

내 편이 되어 줄 좋은 이름

이름은 매우 중요합니다. 따라서 처음 이름을 지을 때 제대로 지어야 합니다. 만약 이미 사용하는 이름에 문제가 있다면 다시 지어야 합니다. 이름을 잘못 지어 놓으면, 이어질 04계부터 여러 난관에 부딪히기 때문입니다. 특히 이름을 잘 지은 경쟁 상대보다 장벽, 각본, 요약, 소통, 광고 등에서 어려움을 겪게 됩니다.

요컨대, 좋은 언어가 지닌 힘은 감정을 불러올 정도로 정말 대단합니다. 행복해서 웃는 게 아니라 웃어서 행복한 것이라는 말이 있습니다. 좋은 언어는 감정을 불러옵니다. 감정은 행동을 불러옵니다. 행동은 결과를 불러옵니다. 어떤 목표를 향해 달려가든 좋은 이름은 좋은 결과를 불러오게 됩니다.

이름을 알려서 그것을 좋아하게 만드는 과정은 험난합니다. 그러나 이름이 좋아 자연스럽게 기억나게 하는 것은 훨씬 수월합니다. 그러므로 이름을 잠깐 쓰고 말 것이 아니라면, 큰마음을 먹고 심사숙고하여 지어 보는 게 어떨까요.

처음에는 생각보다 이름 짓는 데 시간이 오래 걸릴 것입니다. 하지만 곧 익숙해지면 수월해집니다. 최근에 성공한 브랜드는 대부분 이런 과정을 거쳤을 것입니다. 따라서 가능하면 오래된 브랜드보다 최근에 생긴 브랜드에서 힌트를 찾아보세요. 생각보다 많은 게 보일 것입니다.

자신을 포함한 회사, 제품, 프로젝트 등에 좋은 이름을 지으십시오. 그리고 다른 사람에게 알려 기억하게 만드십시오. 그 이름이 당신이 지금까지 해온 일을 설명해 줄 것입니다. 그리고 상위 5%가 되는 길이 쉽게 열릴 것입니다. 기존의 잘못된 이름을 바꿔 새로운 이름을 부르는 것도 좋습니다. 초심으로 돌아가 열정적인 마음을 갖는 가장 좋은 방법이니까요.

· 03계 ·
성명의 질문

● 당신이 마케팅하려는 '그것'의 이름은 무엇인가?

● 당신이 이름을 명하는 순간부터 진정한 '그것'이 탄생하는 것이다.

● 새로운 이름을 정했는가? 미친 듯이 가슴 뛰는 일을 할 준비가 되었는가?

보물선의 식량 4종을 정하라

- 04계 식량 -

우리가 탄 보물선은 현재 항해 중이다. 01계 영혼과 02계 보물에서 항해에 필요한 연료를 설정했다. 그리고 03계에서 보물선의 이름을 지었다. 이제 눈앞의 현실을 마주할 시점이다. 생계를 위해 식량을 구해야 한다. 식량이 없으면 보물선은 유령선에 불과하다.

여기서 식량이란 꾸준히 유지하거나 발전시켜야 하는 장점, 팔 것, 일거리, 사업 영역 등을 뜻한다. 일거리가 없으면 사업을 진행할 수 없듯이, 식량이 없거나 부족하면 보물선은 나아갈 수 없다.

그런데 식량을 한 가지만 정해서 그것에만 사활을 거는 사람들이 있다. 이들은 '하나도 제대로 못 하는데…….', '하나만 하기도 벅차요.' 등의 이유를 댄다. 그러면 항해자들이 물고기 한 가지만 잡아먹고 산다고 가정하자. 물고기는 비축해 놓기도 어려울뿐더러, 잘 잡히지 않으면 굶어야 한다.

이렇듯 살다 보면 예상치 못한 변수를 마주하게 된다. 그래서 한 가지 일에만 목숨을 걸어선 안 된다. 그 한 가지가 잘못될까 봐 늘 불안하고, 사소한 환경 변화에도 민감해질 것이다.

따라서 보물선의 식량으로 최소 네 가지를 정하는 것이 좋다. 그래야 그중 하나라도 잘할 수 있다. 가능하면 주력 식량 1개와 보조 식량 3개 또는 주력 식량 2개와 보조 식량 2개를 설정하길 권장한다. 이는 앞으로 어떤 식량에 의존해서 항해할지를 결정하는 중요한 과정이다.

수십 년을 항해해야 하는 보물선에 식량은 필수다. 식량에 생존이 걸려 있기 때문이다. 그러므로 치열한 먹거리 경쟁을 통해 네 가지 식량을 설정해야 한다. 그리고 그것들을 완벽히 사수하라.

이러한 식량을 정할 때는 꼭 따라야 하는 절대적인 기준이 있다. 남들보다 자신 있는 것들만 계속 찾아내라. '제일 자신 있는 것'을 식량으로 삼아야 한다는 것이다. 예를 들어 우리 회사의 식량은 마케팅 전략, 마케팅 교육, 광고 컨설팅, 광고 대행, 광고 연구 등이다. 이것들은 모두 절대적인 기준에 따라 선별한 것이다. 즉, 현재 가장 자신 있는 분야다.

사실 식량을 설정하는 데는 많은 준비와 노력이 필요하다. 식량을 제대로 설정하지 않으면 모든 것이 물거품 될 수 있기 때문이다. 또 식량 설정은 보물선의 가치를 형성하는 중요한 과정이기에 더욱 신중히 고민해야 한다.

오케팅 항해 과정은 상품을 파는 것이 아니라 가치를 파는 것이다. 그리고 가치라는 것은 단순하게 정의 내릴 수 있는 것이 아니다. 그래서 세상에 같은 가치가 2개 이상 존재할 수 없다. 모양이 똑같은 돌덩이라 해도 누가, 어디에서, 어떻게 파느냐에 따라 가치가 다르게 매겨진다. 생수조차도 같은 물이지만 원산지와 유통사마다 가격이 제각각이지 않은가.

식량을 선별하여 오케팅 과정을 여러 번 거치면 가치가 더 높아지는 것을 경험할 수 있다. 오케팅은 한 번 하고 끝나는 것이 아니다. 끊임없는 순환 과정에서 '자신감이 단단히 붙은 식량'을 만들어야 한다.

《마케팅이다》의 저자, 세스 고딘Seth Godin은 '시장은 반복이 신뢰로 이어지도록 훈련받았다. 충분히 반복하기 전에 그만두면 신뢰를 얻을 기회가 생기지 않는다.'라고 말했다. 즉, 식량을 생산하는 일은 항해가 끝날 때까지 계속해야 한다. 이를 위해 효율적인 생산 루트를 찾아야만 한다. 물론 쉽지 않다. 일정 시간 노력을 지속해야만 효과를 볼 수 있다. 그러니 그물을 한번 던져 보고 아니면 말지라는 식의 생각은 아주 위험하다.

그리고 식량을 만드는 과정은 기쁨의 연속이어야 한다. 생각하는데는 돈이 들지 않고, 계속 파고들수록 좋은 아이디어가 떠오르기 때문이다.

가장 자신 있는 식량을 설정했는가? 그렇다면 각각의 식량이 다음의 아홉 가지 세부 기준에 부합하는지 살펴봐야 한다. 식량을 무턱대고 설정해 놓으면 이후 다시 바꿔야 하는 일이 생길 수 있다. 따라서 처음부터 신중히 검토하는 것이 좋다. 아홉 가지 세부 기준은 달콤함, 특별함, 강력함, 미세함, 지속성, 적절성, 연관성, 유연성, 흐름이다.

먼저 **달콤**한 식량인지 검토하라. 물론 맛이 없어도 생존은 가능하다. 하지만 만족감이 떨어지기 때문에 쉽게 질린다. 맛없는 식량을 먹은 사람은 다른 식량에 눈을 돌릴 것이다. 주력으로 판매하는 식량이 맛없으면 방심하는 사이 경쟁에서 밀린다. 따라서 만족감이 높은 맛있는 식량을 만들어야 한다. 그래야 많은 사람이 찾을 것이다. 그렇게 되면 생산성 향상은 물론 경쟁에서도 우위를 점할 수 있을 것이다.

그리고 **특별**한 식량인지 검토하라. 차별성이 아니라 특이성을 이야기하는 것이다. 기발하다고 생각되는 특별함을 가지고 있다면 무역선을 만났을 때 좀 더 쉽게 거래할 수 있다.

강력한 무언가가 필요하다. 이미 다른 보물선에서 사던 것을 포기할 수 있을 정도로 획기적인 이벤트가 가능한지도 검토해야 한다. 때로는 과감한 투자도 필요하다. 그래야 가장 자신 있는 것을 도전적으로 알릴 수 있다. 단기 체험이나 무상 지원 등 다양한 방식을 염두에 두어야 한다.

식량은 광범위하다. 따라서 팔고자 하는 식량의 범위를 미세하게 설정하라. 과일을 예로 들면 그냥 열대 과일 → 수분이 적은 열대 과일 → 포만감을 주고 수분이 적은 열대 과일 → 달고 포만감을 주고 수분이 적은 열대 과일로 미세하게 좁힐 수 있다. 이렇듯 식량에 관한 구체적인 이미지를 떠올릴 수 있도록 미세한 부분을 생각해야 한다.

지속해서 생산할 수 있는지 확인하라. 일단 식량을 생산하기 시작하면 이용자가 발생한다. 그리고 이용자는 보물선에 지속적인 식량 공급을 기대하게 된다. 그런데 기대와는 달리 생산이 중단된다면 어떻게 되겠는가. 실망감을 느끼고 신뢰도는 바닥을 칠 것이다. 이렇게 되면 보물선의 다른 식량을 판매하는 데도 악영향을 미칠 수 있다. 그러니 처음에 시간이 들더라도 신중하게 정하는 것이 중요하다.

판매할 대상이 **적절**한지 확인하라. 어떤 무역선과 거래하고 싶은지 생각하면 답을 찾을 수 있다. 그 과정에서 내가 팔고자 하는 대상이 그 무역선이 맞는지 의심해 봐야 한다. 자신의 마음을 제대로 인지하지 못해, 엉뚱한 무역선과 거래하는 일이 생각보다 많기 때문이다. 이런 경우 구매자의 만족도도 그리 높지 않을 가능성이 크다.

네 가지 식량이 서로 **연관성** 있고, 상호 보완적인지 확인하라. 이를 위해 식량들에 통일된 이미지를 주는 게 효과적이다. 예를 들어 부드러운 빵, 부드러운 바나나, 부드러운 연어, 부드러운 닭고기와 같은 한 가지 주제로 엮을 수 있다. 이렇게 하면 대량 판매로 이어질 수 있으며, 타 상품과의 경쟁에서도 유리하다.

변화에 **유연**하게 대응할 수 있는지 확인하라. 식량 생산에는 생각지 못한 변수가 많이 발생한다. 그러므로 이럴 때는 오케팅을 하며 조금씩 유연하게 수정해 주어야 한다. 그런데 처음부터 수정하기 어려운 식량으로 설정하면 낭패를 볼 수 있다. 첫 생산량을 과도하게 잡는다거나 너무 견고한 이미지로 알리면 나중에 수정하기가 매우 힘들다.

동종 업계에는 **흐름**과 대세라는 것이 존재한다. 그런데 대세가 나타날 때 제대로 준비되어 있지 않으면 연관성이 떨어지는 다른 식량을 강조할 수밖에 없다. 그러면 무역선은 다른 보물선에 눈을 돌리게 될 것이다. 그리고 결국 무역선을 뺏기는 상황이 벌어질 것이다. 따라서 대세인 것을 기본으로 여기고, 함께 안정적으로 흐름을 탈 필요가 있다.

식량 한 개를 설정할 때마다 이 아홉 가지 세부 기준을 확인하는 게 좋다. 그렇다고 반드시 아홉 가지 기준에 모두 부합할 필요는 없다. 식량마다 네 가지 기준 정도만 맞추어도 제법 훌륭한 식량이라고 할 수 있다.

식량은 조금씩 변동될 수 있다. 다른 보물선과의 경쟁에서 식량을 뺏기는 등 여러 가지 변수가 발생하기 때문이다. 감염병, 주가 폭락, 금리 인하 등의 외부 변수가 특히 위험하다. 이것이 식량을 네 가지나 정하는 이유다. 한 가지에만 쏟아붓는 마케팅은 도박처럼 위험하다. 한 번의 실수로 보물선이 침몰할 수 있다.

그리고 식량을 정할 때 절대 기준을 따르는 것이 가장 중요하다.

'자신 있는 식량'으로 나아가는 것이다. 점점 더 자신 있는 분야로 파고들면 '오직 나 자신만 생산할 수 있는 식량'을 발견할 수도 있다. 그것은 보물선이 먹거리 걱정 없이 항해할 수 있게 해주는 최고의 자산이 될 것이다.

아직 식량을 정하지 못했는가. 그렇다면 답을 찾을 때까지 계속 생각하라. 만약 지금 식량을 정하지 않으면, 굶어 죽기 직전에 이 순간을 후회하게 될 것이다.

먹고살 네 가지 식량을 선정해야 한다.
자신 있는 것들을 끊임없이 나열하라. 많다면 줄이고, 적다면 늘려라.
사람에게 대입한다면 장점과 즐기는 것을 연결해 최적의 식량을 찾아라.
기업, 제품, 서비스에 대입한다면 수익 모델의 개수가 부족하다면 늘려라.
반대로 많다면 세분화하여 책임자를 늘리고 다각화하라.
04계에서는 핵심 식량들을 최대한 나열하는 것에 초점을 두면 된다.

"식량에 목숨을 걸어라.
식량이 없으면 곧 유령선이 된다."

•••◦▸◦◁◦◃◖◵◗◦▷◦◂◦•••

"대나무 4개를 묶은 것은
대나무 1개보다 열 배 이상 강하다."

•••◦▸◦◁◦◃◖◵◗◦▷◦◂◦•••

"물고기 잡는 법을 알아도, 잡지 않으면
결국 굶는다."

•••◦▸◦◁◦◃◖◵◗◦▷◦◂◦•••

"최고의 결과를 꿈꾸는가?
그냥 즐겁게, 자신 있게 하라."

by 오두환

═══ · 04계 식량 · ═══

**어떤 식량을 먹으며
살아갈 것인가?**

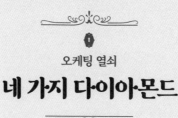

네 가지 다이아몬드

사람들은 누구나 자신만의 장점이 있습니다. 그 장점을 살릴 수 있는 식량을 찾았느냐 못 찾았느냐에 따라 삶의 질이 달라집니다. 그리고 어렴풋이 아는 것과 실행하는 것은 전혀 다른 결과를 가져옵니다. 어렴풋이 알던 장점을 찾아 실체화하십시오. 그리고 여러 번의 고민을 거쳐 행동에 옮겨야 합니다.

그 장점을 오래 유지하려면 네 가지가 필요합니다. 한두 가지만 하다가 아니다 싶으면 그만두고, 다른 것을 하겠다며 떠도는 보물선을 많이 보았습니다. 하지만 처음부터 연관성 있는 네 가지 식량을 만들어 두면, 거친 풍파도 쉽게 이겨낼 수 있습니다. 그러니 자신의 장점을 살려, 먹고 살 식량 네 가지를 꼭 찾으십시오. 없다면 만들어서라도 설정하십시오.

즐기는 자가 세상을 얻습니다. 그러려면 자신이 잘할 수 있고, 즐길 수 있는 것을 찾아 실행해야 합니다. 선택과 집중은 매우 중요합니다. 현명한 선택을 해야 좋은 결과가 나옵니다. 정말 잘할 수 있는 것을 선택하십시오. 그리고 그것에 온 힘을 다해 집중하십시오. 놀이하듯 일하는 당신을 만날 수 있을 것입니다.

있는 그대로의 본질이 아무리 좋아도, 마케팅하지 않으면 어떻게 될까요. 당신은 이미 다이아몬드를 쥐고 있습니다. 그 보석을 찾아 부지런히 세공하십시오. 그리고 당당히 목표를 향해 나아가십시오.

· 04계 ·
식량의 질문

● 내 보물선이 좋아하는 것과 잘하는 것은 무엇인가?

  모두 적어 보고 연관 지어 나열하라

● 당신이 탄 보물선의 식량은 무엇인가? 가치 있고 갖고 싶은 식량은 무엇인가?

지금 식량을 빼앗기고 있다

- 05계 문제 -

자신 있는 식량을 설정했는가? 그렇다면 축하한다. 절대 쉽지 않았으리라 생각한다. 그런데 이쯤에서 안 좋은 소식을 전해야 한다. 어쩌면 당연한 이야기인데, 어렵게 설정한 그 식량을 이미 빼앗기고 있다. 그리고 계속 빼앗기게 될 것이다.

경쟁 보물선들은 멀리 있지 않다. 가까운 영역 안에서 떼로 이동하고 있다. 멀리 있는 것처럼 보여도 경쟁은 치열하게 진행 중이다. 특히 인터넷이 보급되면서 전 세계에 있는 보물선들과 경쟁해야 하는 게 현실이다. 게다가 대형 보물선조차 작고 왜소한 생계형 보물선의 식량을 넘본다.

자신의 보물선이 크고 안전하다고 섣불리 판단해선 안 된다. 보물선의 크기는 언제나 상대적이다. 조금만 눈을 돌리면 내 보물선보다 더 큰 보물선을 쉽게 발견할 수 있다. 그 보물선을 넘어서야 내 보물선이 더 커지고 발전할 수 있다. 어떤 보물선이든 뛰어넘을 수 있는 상대라는 것을 명심하자.

흐르지 않으면 반드시 썩는다. 경쟁 상대가 없는 마케팅이라 해도 시간이 지나면 경쟁 상대는 나타나게 되어 있다. 따라서 어렵게 정한 식량을 더욱 간절하게 지키고, 생산해야 한다.

식량을 지키려면 식량을 제대로 파악하는 것이 먼저다. 식량은 네 가지 유형으로 구분할 수 있다. 바로 재배, 사육, 수렵, 제작 식량이다. 자신이 설정한 식량이 이 중 어떤 유형에 속하며, 어떤 특징을 지니고 있는지 구분해 보길 바란다. 그리고 너무 한쪽 유형에만 치중해서 설정하지는 않았는지 검토하는 것이 좋다.

첫 번째는 **재배하는 식량**이다. 처음부터 쉽게 결과물을 얻을 수는 없지만, 시간이 지나면 꾸준히 생산되는 식량이다. 식량이 대량 생산되기까지 다소 시간이 걸리는 것이 특징이다. 원하는 결과물을 얻을 때까지 꾸준히 인력을 투자하고, 노력해야 한다.

그러나 이러한 노력이 늘 좋은 결과만 가져오지는 않는다. 재배 과정에서 변수가 일어날 확률이 높기 때문이다. 보물선이 아무리 튼튼해도 높은 파도와 강한 비바람으로 인해 재배가 어려워질 수 있다. 하지만 반복적인 노력이 이어져, 수확의 결실을 거두게 된다면 다른 무엇보다 훌륭하고 안정적인 식량이 될 수 있다. 단, 노력과 환경에 따라 수확량이 달라진다는 점을 고려해야 한다.

두 번째는 **사육하여 얻는 식량**이다. 원할 때마다 바로 얻을 수 있지만, 한정된 식량이다. 보통 사육으로 얻는 식량은 맛있는 편이다. 하지만 키우는 과정이 쉽지만은 않다. 교배를 통해 개체 수를 늘리는 데도 오랜 시간과 기술이 필요하다. 사룟값에도 투자를 많이 해야 좋은 결과를 얻을 수 있다.

사육을 통해 훌륭한 식량을 얻을 수 있다는 것은 명백한 사실이다. 하지만 변수는 있다. 사육하는 것이 병에 걸리거나, 사룟값을 감당하지 못하거나, 보물선 자체가 배고픔에 시달릴 수 있다. 이때는 사육을 유지하기 어렵다. 그러나 안정적인 시스템과 개체 수를 갖춘다면 주식主食으로 사용해도 될 정도로 좋은 식량이다. 또 귀한 식량이므로 무역을 통해 판매할 수도 있다. 이때는 판매가를 두고 다른 보물선과 경쟁을 한다.

세 번째는 **수렵을 통해 얻는 식량**이다. 즉각적으로 얻을 수 있으며, 무한한 식량이다. 수렵 방법에는 여러 가지가 있다. 예컨대 낚싯대나 그물, 작살 등을 이용해 물고기를 얻을 수 있다. 방법이 다양한 만큼 식량을 구하기도 쉬워, 잘하면 주력 식량이 될 수도 있다.

하지만 내가 많이 잡으면 다른 보물선은 적게 잡거나, 그 반대의 상황이 벌어질 수 있다. 이는 보물선들은 서로 가까이에 있기 때문이다. 이렇듯 경쟁이 심하므로 어떤 도구를 활용하고, 얼마나 비축해 놓느냐에 따라 결과도 다르게 나타난다.

네 번째는 **제작으로 얻는 식량**이다. 이는 무역선이 있을 때 서로 거래할 수 있는 식량이다. 따라서 무역선이 올 때 그들이 무엇을 원하는

지 면밀하게 검토해야 한다. 그래서 그들이 당장 사고 싶을 만한 식량을 계속 만들어 내야 한다. 내가 필요한 게 아니라 그들이 원하는 것을 만들라는 것이다. 판매자 입장만큼 쓸모없는 것도 없다. 구매자가 되어라.

무역선은 거래가 목적인 만큼 늘 많은 식량을 싣고 다닌다. 그들은 많은 보물선을 만난다. 하지만 아주 특이하거나 맛있는 게 아니라면, 굳이 교환하지 않는다. 그러므로 제대로 된 시스템으로 특이한 무언가를 만들어 내는 것이 중요하다. 그러면 그들로부터 큰 투자를 받거나, 식량보다 값진 보물을 얻어 낼 수도 있다.

물론 언제 나타날지 모르는 무역선을 기다려야 하므로 조급한 마음이 들 수 있다. 또 무역선을 만나도 거래를 못 하거나, 투자받지 못할 수 있다. 그래서 이에 대비해 다른 식량을 안정적으로 비축해야 한다. 그리고 식량의 질과 서비스 개선에 꾸준히 투자해야 한다. 그렇게 해야 비슷한 식량을 만들어 내는 다른 보물선들과의 경쟁에서 살아남을 수 있다.

네 가지 유형에 따라 각각의 식량이 지닌 특성을 이해했는가? 그렇다면 내 보물선에 맞는 식량 유형이 무엇인지 감이 잡혔을 것이다. 보물선이 앞으로 오랫동안 항해하려면 최소 세 가지 유형의 식량을 구성하는 것이 좋다. 어차피 오케팅은 여러 번 반복하면서 전략을 바꾸어 나가야 한다. 그러므로 지금 정한 식량의 유형이 다양하지 않더라도 다시 검토할 때 수정하면 된다.

재배 식량을 제외하고 나머지 세 가지 유형의 식량은 모두 경쟁자와
맞서 싸워 지켜야 하는 식량이다. 내가 제대로 방어하지 못하면 방심
하는 사이 계속 식량을 빼앗기게 될 것이다. 지금도 누군가로부터 식
량을 빼앗기고 있다는 사실을 잊지 마라. 누군가가 내가 원하는 식량
을 많이 얻고 있다면, 나는 그에 비해 덜 얻을 수밖에 없는 것이다.

그렇다면 힘들게 생산하기 시작한 식량을 지키거나 되찾으려면 어
찌해야 할까? 해답은 간단하다. 내 보물선의 식량을 다른 보물선의 식
량보다 더 뛰어나게 만들면 된다. 식량에 문제가 있다면 그것을 해결해
서, 상대가 원하는 품질로 만들어야 한다. 문제를 모르면 답도 찾을 수
없다. 필사적으로 찾아야 한다. 늘 무역선의 입장에서 생각하고, 만들
고, 준비해야 한다.

리서치 기업인 HPI의 대표, 데이비드 이디올스David Iddiols는 "시장
조사는 사람들의 생각이나 행동 패턴을 잘 안다는 착각에서 벗어나,
사람들이 실제로 어떤 생각과 행동을 하는지 알아내는 것이다."라고
했다. 즉, 무역선은 우리가 생각하는 것처럼 그리 단순하지 않다. 그러
므로 식량을 원하는 이들의 생각과 행동을 이해하기 위해 끊임없이 노
력해야 한다. 그렇게 그들에게 가깝게 다가가야 한다.

무역선과 거래하고자 하는 보물선은 많다. 하지만 무역선이 원하는

식량을 생산하는 보물선은 적다. 이것을 염두에 두고 내 보물선의 식량을 다시 검토해 보길 바란다.

우리 회사는 의료 분야의 마케팅과 광고도 많이 진행한다. 이 의료 분야야말로 치열한 경쟁 시장의 결정체라 할 수 있다. 그리고 이러한 경쟁은 수요와 공급 면에서 보면 지금보다 앞으로 더 심해질 것이다.

매년 신규 의사 수는 늘고 있다. 게다가 의사는 딱히 정년 퇴임이라는 것이 없다. 그래서 병원 수는 계속 늘어나는 추세다. 한 건물에 여러 병원이 있거나, 심지어 같은 진료과 병원이 여러 개인 경우도 종종 발견할 수 있다. 반면 인구는 계속 줄어드니 환자 수도 한정적이다.

과거에는 병원 수가 많지 않았다. 그래서 별다른 노력이나 마케팅을 하지 않아도 잘되었다. 하지만 지금은 경쟁이 필수인 상황에 놓여 있다. 새로 문을 연 병원은 기존의 다른 병원의 환자를 빼앗아 와야만 살아남을 수 있는 구조이기 때문이다.

간혹 경쟁에서 이기려고 가격을 내리는 경우가 있다. 하지만 이러한 방법에는 한계가 있다. 또 가격을 내리지 않고도 잘되는 병원이 많다. 이러한 병원은 가치를 파는 곳이고, 가격에 연연하지 않는다. 즉. 가격이 비싸도 잘되는 곳은 고객이 원하는 그들만의 식량을 가지고 있다.

04계 식량과 05계 문제에서 식량을 선별하고, 그것을 지켜내는 방법에 대해 알아보았다. 여러분은 이 두 단계에서 각자의 보물선을 대입해 오케팅하면 된다. 이해를 돕고자 우리 회사(보물선)를 예로 들어 보겠다. 우리 회사는 현재 네 가지 식량 유형에 맞는 다양한 식량을 가지고 있다.

먼저 재배 식량으로 마케팅과 광고 연구를 한다. 연구는 한번에 쉽게 결과를 얻을 수는 없지만, 꾸준히 하면 성과를 얻을 수 있다. 그리고 연구 성과가 쌓이면 다른 식량을 안정적으로 확보하는 데 큰 도움이 된다. 참고로 이렇게 책을 내거나 칼럼을 쓰는 재미도 얻을 수 있다. 그래서 나는 항상 재배하는 마음으로 연구와 배움에 임하게 된다. 무엇보다 연구를 통해 성과를 얻으려 하는 것은 다른 식량을 뺏기지 않기 위한 방어 전략이다.

사육 식량은 바로 수급이 가능하고 훌륭하지만, 한정적이다. 즉, 희소가치가 있다. 우리 회사만의 마케팅 전략 기획과 광고 컨설팅이 여기에 속한다. 광고 진단과 컨설팅, 마케팅 전략 기획과 실무 운영 등 컨트롤타워 역할을 해주기 때문에 그에 대한 대가로 큰 수익이 발생한다. 그리고 기업도 당연히 투자한 것보다 몇 배나 높은 이득을 보장받기에 상호 만족도는 매우 높다. 특히 이 부분의 시스템을 잘 갖춘 상태이므로 우리에게는 매우 중요하고 훌륭한 식량으로 굳어진 지 오래다.

수렵은 경쟁이 치열하지만, 즉각적으로 얻을 수 있고 무한한 식량이다. 우리 회사에서는 광고 대행이 여기에 속한다. 마케팅과 광고는 외발자전거를 타는 것과 같다. 어느 한쪽으로 기울어지면 넘어져서 앞으로 더 나아갈 수 없다. 즉, 마케팅과 광고를 따로 생각해서는 안 된다. 따라서 광고 대행을 함께 하기 위해 실무팀을 운영하고 있다.

광고 대행은 노력한 만큼 보상을 받을 수 있다. 또 광고주 역시 의뢰하자마자 즉각적인 광고효과를 얻을 수 있기에 상당히 매력적인 식량이다.

제작 식량은 무역선이 사고 싶어 하는 식량이어야 한다. 우리에게는 마케팅 교육과 광고 교육이 이에 해당한다. 내가 교사 출신인 것이 시작 동기다. 하지만 교육하면서 얻는 보람이 가장 크다. 또 우리 회사의 대의를 이루기 위한 아군을 모으기 위해서도 꼭 필요한 식량이다.

공공기관, 교육기관, 기업, 단체 등에서 교육을 하다 보면 다양한 생계형 고민을 들을 수 있다. 그래서 늘 그들에게 진정으로 도움을 주고픈 마음으로 임한다. 그러다 보면 오히려 내가 도움을 받을 때가 많다. 나 역시 놓치고 있던 부분을 함께 고민하면서 배우는 것이다. 무엇보다 누군가에게 도움을 준다는 사실이 늘 나를 즐겁게 한다.

이렇게 고민하고 결정하는 과정이 단순히 외우기만 한다고 가능할까? 절대 아니다. 끊임없이 생각해야 한다. 무조건 생각하고 또 생각하라. 우리는 끊임없이 생각하고 궁리해야만 한다.

오케팅적 사고로 식량을 제대로 설정하고 생산하는 과정은 매우 중요하다. 자신은 물론 세계적으로 손에 꼽히는 대기업의 운명도 바꿀 수 있기 때문이다. 작은 생계형 전투에서 승리하며 성장한 사람들이, 후에 엄청나게 큰 전투에서도 승리자가 된다.

어떻게 하면 더 뛰어난 식량을 만들 수 있을지

문제를 찾고, 고민하고, 해결하라.

사람에게 대입한다면 현재(수렵)와

꾸준한 노력으로 생기는 미래(재배·사육),

그리고 현재와 미래의 경계(제작)로 나누어 식량을 키워 가라.

기업, 제품, 서비스에 대입한다면 기존 사업의 기술을 발전시키고,

생산량을 늘리고, 역량을 키우는 방법으로 나누어 관리하라.

그러면서 신제품, 신사업에도 투자하라.

"자신도 모르게 무언가를 빼앗고, 빼앗긴다.
방심은 절대 금물이다."

••••••••••◁<◦◦◌◉◌◦◦>◦◁◦•••••

"좋은 문제를 발견하고 창조하라.
문제를 모르면 풀 수도 없다."

••••••••••◁<◦◦◌◉◌◦◦>◦◁◦•••••

"누구나 무의식 중에 마케팅하는 아마추어다.
프로처럼 오케팅하라."

••••••••••◁<◦◦◌◉◌◦◦>◦◁◦•••••

"그저 매일 문제를 찾고,
매일 문제를 보면 저절로 상위 5%가 된다."

by 오두환

**내 식량을
어떻게 발전시킬 것인가?**

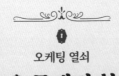

오케팅 열쇠
숨은 문제점 찾기

내가 가진 식량을 어디에 내놓아도 당당히 자랑하고 싶다면, 문제를 철저히 파악하십시오.

힘들게 찾은 식량을 맛있게 만들어야 합니다. 그러려면 아이러니하게도 문제점을 찾는 것부터 시작해야 합니다. 무조건 문제가 있다고 인식해야만 찾을 수 있습니다. 이게 바로 05계 문제의 핵심입니다.

어설프게 한두 가지 문제만 찾고 다음 단계로 넘어가면 어떻게 될까요. 실패를 경험한 후에야 문제를 파악하게 될 것입니다. 종종 자신의 문제를 모르고 사는 사람이 많습니다. 그중 몇몇은 문제를 알고 있더라도 그것을 애써 인식하려 하지 않습니다. 회피합니다. 회피하는 것은 마약과 같습니다. 문제점을 알아도 방치하는 습관이 생깁니다. 문제를 마주해야 합니다. 더 찾아내야 합니다.

늘 새로운 문제를 찾는 습관을 기르십시오. 식량은 문제를 발견해 주길 기다리고 있습니다. 더 업그레이드될 준비가 되어 있습니다. 하지만 문제는 숨은그림찾기 같아서 눈을 부릅뜨고 죽어라 찾아야 간신히 발견할 수 있습니다.

문제를 좀 더 수월하게 찾을 비법을 알려드리겠습니다. 브레인스토밍[1] 전략을 사

---

1 자유로운 토론으로 창조적인 아이디어를 끌어내는 일. 기업의 기획 회의에서 아이디어 개발 방식의 하나로 사용한다.

용해 보십시오. 문제가 무엇인지 여러 사람의 의견을 받아 적으십시오. 다양한 문제를 하나씩 검증해 보면 분명 놓치고 있던 것을 발견하게 됩니다. 한번에 모든 문제를 다 찾을 수는 없습니다. 수일에 걸쳐 생각날 때마다 적도록 하십시오. 그렇게 끊임없이 찾아내면 됩니다. 지금은 별것 아닌 것처럼 보이는 문제도 나중에 보면 태산처럼 크게 인식되는 때가 옵니다.

이때 식량의 네 가지 유형별로 문제를 따로 보아야 합니다. 식량들은 서로 연관성을 가지지만, 전혀 다른 특성이 있습니다. 따라서 각 식량에 해당하는 문제를 나누어 정리하십시오. 브레인스토밍을 통해 수집한 문제 중 인정할 만한 것들을 적으면 됩니다.

· 05계 ·
문제의 질문

● 당신의 보물선이 가진 식량 중 안정적인 식량은 무엇인가?

● 내 식량을 빼앗으려는 경쟁자는 누구인가?

● 당신이 찾아낸 좋은 문제들은 어떤 것들인가?

● 경쟁자는 어떻게 당신의 식량을 빼앗고 있으며, 당신은 어떻게 빼앗을 것인가?

3편

주거

※ 주요 용어 설명

보물선: 당신이 팔고 싶은 모든 것(나를 비롯한 사람, 기업, 제품, 서비스 등)

다른 보물선: 나와 경쟁하는 모든 것(사람, 기업, 제품, 서비스, 스승, 경쟁자 등)

무역선: 당신이 팔고 싶은 것의 구매 대상, 고객

보물: 당신이 판매하려는 특별한 상품

선원: 동료, 직원, 거래처 등 함께 힘을 합치는 아군

* 4장의 내용을 위의 표현으로 빗대어 서술한 이유는 첫째, 연상 대입을 통해 생각하는 힘을 길러 주기 위함이다. 둘째는 사람이나 기업의 이야기로 단정해서 자유로운 사고를 방해하지 않기 위함이다. 이를 통해 문제해결력과 사고력이 크게 성장할 것이다.

앞서 2편 식사에서는 보물선에 올바른 이름을 지어 주었다. 그리고 먹고살기 위한 식량도 정했다. 마지막으로 각 식량을 유형별로 나누고, 각각의 문제점을 찾아 보완했다. 이제 3편 주거에서는 준비한 식량을 가지고 안정적으로 항해하기 위해 최적의 환경을 만들어 주어야 한다.

3편 주거는 06계 위치, 07계 전략, 08계 장벽으로 이루어져 있다. 항해 과정에서 생활하고 잠자는 곳은 매우 중요하다. 춥거나 더워서 며칠만 제대로 못 자도 안정적인 항해는 불가능하다. 최적의 환경에서 잠을 푹 자야만 힘든 항해를 지속할 수 있다. 더불어 항해가 끝난 후에도 휴식을 취하고 새로운 마음으로 출발할 수 있다.

생사가 걸린 위치를 찾아라

- 06계 위치 -

내 보물선은 현재 다른 이들에게 어떻게 보일까. 보는 사람의 위치와 시각에 따라 다르게 보일 것이다. 앞서는 것처럼 보일 수도, 뒤처지는 것처럼 보일 수도 있다. 결국 내 보물선의 위치는 다른 보물선과 무역선이 바라보는 시각에 따라 결정된다. 그러므로 상대가 바라보는 시각이 어떨지 예측해야 한다. 그리고 그보다 더 나은 모습으로 보이기 위해 노력해야 한다.

브랜드 분야의 세계적인 권위자, 데이비드 아커David A. Aaker 교수는 "브랜드 아이덴티티나 가치 제안의 일부인 브랜드 포지셔닝은 소비자의 요구에 적극적으로 반응하는 동시에 경쟁 브랜드에 대해 우위성을 제시하는 것이다."라고 말했다.

따라서 내 보물선을 지켜보는 다른 보물선과 무역선의 시각이 어떤

지 충분히 알아보는 것이 중요하다. 그런 다음 오케팅을 통해 내 보물선의 가치를 끌어올려라. 그러면 좋은 위치를 선정할 수 있을 것이다.

누구나 한 번쯤은 자신의 가치나 위치를 높이기 위해 노력해 봤을 것이다. 하지만 계획 없이 무의식적으로 노력하는 것만으로는 좋은 결과를 얻기 어렵다. 의식적이고 전문적으로 설계해 나가야 좋은 위치를 잡을 수 있다. 이를 위해 먼저 다음의 세 가지 관점에서 생각해야 한다.

첫째, 내 보물선이 어떻게 보였으면 좋겠는가.
둘째, 다른 보물선은 나를 어떻게 평가하고 있을까.
셋째, 무역선들은 다른 보물선과 비교해 내 보물선을 어떤 시각으로 볼까.

먼저 내 보물선이 어떻게 보였으면 좋겠는지 생각해 보자. 이때 '~하게, ~한 것처럼 보였으면 좋겠다.'라고 구체적인 그림을 그리는 것이 좋다. 특히 이 과정에서는 개인의 욕망과 목표가 뚜렷하게 드러난다. 따라서 원하는 모습을 좀 더 과감하게 설정해도 좋다. 그럴수록 더 큰 성취를 이룰 확률이 높아진다.

다른 보물선은 나를 어떻게 평가하고 있을까. 경쟁 상대가 나를 어떤 기준으로 볼지 생각해 보라. 그러면 그들이 내 보물선에 대해 어떤 생각을 할지 유추할 수 있다. 또 그들의 생각을 역으로 이용하면 내 보물선이 어떻게 보이면 좋을지 정리될 것이다.

그리고 무역선들이 수많은 보물선과 비교해 내 보물선을 어떤 시각으로 볼지 고민해 보자. 사실상 이 세 번째 관점이 가장 중요하다. 구매 결정권을 가진 무역선들이 내 보물선을 어떻게 판단하느냐에 따라 생사가 걸려 있기 때문이다.

무역선들은 거래해도 좋을 만한, 좋은 식량이 가득한 보물선을 찾고 있다. 그런데 내 보물선에 다가올 필요성조차 느끼지 못한다면 어찌 되겠는가. 거래할 좋은 기회와 좋은 위치를 함께 동시에 잃게 될 것이다. 그러므로 무역선의 관점에서 생각하는 것은 오케팅을 하듯 계속 반복해야 한다.

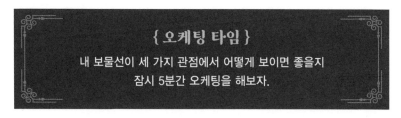

{ 오케팅 타임 }
내 보물선이 세 가지 관점에서 어떻게 보이면 좋을지
잠시 5분간 오케팅을 해보자.

세 가지 관점에서 생각해 보았는가. 그럼 이제 구체적으로 어떻게 해야 내 보물선이 좋아 보일지 고민해야 한다.

첫 번째, 자신의 관점에서 원하는 모습을 설정했다. 그렇다면 그 모습에 최대한 부합하도록 노력하면 된다. 이것이 상상 속의 보물선을 현실화하는 가장 효율적인 방법이다. 예를 들어 내가 설정한 모습처럼 보이려면 A, B, C를 해야 한다고 가정하자. 그런데 현실적으로 C를 해내기 어렵다면? C 대신 D를 해보는 것은 어떨까? 그러면 뛰어난 보물선이 되고 싶다는 욕망에 A, B, D의 역량이 더해지게 된다. 즉, 원하는 보물선의 모습에 가까워지는 것이다.

두 번째, 다른 보물선은 내 보물선의 장점을 볼 수도, 단점을 볼 수도 있다. 예를 들면 내 보물선이 A는 잘하지만, B는 잘하지 못하고, D를 하는 것은 불가능하다고 여길 것이다. 그렇다면 이 중 장점에 초점을 맞추어 그에 따라 행동하면 된다.

그리고 나아가 단점을 장점으로, 위기를 기회로 보이게 하라. 상대가 '그건 잘할지 몰라도 이것까지 잘하기는 힘들겠지?'라고 생각할 만한 것들을 찾아보자. 그리고 그것을 해내기 위해 노력해야 한다. 그들이 '대박! 저 보물선은 이것도 할 수 있는 거야? 우리는 상대가 안 되네.'라고 생각하게 만들어라. 그리고 아예 추격하려는 시도 자체를 포기하게 만들어라. 그러면 더욱 높고, 확고한 위치를 선점할 수 있다. 조금 다른 시각으로 접근하면 나만의 위치가 나온다. 다른 이들이 불가능하다고 생각하는 것을 해내라. 계속 기발한 상상을 해라. 그럴수록 남들은 쉽게 따라오지 못하는 강한 무기가 쌓인다.

세 번째, 무역선들이 더 가까이 다가오고, 계속 오고 싶게 하려면 어떻게 해야 할까? 그들이 내 보물선을 생각할 때 떠오르는 긍정적인 이미지가 있어야 한다. 기업이나 제품, 사람이 지닌 브랜드이미지와 같다.

내 보물선의 브랜드이미지는 어떤지 생각해 보자. '첫 번째에서 스스로 설정한 모습에 부합하는가?' 아직 그렇게 보이지 않을 것이다. 그렇다면 '무역선이 내가 원하는 모습대로 보게 하려면 어떤 장점을 강조해야 할까?', '어떤 점이 충족되었을 때 그렇게 보게 될까?' 이러한 질문을 하면서 답을 풀어 나가라. 원하는 모습에 가까워질 때까지 반복하는 것이 중요하다.

오케팅의 기본은 계속 반복하는 것이다. 충분히 생각한 후에 만족스러운 결론을 가지고 시장에 나간다고 해도 막상 부딪치면 계획대로 흘러가지 않는 경우가 많다. 그런데 충분히 생각하지도 않고, 무작정 선보이는 데만 급급하다면 어찌 될까. 결과는 뻔하다. 뼈아픈 시행착오를 겪게 될 것이다. 반면에 우리는 시뮬레이션을 통해 실패하는 경험을 해야 한다. 그러려면 세 가지 관점으로 끊임없이 질문하고, 고민하고, 연구하라. 이러한 과정을 통해 내 보물선이 어떻게 보이고 싶은지 결론을 얻을 수 있다. 더불어 내 보물선이 앞으로 나아가야 할 방향도 제시해 줄 것이다.

내 보물선의 가치와 위치를 높이기 위해 충분히 노력했는가. 그렇다면 이제 내 보물선의 가치를 평가하고 위치를 정할 차례다. 이때 중요한 것은 내 보물선뿐만 아니라, 경쟁 보물선의 위치도 함께 선정해야 한다는 것이다. 경쟁에서 위치는 상대적으로 결정되기 때문이다.

그런데 경쟁 보물선은 내가 가진 식량에 따라 각각 다르다. 재배 식량의 경쟁 상대와 사육 식량의 경쟁 상대는 다르지 않은가. 그러므로 네 가지 식량 유형별로 경쟁 상대를 따로 선정해야 한다. 식량 유형별로 경쟁 상대 목록을 뽑아 보자.

그런 다음 유형별로 경쟁 보물선들의 위치를 선정해 주면 된다. 먼저 **경쟁 상대를 등급별로 나누어 위치를 정하라.** 1등급을 제일 높은 위치로 하여 1, 2, 3, 4, 5등급으로 분류하면 된다. 이때 나의 보물선을 3등급이라고 가정하자. 이를 기준으로 경쟁 상대를 등급별로 1개씩 꼽으면 된다. 즉, 내 보물선을 기준으로 상대평가를 해서 위아래 등급을 결정하면 된다. 오케팅 항해에서는 실제로 자신의 상황에 맞게 대입할 수 있어야 한다. 그래야 사고를 확장하고, 발전할 수 있다. 위치를 정하는 순서를 간단히 정리하면 다음과 같다.

1. 내가 정한 식량을 네 가지 유형별로 나누어 적어 보자.
2. 식량 유형별로 경쟁 보물선들을 선별해 적어 보자.
3. 식량 유형별로 경쟁 보물선들의 등급을 1~5등급으로 각각 분류해 보자. 이때, 내 보물선의 등급을 3등급이라고 가정하여 이를 기준으로 결정한다.

네 가지 유형별로 경쟁 보물선을 5개씩 정했으면 모두 20개가 나열되는 것이 맞다. 이렇게 선정한 경쟁 보물선은 앞으로 이어질 계를 풀어 나가는 데 꼭 필요하다. 그러므로 신중히 뽑아야 한다.

경쟁 보물선들을 모두 선정했다면, 다시 세 가지 관점에서 생각해 보길 바란다. 그러면 다른 보물선과 무역선에 어떻게 보이고 싶은지 좀 더 구체적으로 정해진다. 바꿔 말하면 내 보물선이 앞으로 나아가야 하는 방향이 보인다는 것이다.

그리고 내 보물선의 가치가 높아졌다고 생각되면 이를 즉각적으로 인지해야 한다. 그래야 새로운 경쟁 보물선을 선정할 수 있고, 더 높은 가치를 추구할 수 있기 때문이다. 즉, 06계 위치를 반복하다 보면 원하는 위치에 저절로 도달할 것이다.

나도 인생, 회사, 제품, 서비스 등에서 이 과정을 수없이 반복했다. 그리고 깨달은 것이 있다. 의식적으로 오케팅하는 분야에서는 웬만해서는 뒤처지지 않는다는 것이다. 반대로 이런 등급 설정을 게을리하면 어떻게 될까? 어느 순간 1~5등급의 보물선이 모두 내 보물선보다 좋은 위치에 있을 것이다.

모든 무역선과 보물선에 크게 보일 필요는 없다. 잘 보여야 하는 무역선과 보물선에만 위대해 보이면 된다. 그러면 나에게 매력을 느낀 무역선들이 거래하려고 줄지어 찾아올 것이다. 그들에게 좋은 가치를 제공하면 그걸로 충분하다. 그것이 곧 내 보물선을 좋아하는 무역선에 대한 훌륭한 보답이다.

식량별로 경쟁 보물선을 선정하고, 등급을 나누어 적어 보라.
사람에게 대입한다면 다양한 유형의 경쟁자(스승)를 정하라.
그리고 그들을 관찰하며 가르침을 얻어라.
기업, 제품, 서비스에 대입한다면 식량별로
경쟁 기업, 제품, 서비스를 등급별로 설정하라.

"남에게 좋아 보이려 하지 말고,
나에게 좋아 죽게끔 만들어라."

᠁•◄∘▷∘◄◖⊙◍◍⊙◗▷∘◄∘▷•᠁

"경쟁할 상대가 있음에 감사하라.
그들은 내가 배울 스승님,
함께 시장을 만드는 동료,
나를 채찍질하는 기폭제이다!"

᠁•◄∘▷∘◄◖⊙◍◍⊙◗▷∘◄∘▷•᠁

"게임에 만렙은 있어도, 세상에 만렙은 없다.
세상을 게임처럼 즐겨라."

᠁•◄∘▷∘◄◖⊙◍◍⊙◗▷∘◄∘▷•᠁

"삶이 좋아지려면 좋은 사람들과,
좋은 일을 만들고, 좋은 경쟁을 하라."

᠁•◄∘▷∘◄◖⊙◍◍⊙◗▷∘◄∘▷•᠁

"경쟁자를 고르자.
그리고 감사하자.
그들 덕분에 성공할 테니까."

by 오두환

· 06계 위치 ·

**경쟁 보물선과 스승을
다양하게 모셨는가?**

오케팅 열쇠

경쟁자가 아닌 스승님

여러분은 가족, 친구, 동료, 경쟁자, 고객 등 바라보는 사람에 따라 다양한 위치에 있습니다. 대통령이나 대기업 총수도 자식에게는 그저 평범한 아버지입니다. 또 지극히 평범한 사람이라도 누군가에게는 대단하게 보일 수 있습니다.

우리는 누구에게, 어떻게 보이고 싶은지 예측하고 상상해야 합니다. 그래야 그렇게 보이고자 변해가는 자신을 발견할 수 있습니다. 어떤 시각으로 당신을 바라보게 할 것인지, 당신의 위치를 정하십시오.

이때 경쟁자들의 등급도 함께 선정하십시오. 사실 경쟁자들은 당신이 발전할 수 있도록 교훈을 주는 스승님입니다. 경쟁자의 무능력함에 한탄하고, 비양심적인 행태에 분노하고, 진정성에 감탄하고, 뛰어남에 경의를 표하십시오. 그렇게 가르침을 받아 청출어람이 되십시오.

특히 1등급 스승님에게 가르침을 받는 데 주력하십시오. 최고의 스승인 그들이 걸어온 길이 이미 나와 있습니다. 알려진 업적, 사업, 책, 인간관계 등 어떤 형태로든 기록이 남아 있습니다. 그것들을 그냥 지나치지 마십시오.

여기서 한 가지 조언을 드리겠습니다. 1등급 스승님 중에도 가르치는 데 소질이 있는 스승을 선택하십시오. 잘하는 것과 잘 가르치는 것은 별개의 재능입니다. 현역 시절의 차범근은 매우 뛰어난 선수였지만, 감독으로서의 역량은 다소 아쉬웠습니다.

반면 히딩크는 B급 선수였지만, 감독으로서는 최고로 인정받았습니다. 무언가 배울 점이 있고, 잘 가르치는 스승을 선택하는 것이 좋습니다. 어떤 스승에게 배울지 잘 선정하십시오.

위치의 질문

● 다른 보물선에 보이고자 하는 모습이 단순하지는 않은가?

● 무역선에 보이는 모습이 초라하다고 생각하지 않는가?

● 네 가지 식량 유형에서 5단계 등급별로 스승님을 정하였는가?

무역선은 자주 오지 않는다

- 07계 전략 -

내 보물선은 지금 무엇을 향해 나아가고 있는가. 보물을 얻기 위해서, 더 나아가 대의를 이루기 위해서 항해하고 있다. 이를 위해 꼭 필요한 것이 무역선과의 거래다. 우리는 거래를 통해 보물을 얻거나, 목표를 이룰 수 있다.

그렇다면 무역선은 어떤 보물선과 거래를 할까? 보물선이 어떻게 보이느냐에 따라 다르다. 첫째, 보물선이 해적선이나 떠돌이 유령선으로 보인다면? 보물선의 깃발이 보이는 순간 바로 뱃머리를 돌릴 것이다. 둘째, 평범한 배처럼 보이거나, 얻을 게 없어 보인다면? 그냥 지나쳐 버릴 것이다. 셋째, 무언가 얻을 게 있어 보인다면? 직접 다가오거나 보물선이 먼저 다가가길 기다릴 것이다. 넷째, 유명한 보물선이거나, 새롭고 기이한 무언가를 발견한다면? 보물선이 방향을 틀어도 무역선은 매력을 느껴 쫓아올 것이다.

하지만 무역선이 쫓아오더라도 보물선이 그 무역선을 발견하지 못하면 의미가 없다. 더 좋은 보물선을 발견하고 방향을 바꿀 수도 있기 때문이다. 그러므로 부지런히 주변을 살피는 것이 중요하다. 먼저 무역선을 발견해야 한다. 그리고 무역선이 내 보물선과 거래하게 만들어야 한다.

물론 무역선이 내 보물선을 찾아오게 하는 것이 더 좋다. 그러나 그것은 그동안 좋은 거래를 많이 했거나, 보물선이 매우 유명해진 후에나 가능한 일이다. 게다가 그들이 알아서 찾아오는 것에 만족해 가만히 있어도 안 된다. 그러면 언젠가는 다른 보물선에 뒤처지게 된다. 그러므로 끊임없이 내 보물선의 가치를 높이는 작업을 해야 한다. 즉, 거래한 적이 없더라도 신뢰를 뛰어넘을 만한 훌륭한 가치를 제공할 '전략'이 있어야 한다.

《보이는 손》의 저자, 앨프리드 챈들러Alfred D. Chandler, Jr는 "전략이란 기업의 장기적 목표와 그 목표를 달성하기 위한 행동을 결정하고 경영자원을 배분하는 것이다."라고 주장했다.

장기적인 목표와 전략이 없으면 막상 기회가 와도 눈앞에서 놓치는 불상사가 발생한다. 따라서 기회가 왔을 때 그것을 잡으려면 철저한 준비가 되어 있어야 한다. 좋은 기회는 쉽게 오지 않지만, 기회를 놓치는 것은 매우 쉽다.

앞서 우리는 식량의 종류에 대해 고민하고, 훌륭한 식량을 선별했다. 그리고 내 보물선이 어떻게 보이면 좋을지 선택하고, 내 보물선과 경쟁 보물선의 위치를 설정했다. 그렇다면 이제 보물선과 거래를 하는 무역선에 눈을 돌려야 할 때다.

무역선과 거래하기 위해서는 내 보물선의 가치를 평가받고, 인정받아야 한다. 그러려면 먼저 공략할 무역선을 찾아야 한다. 그리고 가격이나 거래 방법 등을 제시해야 할 것이다. 그래야 교환의 법칙이 성립되기 때문이다.

그렇다면 어떤 무역선을 노릴 것인가. 무역선에도 다양한 유형이 있다. 그런데 모든 무역선의 마음에 드는 것은 거의 불가능하다. 따라서 어떤 무역선을 공략할 것인지 고민해 봐야 한다. 무역선의 유형에는 여섯 가지가 있다.

첫째, 특별함에 끌려서 사는 유형(마니아 또는 충성고객)

둘째, 남들이 다 사니까 따라 사는 유형(군중심리)

셋째, 구하기 어려운, 희소성 있는 것을 사는 유형(우월 심리)

넷째, 가격 대비 성능이 좋아서 사는 유형(실속형)

다섯째, 가격이 저렴하다는 이유로 사는 유형(저가형)

여섯째, 그저 빨리 가지고 싶어서 고민 없이 사는 유형(긴급형)

거래하는 무역선의 유형이 다양하다고 좋은 것은 아니다. 무엇보다 여섯 가지 유형의 무역선을 모두 만족하게 하는 것은 매우 어렵다. 그러므로 공략할 무역선의 유형을 반드시 선택해야 한다. 그런 다음 그에 맞는 적절한 방법으로 공략하는 것이 효율적이다.

특별함에 끌려서 사는 무역선을 공략하려면 어떻게 해야 할까. 특별한 무언가를 갖추고 그것을 세분화하여 마니아층을 만들어라. 조화롭게 엮이지 않는 것을 엮는 방식으로 충성고객을 만들 수도 있다.

다른 무역선을 따라서 사는 무역선을 공략하려면 어떻게 해야 할까. 대중성을 높이기 위해 최대한 많은 무역선에 알려라. 이때 여론 형성이 중요하다. 한번 좋은 소문이 나면, 좋고 나쁨을 떠나서 그냥 습관처럼 사는 경향이 있다.

희소성 있는 것을 사는 무역선을 공략하려면 어떻게 해야 할까. 높은 가격으로 차별화된 품질을 제공하라. 가격이 높으면 그만큼 해줄 수 있는 게 많다. 깜짝 놀랄 만한 서비스도 제공할 수 있다. 그런 서비스를 원하는 무역선들의 욕구를 충족해 주면 된다.

가격 대비 성능을 중요시하는 무역선을 공략하려면 어떻게 해야 할까. 팔려는 것의 성능을 점검하여, 가성비를 높여라. 다른 보물선에는 없는 특별한 무언가를 추가로 제공하는 방법도 있다.

저렴한 것을 선호하는 무역선을 공략하려면 어떻게 해야 할까. 일단 가격을 내려라. 이때 가격을 조금만 내리는 것은 위험하다. 오히려 다른 보물선까지 가격 경쟁에 뛰어들 수 있기 때문이다. 가격을 확 내려야 한다. 하지만 그만큼 많이 팔리지 않으면 수익이 현저히 떨어져 큰 타격을 입을 수 있다. 게다가 이 유형의 무역선은 낮은 가격을 찾아 언제든 떠날 준비가 되어 있는 위험한 고객층이다. 이 때문에 다시 가격을 올리기도 어렵다.

무조건 빨리 사는 게 목적인 무역선을 공략하려면 어떻게 해야 할까. 다른 보물선보다 먼저 만나라. 그리고 무엇이든 준비되어 있어야 한다. 어지간한 제품이나 능력은 모두 갖춘 만능형 보물선이어야 한다. 특출난 것을 가지고 있지는 않지만, 무역선이 찾는 거의 모든 것을 가지고 있어야 유리하다.

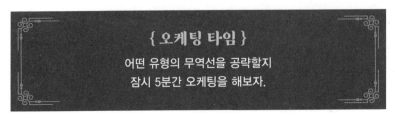

우리 회사를 예로 들면, 가성비가 좋은 것을 선호하는 실속형 고객을 먼저 공략했다. 고객이 쓴 돈보다 더 큰 성과가 창출되어야 한다고 생각하기 때문이다. 만약 성과를 내지 못하더라도 보상 차원의 조치를 해주는 게 좋다. 금전적인 보상을 해주거나 원하는 목표에 도달할 때까지 무상으로 지원하는 방법이 있다. 이때 잘못이 있다면 순순히 인정하는 것이 중요하다. 그리고 개선 방향을 찾아내어 실패를 성공으로 바꿀 수 있도록 전략을 수정해야 한다.

또 의도하지는 않았지만 특별함에 끌려 사는 마니아, 충성고객을 공략할 수 있었다. 소문을 듣거나, 소개로 찾아오는 고객이 늘었다. 이는 실속형 고객을 공략하는 데 성공했기에 가능한 일이다.

마지막으로 희소성 있는 것을 좋아하는 고객을 공략했다. 그래서 '한 지역, 한 업종' 원칙을 고수한다. 한 지역에서 같은 업종의 마케팅이나 광고를 진행하지 않는다. 같은 업종인 두 곳을 동시에 진행하면 특별하게 보이지 않기 때문이다. 무엇보다 이 신념을 지키는 것은 최소

한의 의리이며 도의이자, 대의다.

어떤 무역선을 공략할지를 결정했는가. 그렇다면 팔고자 하는 것의 가격을 제시해야 한다. 여기서 '가격'의 개념을 돈으로만 단정 짓지 않기를 바란다. 자신이 파는 것에 대한 '대가로 받는 무언가'로 이해하면 된다. 그것은 돈일 수도, 물건일 수도, 신뢰일 수도, 명예일 수도 있다.

사실 좋은 거래란 굉장히 간단하다. 보물선은 팔려는 것을 높은 가격에 팔고, 무역선은 사려는 것을 낮은 가격에 사는 것이다. 그래서 합리적인 가격을 책정하는 것이 중요하다.

가격이 너무 낮으면 이익이 현저히 줄어, 향후 개발비 등에 투자하기 힘들 것이다. 그러면 더 좋은 제품을 생산할 수 없게 된다. 결국 내 보물선의 가치를 믿고 구매한 무역선에 점점 안 좋은 물건을 판매하게 되는 것이다.

너무 낮은 가격에 파는 것은 무역선에도 손해다. 정말 좋은 물건이라 해도 너무 저렴하게 구매하면 만족도가 떨어지기 때문이다. 희소가치나 우월 심리 등을 통해 만족감도 얻길 원하는데, 어떤 고체나 액체 따위를 싸게 산 것에 불과해지니 말이다. 따라서 무조건 가격을 낮출 것이 아니라, 가치를 높여라.

예컨대 마시는 물에도 여러 가지가 있다. 수도 요금을 내고 마시는 수돗물, 끓인 물, 가게에서 구매한 생수, 약수터 물, 정수기 물, 암반수 등 취하는 방법이나 가격, 가치가 다 다르다. 그리고 기준에 따라 다를 수 있지만, 이 중 수돗물이 가장 쌀 것이다. 하지만 실제로 수돗물을 마시는 사람은 많지 않다. 이것이 우리가 고려해야 할 사항이다. 고객은 가치를 원한다. 따라서 이 모든 것을 고려하여 팔려는 가치에 대해 합리적인 가격을 정해야 한다.

무역선은 한번 선택하면 그것에 대한 신뢰도가 떨어지지 않는 이상 습관처럼 구매한다. 따라서 무역선이 선택하는 순간이 왔을 때, 합리적인 가격을 제시할 수 있어야 한다. 이를 위해 다음과 같이 고민하는 과정이 필요하다.

1. 06계에서 식량 유형별로 설정한 경쟁 보물선의 목록을 보자.
2. 경쟁 보물선이 내 보물선과 경쟁하는 '어떤 것'을 얼마에 파는지 모두 적어 보자.
3. 내 보물선의 '어떤 것'을 얼마에 팔지 가격을 적어 보자.
4. 무역선에 무엇을 더 해줄 수 있을지 적어 보자. 이에 따라 가격을 더 높일 수도 있다.
5. 무역선이 '어떤 것'을 샀을 때, 어떤 감정을 느낄지 생각해 보자.
6. 무역선이 계속 좋은 감정을 느끼게 하려면, 내 보물선이 개발해야 할 것은 무엇인지 생각해 보자.

이 여섯 가지 중 3~6번만 반복해서 오케팅하면 된다. 다만, 1~2번 과정도 다시 설정해야겠다는 마음이 든다면 가차 없이 재설정하기를 바란다. 보물선은 지속적인 연구와 개발을 통해 가치를 높여야 한다. 가격이 다소 높아도, 무역선이 싸게 잘 샀다는 생각이 들게 해야 한다.

무역선이 원하는 것이 바로 그것이다. 요컨대, 합리적인 가격은 오직 고객만 정할 수 있다.

특히 무역선에 무엇을 더 해줄 수 있을지, 무역선이 구매 후 어떤 감정을 느낄지, 내 보물선이 개발해야 할 것은 무엇인지는 모두 경쟁 보물선에 따라 상대적으로 결정된다. 따라서 늘 경쟁 보물선과 내 보물선에서 제공하는 것을 철저히 비교해야 한다. 앞서 설정한 1~5등급 중 1등급 보물선을 보고 계획을 세워야 한다. 그리고 2등급 보물선이 파는 것과 전략을 모방해야 한다. 또 실수하지 않기 위해 3등급, 4등급, 5등급 보물선을 관찰하며 노력해야 한다.

보물선이 공략하려는 무역선의 수는 점점 늘어날 것이다. 하지만 처음에는 1개부터 시작하는 것이 좋다. 꼭 공략하고 싶은 무역선이 있다면, 그 무역선에 맞추어 내 보물선의 환경을 바꾸는 방법을 시도해야 한다. 생각을 거듭해서, 수를 읽어야 한다. 몇 수 앞을 내다본 전략은 훌륭한 미래를 만든다. 스스로 가치 혁명을 일으키려면, 계속 해법을 찾아야 한다.

> 무역선의 유형에 맞게 전략을 재구성하라.
> 식량의 가치를 높이고, 합리적인 가격을 정해야 한다.
> 사람에게 대입한다면 자신의 가치를 높여, 경쟁력을 높여라.
> 기업, 제품, 서비스에 대입한다면
> 무형의 가치, 품질, 좋은 가격을 제공하여 심리적인 만족감을 제공하라.

"누가, 언제, 어디서, 무엇을, 어떻게, 왜라는
육하원칙은 최고의 마케팅 수단이다!"

·····◦◦◦━◁◦◦◦━◁◦◦◦◦◦◦◦◦◦◦◦◦◦◦━▷◦◦◦━▷◦◦◦·····

"객관적인 가치 따위는 없다.
가치는 지극히 주관적이다."

·····◦◦◦━◁◦◦◦━◁◦◦◦◦◦◦◦◦◦◦◦◦◦◦━▷◦◦◦━▷◦◦◦·····

"전부를 위해서? 절반을 위해서.
절반인 50%가 나머지 50%를 불러온다."

·····◦◦◦━◁◦◦◦━◁◦◦◦◦◦◦◦◦◦◦◦◦◦◦━▷◦◦◦━▷◦◦◦·····

"나는 '반드시 가격이 오를',
'좋은 상품'의 '한정판'을
안 살 자신이 없다."

·····◦◦◦━◁◦◦◦━◁◦◦◦◦◦◦◦◦◦◦◦◦◦◦━▷◦◦◦━▷◦◦◦·····

"오케팅은 계속 퍼내도 마르지 않는
바닷물 같은 지혜를 꿈꾼다."

by 오두환

· 07계 전략 ·

무역선이
매력을 느낄 전략은 무엇인가?

오케팅 열쇠

가격보다 특별한 가치

거래를 하려면 팔려는 가치가 고객에게 어떻게 느껴질지 예측해야 합니다. 고객에게 확실히 매력 있어 보이려면 어찌해야 할까요.

어떤 고객에게 어떻게 보이고 싶은지 전략을 세워야 합니다. 그러려면 먼저 어떤 고객을 공략할 것인지 신중하게 선택해야 합니다. 그리고 그들이 손에 넣고 싶다는 감정을 강하게 느낄 수 있도록 하는 전략을 세우십시오. 예컨대 다이아몬드는 유용성이 아닌 희소성으로 가치가 판단됩니다. 그러므로 유용성이나 실용성에만 국한해서 생각하지 마십시오.

누구와 거래하더라도 주된 관심사는 언제나 가치입니다. 가격이 아니라 가치입니다. 합리적인 가격에 최대한 많은 것을 해주면 됩니다. 섣불리 가격부터 정하지 마십시오. 고객에게 제공할 수 있는 것들을 최대한 조합해 보십시오. 그러면 거기에서 가치와 가격이 형성됩니다.

조금 더 나아가 세상에 오직 하나뿐인 가치를 만드십시오. 세상에 똑같은 사람은 존재하지 않습니다. 마찬가지로 완전히 똑같은 기업이나 제품, 서비스도 존재하지 않습니다. 남보다 조금 더 특별해지려고 노력하면 됩니다. 인간게놈프로젝트의 연구 결과, 인간과 침팬지의 염기배열은 단 1.5%의 차이만 있을 뿐이라고 합니다. 또 코카콜라는 단 1%의 특별한 주성분만으로 다른 이들이 따라 할 수 없는 맛을 만들어 냈습니다. 누구도 쉽게 따라 할 수 없는 특별한 가치를 만드는 데 집중하십시오.

· 07계 ·

전략의 질문

● 공략하려는 무역선은 당신 보물선의 어떤 것에 만족을 느끼겠는가?

● 무역선이 만족하지 않는다면, 어떤 것을 더해야 만족하게 할 수 있겠는가?

● 좋은 가치를 제공하려면 한 가지 전략만 고수해서는 안 된다.

전략 변화를 시도했는가?

● 준비한 식량들에 알맞은 가치가 형성되었는가?

무엇으로 살아남을 것인가

- 08계 장벽 -

누구나 경쟁을 하며 살아간다. 당연한 이야기인데 대부분 인정하기 싫어하거나 불편해한다. 이유가 뭘까? 누군가와 경쟁하고 있다는 사실 자체가 유쾌하지 않기 때문이다. 경쟁 속에 살아간다고 생각하면 심리적으로도 많은 부담이 될 것이다. 그래서 애써 경쟁 사회에 살고 있다는 사실을 부정하려는 것이다.

CRM[1]의 창시자 돈 페퍼스Don Peppers와 마사 로저스Martha Rodgers는 다윈의 진화론을 예로 들며 지속 가능한 경쟁 우위란 존재하지 않는다고 설명했다. 자연계처럼 변화에 가장 잘 적응하는 곳이 성공할 수 있다는 말이다.

---

1 Customer Relationship Management의 약자로 '고객관계관리'라고 한다. 기업이 고객과 관련된 내외부 자료를 분석·통합해 고객 중심 자원을 극대화하고, 이를 토대로 고객 특성에 맞게 마케팅 활동을 계획·지원·평가하는 과정이다.

보물선이 오랫동안 살아남으려면 경쟁을 해야 한다. 이 사실을 인정하고 살아남기 위해 끊임없이 노력해야 한다. 현상 유지만을 위해 멈춰 있으면, 유지하는 것이 아니라 도태되고 만다. 후발 주자에게 밀리거나 마이너스 현상을 겪게 될 수밖에 없다.

그러므로 모든 보물선은 두 가지 노력을 함께 해야 한다. 바로 혁신(연구개발)과 지속이다. 혁신하지 못하면 지속할 수 없고, 지속하지 못하면 혁신할 수 없다. 걷기에 비유한다면 각각 왼발과 오른발이라고 할 수 있다. 한 발이 먼저 나간다. 그리고 다른 발은 따라간다. 먼저 나간 발이 혁신이고, 뒤따라가는 발은 지속이다. 두 발이 유기적으로 움직여야 앞으로 계속 나아갈 수 있다. 그리고 앞선 사람을 추월할 수도 있다.

그런데 작은 보물선일수록 연구개발에 더 투자한다. 반면 큰 보물선일수록 현상 유지에 더 투자하는 경향이 있다. 그러나 작은 보물선이 연구개발에만 투자한다면, 원래 가지고 있던 가치를 잃거나 위협받게 된다. 반면 큰 보물선이 현상 유지에만 몰두한다면 다른 보물선에 추월당해 결국 뒤로 밀려나게 된다. 그러므로 보물선은 혁신과 현상 유지를 함께 해야 한다.

많은 분이 내게 큰 보물선이 되려면 어떻게 해야 하냐고 묻는다. 나는 한 치의 망설임도 없이 연구개발을 통해 혁신을 지속해야 한다고 조언한다. 상위 5%가 되려면 끊임없이 연구하고 개발하고 혁신해야 한다.

이 과정에서 경쟁 보물선은 최고의 스승이다. 앞서 설정한 1~5등급의 경쟁 보물선을 보자. 그들에게는 단순히 보이는 것 외에도 우리가 보지 못한 강점과 특별한 매력이 있다. 등급별 경쟁 보물선으로부터 무엇을 배울 수 있는지 살펴보자.

먼저 **1, 2등급 보물선**을 보자. 이들을 따라가려면 모방해야 하는 것이 기본이다. 완벽하게 따라 하지 못한다면, 비슷하게 흉내라도 내야 한다. 사소한 것부터 비슷하게 흉내를 내다가, 서서히 큰 것들을 모방해야 한다. 그리고 그들을 앞서려면 한계를 뛰어넘어야 한다. 모방하지 않으면 절대 뛰어넘을 수 없다. 불가능하더라도 지금 당장 시도해보자. 모방하다 보면 방법을 찾을 수 있고, 가야 할 길이 보일 것이다.

3등급 보물선은 내 보물선과 동급이다. 당장 겨루어야 하는 실질적인 경쟁자다. 경쟁해야 할 많은 보물선 중 가장 눈에 거슬리는 존재라 할 수 있다. 하지만 그렇게만 생각해서는 안 된다. 3등급 보물선을 끊임없이 모니터링하여 배울 점을 찾고, 넘어설 방법을 강구해야 한다.

특히 그들이 1, 2등급 보물선을 따라잡기 위해 모방하거나 혁신하려는 것을 놓치지 말고 알아내야 한다. 그들은 그리 쉽게 움직이지 않을 테지만 그래도 늘 그들의 움직임을 예의주시할 필요가 있다.

사실 보물선은 상황이 절박할 때 혁신하려는 시도를 더 많이 한다. 그런 의미에서 3등급인 내 보물선은 4, 5등급 보물선으로부터 더 많은 것을 배울 수 있다. 이 보물선들은 상대적으로 절박한 상황이기 때문에 계속 변화를 시도하고 도전한다. 그리고 그들의 목표는 1, 2등급이 아니라 바로 3등급인 내 보물선이다. 우리가 그들을 지켜봐야 하는 이유가 여기에 있다.

4, 5등급 보물선은 무언가를 계속 시도할 것이다. 따라서 우리는 그들이 치고 올라오는 것을 방어해야 한다. 방어는 최선의 공격이기도 하다. 그들이 추구하는 혁신적인 시도를 배우고, 시도해야 한다. 그럼으로써 1, 2등급 보물선을 향해 나아갈 추진력을 얻을 수 있다.

경쟁 보물선의 변화에 따라 방치, 모방, 혁신이라는 세 가지 전략이 필요하다. 보물선의 변화를 감지하는 것이 가장 우선이다. 그리고 변화를 발견했을 때 배울 점이 없어 보이면 방치한다. 그리고 괜찮은 것 같은데 조금 애매하다면 모방한다. 마지막으로 아주 좋은 변화라고 판단되면 혁신해야 한다. 이런 식으로 우리가 쳐놓은 방치, 모방, 혁신의 그물망에서 경쟁사가 벗어나지 못하게 하라.

여기서 주의해야 할 점은 그들을 무작정 따라 하면 안 된다는 것이다. 특히 가격만 낮추는 경쟁이 그러하다. 다른 보물선이 시도하는 최악의 전략에 휘말려서는 안 된다. 그렇다고 아주 무신경해서도 안 된다. 그 가격 변동이 업계의 지각변동을 일으킬 정도로 혁신적일 수도 있기 때문이다. 그리고 그들의 도전이 혁신인지 그저 무모한 도전인지 철저히 분석하고 파악해서 도입해야 한다. 생계형인 우리는 수십 번의 시뮬레이션을 통해 검증해야만 한다.

> **{ 오케팅 타임 }**
> 내가 선택한 전략은 방치, 모방, 혁신 중 무엇인지
> 잠시 5분간 오케팅을 해보자.

방치, 모방, 혁신이라는 세 가지 전략에 대해 자세히 알아보자.

먼저 **방치** 전략을 살펴보자. 경쟁 보물선의 전략 중 내 보물선에 대입해도 아무런 의미가 없다고 생각되는 전략이 있다. 게다가 되려 손해를 끼칠 가능성이 있는 전략이라면 그냥 방치하는 것이 좋다.

하지만 섣부르게 '아니다.'라고 판단하기 전에, 내 보물선에 맞는지 시뮬레이션을 해보아야 한다. 예측된 결과에서 얻는 것보다 잃는 게 많다면 무시하는 게 답이다. 만약 이러한 전략을 따라 하면 거래하던 무역선에 실망감만 안겨 줄 것이다. 따라서 다른 보물선의 전략을 정교하게 판단해야 한다.

다음은 **모방** 전략이다. 이 전략도 여러 번의 시뮬레이션을 거쳐야 한다. 그 결과 내 보물선에 대입해도 좋다고 판단될 때 쓰면 된다. 나를 추격하는 보물선이 힘들게 만든 전략을 바로 따라 한다면 그 보물선의 장점을 내 보물선에 탑재할 수 있다. 또 앞서가는 보물선과 대등해지는 포인트가 될 수도 있다.

아무리 고민해도 전략에 대해 확신이 들지 않을 수도 있다. 이럴 때는 애매하게 발만 걸치는 다소 축소된 모방 전략을 써도 좋다. 조금이라도 가능성이 있다는 생각이 든다면 일단 그대로 따라 해보자. 대신 전략을 약간 수정하는 것이 좋다. 지치지 않을 정도로만 실행하며 결과를 지켜본 후에 결정해도 된다.

마지막으로 **혁신** 전략이다. 경쟁 보물선이 힘들게 짜낸 전략 중에 '바로 이거다!' 싶은 것이 있을 것이다. 기발하다는 생각이 든다면 무조건 따라 하라. 다만 그 전략에서 한 가지만 바꾸자는 생각으로 접근하

자. 그게 바로 혁신이다.

이미 경쟁 보물선은 한계치까지 고민한 끝에 영혼을 담은 승부를 시도했을 것이다. 그 덕에 멋지고 기발한 전략을 만들어 낸 것이다. 상대는 이미 지쳐 있다. 그러나 내 보물선은 지금부터다. 그들의 전략에 한 가지만 더 생각해서 앞서 나가는 전략을 펼치면 된다. 상대의 전략에 부족한 점을 보완한다면 아주 혁신적인 전략이 될 수 있다.

이것은 나를 추격하는 보물선을 방어하고, 앞선 보물선을 추월하는 효율적인 방법이다. 이때 내 보물선도 함께 평가해 보자. 내 전략의 단점을 파악하고, 혁신을 추가한다면 더 좋은 결과를 얻을 것이다.

다른 것을 보고 배워 비슷하게 해보는 것은 모든 학습의 기본이다. 똑같이 베끼는 것이 아니다. 한발 더 나아가 새롭게 재창조하는 것이다. 새로운 혁신을 꾀하는 것은 중요하지만, 매번 새로운 것을 창조할 수는 없다. 그러므로 경쟁 보물선을 모니터링하는 것이 더 중요하다.

간혹 식량을 똑같이 베끼기만 하는 비양심적인 보물선들을 발견할 것이다. 그 보물선들이 꼭 나쁜 것은 아니다. 그런 보물선이 존재해야만 내 보물선이 더 빛날 수 있기 때문이다. 양심적이고 정직한 보물선끼리만 경쟁한다고 생각해 보라. 생계형으로 살아남기가 더욱 힘들 것이다. 따라서 비양심적인 보물선에 감사하는 마음을 갖고, 최선을 다하자.

비양심적인 보물선은 절대 모방하지 말아야 한다. 조금 나은 보물선을 모방하고, 기발한 보물선을 따라 혁신하길 바란다. 앞서 말한 것만 잘 실행해도 내 보물선은 오래 살아남고 훨씬 더 훌륭해질 것이다.

나 역시 이런 과정을 통해 오케팅을 의식적으로 지속해 왔다. 지금도 진정성과 진실함, 대의와 보물이 담긴 오케팅을 하고 있다. 앞으로도 나보다 앞서 있는 보물선에 감사하며, 그들과 선의의 경주를 할 것이다. 마케팅 경주에서 때로는 치타처럼 빠르게, 때로는 코끼리처럼 강력하게 변화를 시도하라. 혁신적 변화를 시도해 경주에서 승리하도록 하자.

등급별로 선정한 경쟁 보물선을 꾸준히 관찰하라.

그리고 방치, 모방, 혁신하라. 1%씩 꾸준히 변화해야 한다.

사람에게 대입한다면 스승들의 특별함을 1%씩 모아라.

한 분야의 최고보다 여러 분야에서 수준급으로 올라서라.

기업, 제품, 서비스에 대입한다면 스승들을 계속 모니터링하라.

그러면서 1%씩 모방하고 혁신하여 특별한 5%가 되어라.

"5%가 되려면 95%와 다른 길을 가라."

····◁•▷·◁●❂●▷·◁•▷····

"모방은 어렵다. 상대가 나보다 뛰어나다는 것을
인정하기 어렵기 때문이다."

····◁•▷·◁●❂●▷·◁•▷····

"불가능한 이유만 찾으면,
가능한 것도 불가능해진다."

····◁•▷·◁●❂●▷·◁•▷····

"좋은 변화를 감지하고, 더 좋은 변화를 꾀하라.
그게 진짜 혁신이다."

····◁•▷·◁●❂●▷·◁•▷····

"1% 차별화의 반복이
1%성공의 비결이다."

by 오두환

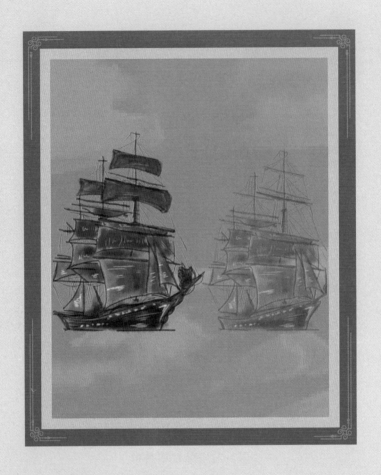

· 08계 장벽 ·

**내가 만든
특별한 1%는 무엇인가?**

오케팅은 혁신의 어머니

당신이 뽑은 유형별, 등급별 경쟁 상대가 모두 뛰어난 스승이라는 것을 인정하십시오. 다만 그들의 전략 중에 당신과 맞는 것이 있고, 맞지 않는 것이 있을 뿐입니다. 그 전략을 자신에게 가상으로 대입해 보십시오. 그러면 방치할지, 모방할지, 혁신할지 답이 나올 것입니다.

다른 곳에서 좋은 전략이어도 나에게는 맞지 않을 수 있습니다. 또 다른 곳에서는 나쁜 전략이 나에게는 좋은 전략일 수 있습니다. 따라서 끊임없이 경쟁 상대를 지켜봐야 합니다. 그리고 가상 도입을 시도해야 장벽을 만들어 낼 수 있습니다. 늘 그들을 주시하십시오.

멋지고 좋은 전략을 남보다 한발 앞서 발견하고, 한발 앞서 실행하십시오. 최초가 되지 못해도 좋습니다. 최초를 빠르게 따라가 혁신하며, 고객과의 접점을 늘리면 어떻게 될까요. 고객의 뇌리에는 당신이 최초이자 마지막이 될 것입니다.

그러려면 모니터링한 경쟁 상대의 전략을 분석하고 실행해야 합니다. 혼자서 늘 새로운 전략을 구상하는 것은 불가능합니다. 그것을 인정하십시오. 경쟁 상대의 뛰어남을 인정하고 배우십시오.

무조건 최고가 되려 하지 마십시오. 힘을 빼고 꾸준히 경쟁 상대를 모니터링하십시오. 마치 좋아하는 TV를 보는 것처럼, 그들을 한 달에 한 번씩 지켜보면 됩니다.

그러다 보면 어느 순간 큰 격차가 벌어진 것을 느끼게 될 것입니다.

제법 괜찮은 전략을 발견하면 단순히 모방하는 데만 그치지 마십시오. 혁신하십시오. 맛있는 김치찌개 레시피에 치즈와 고구마를 넣어 보는 것처럼 말입니다. 세상에는 정말 많은 재료가 있습니다. 고객도 전혀 다른 맛을 경험하고 감동할 준비가 돼 있습니다. 이제 당신의 보물선이 움직일 차례입니다.

·····◁◦▷◦◁◦◁◦⊰⊙⊙⊙⊙⊱◦▷◦◁▷◦·····

· 08계 ·
장벽의 질문

● 경쟁 보물선이 당신보다 더 좋은 전략을 실행하고 있다고 생각하는가?

● 그 전략이 진짜 좋은 전략인지, 당신의 보물선에 대입하고 검증해 보았는가?

● 검증 결과가 좋다면, 그 전략을 모방하여 당신의 보물선에 적용해 보겠는가?

● 전략을 더 좋게 보완하는 방법에는 어떤 것들이 있겠는가?

4편

의복

※ 주요 용어 설명

보물선: 당신이 팔고 싶은 모든 것(나를 비롯한 사람, 기업, 제품, 서비스 등)

다른 보물선: 나와 경쟁하는 모든 것(사람, 기업, 제품, 서비스, 스승, 경쟁자 등)

무역선: 당신이 팔고 싶은 것의 구매 대상, 고객

보물: 당신이 판매하려는 특별한 상품

선원: 동료, 직원, 거래처 등 함께 힘을 합치는 아군

* 4장의 내용을 위의 표현으로 빗대어 서술한 이유는 첫째, 연상 대입을 통해 생각하는 힘을 길러 주기 위함이다. 둘째는 사람이나 기업의 이야기로 단정해서 자유로운 사고를 방해하지 않기 위함이다. 이를 통해 문제해결력과 사고력이 크게 성장할 것이다.

4편 의복은 09계 각본, 10계 요약으로 구성되어 있다. 항해 과정에서 의복은 기본적으로 추위나 더위를 막아 준다. 또 제대로 생활할 수 있도록 존엄성을 지켜 준다. 의복이 갖춰지지 않으면 어떻겠는가. 주거와 식량이 보장되었다 해도, 여러 가지 의미에서 외부 생활이 불가능할 것이다.

누가, 왜, 어떻게 그 일을 하는가

- 09계 각본 -

내 보물선의 선장은 누구인가? 당연히 자신이다. 그런데 이상하게 도 다른 보물선이나 무역선의 선장에게 자신의 이야기를 알리려 하지 않는다. 하지만 마케팅에서 가장 쉽고, 효과적인 방식은 바로 '스토리 가 담긴 시나리오'다.

《광고 불변의 법칙》의 저자, 데이비드 오길비David Ogilvy는 '가장 좋 은 광고는 개인적인 경험에서 나오는 것'이라고 말했다. 또《드림 소사 이어티》의 저자, 롤프 옌센Rolf Jensen은 "스토리를 발견하라. 단, 발명 하지는 마라. 스토리는 믿을 만한 근거가 있는 진짜여야 하기 때문이 다. 이것은 마치 스토리를 채굴하는 것과 같다."라고 말했다. 스토리의 중요성을 강조한 것이다. 그런데 우리는 단순한 스토리보다는 시나리 오 개념으로 접근해야 한다.

한 걸음 더 나아가, 스토리가 아닌 시나리오를 만들어라. 스토리와 시나리오의 차이는 무엇인가. 스토리는 단순히 '있는 그대로의 이야기'에 불과하다. 그러나 시나리오는 의도적으로 '엮어낸 이야기'에 가깝다. 여기서 주의할 것은 거짓 시나리오가 아닌 사실에 근거한 시나리오만 사용해야 한다는 점이다. 보물선의 시나리오에는 절대 거짓이 담기면 안 된다. 진실은 반드시 드러난다.

만약 거짓이 담긴 시나리오로 성공한다 해도 그것은 곧 무너질 모래성과 같다. 많은 사람이 진실이 담긴 시나리오에 더 큰 매력을 느끼고 공감한다. 그러므로 반드시 사실에 근거한 시나리오를 사용해야 한다.

스토리와 달리 시나리오는 다섯 가지 효과를 볼 수 있다. 이해력, 접근성, 즐거움, 전파력, 기억력이다.

사실을 기반으로 흥미롭게 만들어진 시나리오는 '이해력'을 넓혀 준다. 한 번 들으면 바로 이해가 되고, 고개도 절로 끄덕이게 된다. 즉, 보물선의 가치에 공감할 수 있다.

시나리오는 '접근성'이 높다. 흥미로운 시나리오가 있는 보물선에 더 가까이 가고 싶고, 좀 더 알고 싶어 한다. 이것은 어쩌면 당연한 이치다. 무역선은 접근성이 좋은 보물선에 이미 호감을 느끼고 있을 것이다. 그러므로 팔려는 것을 좋은 값에 거래할 수도 있다.

그리고 흥미와 '즐거움'은 비례한다. 흥미를 유발하는 잘 짜인 시나리오는 즐거움을 준다. 재미있는 이야기를 들은 것처럼 무료한 일상에 활력을 불어넣는다. 보물선이 준비한 시나리오를 통해 무역선이 흥미와 즐거움, 매력 등의 감정을 느낀다면 이는 곧 수십 배의 값어치로 돌아올 것이다.

또 시나리오는 '전파력'이 강하다. 함축된 내용으로 궁금증을 유발하면 전파하기가 훨씬 쉽다. 따라서 한 줄의 문장으로 무역선이 이야기를 듣고 싶게 만들어야 한다.

마지막으로 '기억력'도 중요하다. 메시지가 명확하고 기억에 남는 시나리오는 무역선의 뇌리에 오랫동안 남을 수 있다. 그러면 다른 무역선에 전달하기도 좋다. 따라서 전달하고자 하는 1~2개의 메시지를 반드시 담아야 한다. 그리고 이를 반복적으로 알리는 것이 효과적이다.

그리고 이 다섯 가지 효과를 극대화하기 위해서는 반드시 갖추어야 할 요소가 있다. 바로 시나리오에 꼭 필요한 주인공과 주제 등이다. 따라서 시나리오를 만들 때는 다음의 여섯 가지 요소가 들어가는지 검토해야 한다.

보물선은 언제 항해했는가(하는가).
보물선은 어디서 항해를 했는가(하는가).
보물선은 누가 항해했는가(하는가).
보물선은 무엇을 하기 위해 항해를 했는가(하는가).
보물선은 왜 항해했는가(하는가).
보물선은 어떻게 항해했는가(하는가).

이 여섯 가지는 생각보다 유용하다. 이 중 최소 서너 가지 요소로만 이야기를 엮어내도 재미있는 시나리오가 탄생한다. 이 요소들을 보물선에 적용해 시나리오를 만들면 된다. 또는 보물이나 식량에 초점을 맞추어도 좋다.

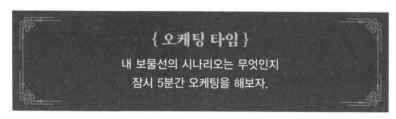

{ 오케팅 타임 }
내 보물선의 시나리오는 무엇인지
잠시 5분간 오케팅을 해보자.

시나리오는 앞서 말한 것처럼 여섯 가지 요소 중 일부를 엮어 만든다. 이때 보물선을 한번에 이해할 수 있게 해주는 것이 중요하다.

"내 보물선은 '언제'부터 '누가' '무엇'을 하기 위해 '어떻게' 항해하고 있다."

이런 식으로 말이다. 그리고 각 요소에 세부적인 설명을 곁들여 좀 더 완성된 시나리오를 만들 수 있다. 여러 번 검토하는 과정에서 내용에 깊이를 더할 수 있다. 즉, 시나리오를 만드는 것은 본질 그대로의 모습을 포장하는 과정이다. 어떻게 본질을 포장하여 확장하는지 나를 예로 들어 설명해 보겠다.

1차 시나리오(본질)

오두환 대표는 2008년부터 마케팅과 광고 업계에서 일하고 있다. 그가 이끄는 한국온라인광고연구소는 현재 500여 곳의 광고주를 관리하고 있다. 또 매년 꾸준히 성장하는 회사다.

2차 시나리오(포장)

오두환 대표는 마케팅과 광고를 오랫동안 해왔다. 현재는 한국온라인광고연구소에서 500여 곳의 광고주를 관리하고 있다. 매년 50% 이상 매출 성장을 보인다. '오케팅' 시스템과 '광고의 8원칙'을 도입했다. 이를 통해 좋은 마케팅과 광고를 접목하여 20여 개 사업을 하고 있다. 지금도 누군가를 돕고, 항상 새로운 시도를 하려고 노력한다. 무엇보다 철학적 사고와 획기적인 시스템으로 혁신적인 변화가 일어나고 있다.

3차 시나리오(포장)

오두환 대표는 지금까지 약 16년간 실전 마케팅과 광고를 보급했다. 그럼으로써 많은 회사와 사람이 상위 1%가 될 수 있도록 도왔다. 오두환은 교사, 교수, 연구자, 광고인, 기업인이면서 베스트셀러 작가이기도 하다. 그가 이끄는 한국온라인광고연구소는 500여 곳의 광고주를 관리한다. 또 매년 50% 이상 매출 성장을 보인다. 정규 직원 30여 명과 프리랜서 70여 명으로 총 100여 명의 직원이 업계 혁신을 시도하고 있다. '오케팅' 시스템과 '광고의 8원칙' 등 다수의 특허를 출원했다. 이를 활용해 교육, 컨설팅, 연구, 대행 등 20여 개 사업을 하고 있다. 그리고 보육원 후원단체인 굿닥터네트웍스를 운영하는 등 선한 영향력을 전파하고 있다. 무엇보다 철학적 사고와 누구나 쉽게 따라 할 수 있는 시스템으로 혁신적인 변화를 일으키고 있다.

4차 시나리오(최종)

오두환 대표는 약 16년간 실전 마케팅과 광고를 연구하고 보급했다. 이를 통해 여러 기업제품 · 서비스 · 사람이 상위 1%에 진입하도록 도왔다. 오두환은 교사, 교수, 연구자, 광고인, 기업인이다. 또 13주 연속 베스트셀러에 오른 《광고의 8원칙》의 작가이기도 하다. 이 책은 광고 분야 책으로는 국내 최초로 종합 베스트셀러 1위에 올랐다. 이로써 마케팅(오케팅)과 광고(광고의 8원칙)를 일반인에게 보급해 대중화했다는 평가를 받는다.

오두환이 이끄는 한국온라인광고연구소는 현재 500여 곳의 광고주를 관리하고 있다. 그리고 매년 50% 이상 매출 성장을 보인다. 특히 '오케팅' 시스템과 '광고의 8원칙' 등 다수의 특허를 출원했다. 이를 활용해 교육, 컨설팅, 연구, 대행, 출판 등 20여 개 사업을 하고 있다.

오두환 대표는 광고주를 돕는 것 외에도, 후원 활동을 통해 선한 행보를 이어가고 있다. 후원단체인 굿닥터네트웍스를 통해 20여 곳의 보육원에 있는 1,000여 명의 아이들을 돕고 있다. 매달 자동이체로 후원하는 것은 물론, 비정기적으로도 마스크와 과자 등의 선물을 전하고 있다. 나아가 의식주 걱정 없이 생각하고, 연구하여, 더 큰 대의를 설계할 수 있는 '배움과 연구의 마을'을 만들고자 한다. 오두환 대표와 100여 명의 직원은 철학적 사고와 시스템으로 더 큰 혁신에 도전하는 것을 즐긴다.

이렇게 시나리오에 살을 붙이면서 확장하는 과정이 필요하다. '언제, 어디서, 누가, 무엇을, 왜, 어떻게'라는 각 요소에 맞게 확장하면 된다. '무엇을'에 살을 붙이고, '어떻게'에 살을 붙이는 방식으로 확장하는 것이다. 그리고 그중 특별히 더 강조하고 싶은 요소에 더 상세한 내용을 붙여 표현하면 된다.

최대한 길게 작성하라. 그런 다음에 불필요한 부분을 지워라. 그리고 다시 추가하는 작업을 반복하라. 보물선에는 보물 지도인 스케치북이 항상 펼쳐져 있어야 한다. 시나리오를 만들 때 스케치북에 기록을 남겨라. 그리고 여러 번 수정을 거듭하다 보면 마음에 드는 시나리오를 완성할 수 있다.

여기에 보물선이 훌륭한 일을 하고 있다는 인식도 함께 심어 줄 수 있다면 더욱 좋다. 보물선 시나리오에는 대의나 보물, 식량 등의 내용이 들어갈 것이다. 이때 끈기와 집념, 노력, 용기, 긍정과 같은 이미지를 덧씌우는 것이다. 이를 위해서는 다음의 일곱 가지를 유념하면 된다.

첫째, **유명해 보이고 신뢰가 가도록 하라.** 무역선이 선뜻 거래하고 싶을 정도로 믿음이 가는 보물선으로 보여야 한다. 둘째, **보물선의 규모를 상세하게 설명하라.** 무역선이 돈을 써도 아깝지 않을만한 규모의 보물선임을 증명해야 한다. 셋째, **계속 발전하고 연구하는 모습을 보여라.** 보물선이 현재에 안주하거나 자만하지 않는다는 모습을 보여야 한다. 잘하는 보물선임을 증명하라. 넷째, **열정적이고 부지런한 모습을 보여라.** 그동안 찾은 많은 보물을 보여 주는 것도 좋다. 무엇보다 열심히 하는 모습이 중요하다. 다섯째, **식량이나 가치를 원활하게 공급할 수 있음을 보여라.** 체계적인 시스템과 업무 흐름을 통해 잘될 수밖에 없는 당위성을 증명해야 한다. 여섯째, **보물선의 선한 행보와 역사를 증명하라.** 보물선의 선장이나 선원 등이 선한 영향력을 발휘하고 있음을 강조해야 한다. 일곱째, **보물선의 비전과 목표를 명확히 보여라.** 왜 항해하는지 보여 줘야 한다. 그 이유에 매료되어 누구든 함께하고 싶어지게 만들어라.

나는 시나리오에 이 일곱 가지를 적용하는 과정을 '세븐포지셔닝'이라고 부른다. 세븐포지셔닝을 할 때는 시나리오를 읽거나 듣는 대상의 관점에서 생각하는 것이 중요하다. 즉, 내 보물선을 보는 무역선의 관점에서 시나리오를 만들어라. 그러면 훨씬 더 훌륭한 시나리오가 탄생할 것이다.

충분히 만족스러운 시나리오를 만들었는가. 그렇다면 이 작업을 반복해서 3개의 시나리오를 만들어야 한다. 시나리오가 3개여야 하는 이유가 있다. 보물선이 연속성을 띠고 계속 무언가에 도전해서 발전하고 있음을 표현해야 하기 때문이다. 보물선의 과거와 현재, 미래를 알린다고 보면 된다.

시나리오가 1편밖에 없다고 가정해 보자. 그러면 다음 이야기가 궁금해도 더 들을 수 없다. 따라서 시나리오 1편을 만들고, 이어서 2편과 3편을 제공할 수 있어야 한다. 제대로 된 장편 시나리오를 하나 만들어서, 2~3편으로 나누어 제공하는 것도 좋은 방법이다.

이미 결말이 완벽하게 나와 있는 시나리오는 흥미를 주지 못한다. 시나리오는 재미있는 한 편의 드라마여야 한다. 보물선의 시나리오를 드라마처럼 계속 이어가는 것이 가장 좋은 오케팅이다. 다음은 오두환의 시나리오다.

중학생 때부터 작가, 교사가 꿈인 아이는 남들과 좀 달랐다. 당시 무서운 선생님들조차 이 아이가 확고한 꿈을 이야기하고, 수학·과학 시간에도 소설을 읽거나, 책을 쓰는 모습을 보며 혀를 내둘렀다. 교무실에서 혼을 내거나 부모님도 소환해 봤지만 도무지 말을 듣지 않아 아무도 수업 시간에 아이를 야단치지 않았다. 아이는 불과 몇 달도 안 걸려 자신이 가고 싶은 길에 대해 응원받았다.

이제는 자신이 자라면서 배웠던 문제해결력, 사고력을 키울 수 있는 훈련을 국제대안학교인 혁신영재사관학교를 설립하여 보급하고자 한다. 20여 개의 사업과 직업을 가진 그의 교육 철학은 아이 개개인의 천재성을 극대화하는 데에 특화되어 있다. 이런 천재들을 각 분야의 킹으로 만들어 대한민국의 위상을 드높이고, 국가 경제를 발전시키기 위해 킹메이커 오두환은 불가능해 보이는 길을 걸었다고 다짐한다.

이 학교는 초·중·고등학교 때부터 아이들이 좋아하는 것을 찾고,

자신만의 분야에 관한 책을 쓰고, 칼럼이나 논문을 쓰고, 다양한 협회 활동도 하며 애국심과 선함에 대해 깊이 배우도록 한다. 게다가 스스로 사업자가 되어 실제로 적게나마 수익을 내서 돈을 벌 수 있도록 도와준다. 이렇게 되면 아이들은 성취감과 자기효능감이 넘치고, 베풀 줄 아는 인성을 갖게 되며, 사회적으로 천재로 불릴 수 있는 모든 조건을 갖추게 된다.

이러한 결과를 기반으로 오두환 대표가 직접 국내 최고 대학의 석학 교수분들에게 연락하여 아이들을 수제자로 받아달라고 청한다. 과거 오두환이 그토록 갖고 싶었던 참된 스승과 연결된다면 아이들은 머지않아 대한민국의 기둥이 될 것이고, 인재가 전부인 대한민국에 크게 이바지할 수 있다. 율곡 이이의 십만양병설처럼 딱 10년이면 각 분야의 천재가 나타날 것이다. 그리되면 우리는 더 좋아진 대한민국에서 그 혜택을 보게 될 것이다. 우리는 위기에 처한 대한민국의 다음 세대를 위해서라도 지금 이 일을 해야만 한다.

보물선의 모든 스토리를 엮어 시나리오로 만들어야 한다.
특별한 작품을 선보여야 무역선을 움직일 수 있다.
사람에게 대입한다면 사소한 것까지 모두 엮어서
자신만의 시나리오를 만들어라.
기업, 제품, 서비스에 대입한다면
스토리를 세븐포지셔닝으로 엮어서 포장하고 표현하라.

"당신은 사랑받기 위해 태언난 사람!
인정하라.
누구에게나 특별한 달란트(재능)가 있다."

···◦◊►◦◄◧◈◎◒◧◈◎►◦◄►◦···

"당신의 이야기를 엮은 시나리오는 작품이고,
작품은 고객을 즐겁게 한다."

···◦◊►◦◄◧◈◎◒◧◈◎►◦◄►◦···

"좋은 시나리오는 뇌리에 박혀,
종일 잊을 수 없게 만든다."

···◦◊►◦◄◧◈◎◒◧◈◎►◦◄►◦···

"당신을 추측하게 하지 말고,
당신을 추천하게 만들어라."

by 오두환

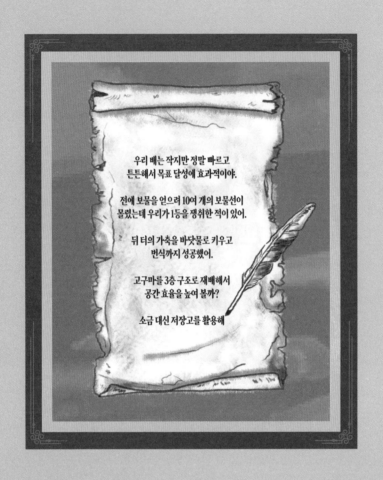

우리 배는 작지만 정말 빠르고
튼튼해서 목표 달성에 효과적이야.

전에 보물을 얻으려 10여 개의 보물선이
몰렸는데 우리가 1등을 쟁취한 적이 있어.

뒤 터의 가축을 바닷물로 키우고
번식까지 성공했어.

고구마를 3층 구조로 재배해서
공간 효율을 높여 볼까?

소금 대신 저장고를 활용해

· 09계 각본 ·

모든 항해 일지를
기억해 냈는가?

오케팅 열쇠

적어라, 엮어라, 채워라

시나리오는 매우 중요합니다. 보물선이 무엇을 말하는지 한눈에 알 수 있게 만들기 때문입니다. 그런데 막상 시나리오를 쓰려고 하면 막막할 것입니다. 이유는 간단합니다. 한 번도 내 보물선을 포장하려고 시도해 본 적이 없기 때문입니다.

보물선을 처음 포장하는 과정은 매우 낯설 것입니다. 보물선에 관한 스토리가 잘 기억나지 않는 경우도 많습니다. 하지만 기억해 내십시오. 보물선의 역사를 쭉 나열하십시오. 그리고 시나리오에 쓸 만한 것들만 추리면 됩니다.

특별하지 않아도, 대단하지 않아도 좋습니다. 자신의 이야기, 그 자체로도 충분히 빛납니다. 보물선 관점에서는 너무 당연한 것도 무역선 입장에서 당연하지 않을 수 있습니다. 평범한 이야기만 적었다 해도 실망하지 마십시오. 반드시 특별해질 것입니다. 이유는 간단합니다. 다른 보물선은 스토리를 나열해 알리고 있지 않기 때문입니다.

우리는 모든 것을 기억해서 나열한 후, 엮어 내야 합니다. 알차게 엮어 내십시오. 저는 이것을 작품화 과정이라고 말합니다. 첫술에 배부를 필요는 없습니다. 어차피 오케팅은 수십 번 반복하는 것입니다. 작품은 또 업그레이드될 것입니다. 오케팅을 배웠다면 충분히 자신감을 가져도 됩니다. 반드시 될 테니까요.

그렇다고 시나리오에 쉽게 만족해서는 안 됩니다. 부족한 부분을 채워 나가십시오. 이야기를 적다 보면 부족한 부분들이 눈에 보입니다. 그런 부분은 보충이 필요합니다. 아쉬움을 느끼십시오. 문제를 찾으십시오. 부족한 부분을 발견했다면 채우십시오.

· 09계 ·
각본의 질문

- 당신 보물선의 시나리오는 스스로 보아도 정말 마음에 드는가?

- 마음에 들지 않는다면 이유는 무엇인가? 무엇이 빠졌는지 점검하고 보완하라.

- 주변 사람들에게 시나리오를 들려주었을 때 반응이 어떠한가?

- 그들이 다른 이들에게 시나리오를 전파한다면, 이는 시나리오가 훌륭하다는 증거다.

한마디로 모든 것을 증명하라

- 10계 요약 -

　09계에서 만든 시나리오에 스스로 만족하는가. 주변의 반응은 어떠한가. 만약 반응이 좋지 않은데도 10계를 진행한다면, 앞으로 반응은 더 냉담해질 것이다. 시나리오에 대해 조금이라도 의심이 드는가? 그렇다면 바꾸고 또 바꾸어라. 확신이 들 때까지.

　확신이 든다면, 시나리오가 적힌 스케치북을 펼쳐 보자. 그리고 과거에 적은 시나리오부터 완성된 시나리오까지 한 장 한 장 읽어 보며 키워드를 뽑아라. 이 키워드들을 조합하면 슬로건이 탄생한다.

　세인트루이스대학교의 브라이언 틸Brian Till 교수와 브랜드 전략가인 도나 헤클러Donna Heckler는 슬로건에 대해 다음과 같이 강조했다. "브랜드의 성공에 영향을 끼치는 요인들은 다양하지만, 그중에서도 슬로건이 브랜드의 의미 향상에 미치는 잠재적 효과는 매우 크고 강력하다." 잠재적 효과가 큰 슬로건은 뇌리에 각인되어 자신도 모르게 인식한다는 뜻이다.

좋은 키워드들을 엮어 쉽게 공유할 수 있는 한마디를 만들어라. 이것이 10계 요약의 핵심이다. 여기서 한마디는 내 보물선을 함축적으로 표현한 슬로건이다.

보물선의 시나리오를 듣게 하려면 반드시 강력한 한마디로 시작하라. 강력한 한마디, 즉 슬로건은 보물선 시나리오의 예고편이라고 생각하면 쉽다. 무역선이 예고편을 보고 내 보물선의 시나리오를 보고 싶게 만들어야 한다. 따라서 슬로건은 흥미로우면서도 매력적이어야 한다.

이러한 슬로건을 만들려면 먼저 시나리오에서 키워드를 뽑아야 한다. 키워드는 특별한 것을 말하는 것이 아니다. 그저 내 보물선을 표현하는 데 주요한 단어들을 뽑으면 된다. 말 그대로 핵심 단어다. 따라서 키워드만 보고도 보물선에 대해 어느 정도 파악할 수 있는 연관성이 있어야 한다. 시나리오에서 단어들만 중점적으로 보면 포인트가 보일 것이다. 그중 강하고, 힘차고, 독특하고, 멋있는 키워드를 5개만 뽑아 보자.

혹 키워드 개수가 부족한가. 그렇다면 더 나올 때까지 고민해야 한다. 식재료가 많을수록 다양한 요리를 만들어 낼 수 있지 않은가. 키워드 역시 많으면 많을수록 슬로건을 만들 때 선택의 폭이 넓어진다.

5개 또는 그 이상의 키워드를 뽑았는가. 이제 그 키워드들을 엮어 슬로건을 만들면 된다. 한 번만 들어도 뇌리에 박히는 슬로건을 만들고 싶은가. 그렇다면 키워드를 다양한 조합으로 엮어 보라. 키워드를 나열한 후, 퍼즐을 맞추듯이 슬로건을 만들어도 좋다. 또는 키워드와 키워드 사이를 화살표로 이어가며 순서를 맞춰 가도 된다. 다른 키워드를 추가하거나, 지우기도 하며 계속 슬로건을 읽어 보아야 한다.

물론 쉽지 않은 작업이다. 많은 시간과 노력을 투자해야 좋은 결과를 얻을 수 있다. 따라서 힘들다고 중도에 포기하지 않기를 바란다. 나도 슬로건을 만들 때는 하루, 길게는 몇 주가 소요된다. 대충 만들 수 없기 때문이다.

슬로건이란 브랜드명의 또 다른 이름이다. 고객에게 브랜드를 알리기 위한 경쟁은 치열하다. 정보는 넘쳐나고, 광고 매체도 다양하기 때문이다. 따라서 고객이 단 한 번만 접했어도 다음에 또 들었을 때 '아~ 들은 적 있어.'라고 떠올릴 수 있게 만들어야 한다. 보물선의 슬로건에 충분히 공을 들여라.

> ### { 오케팅 타임 }
> 내 보물선을 함축해서 표현하는 슬로건은 무엇인지
> 잠시 5분간 오케팅을 해보자.

보물선의 슬로건을 만들었는가. 그렇다면 문장의 길이를 10자 이하로 줄여라. 어렵다면 20자 이하로 줄여 보자. 사실 무조건 짧게 줄이는 것이 정답은 아니다. 정말 좋은 슬로건인데 20자가 넘는다면 그대로 사용해도 좋다. 다만 슬로건은 짧을수록 기억이 잘 나고, 전달하기도 좋다.

키워드를 몇 개까지 사용하느냐에 따라 다르지만, 슬로건은 짧은 한두 문장으로 만드는 것이 좋다. 슬로건이 간결하고 매력이 넘칠수록 보물선의 가치를 더 많은 사람에게, 더 비싼 값에 팔 수 있다. 슬로건을 짧게 줄이는 데 성공했는가. 그렇다면 이제 슬로건이 다음의 조건에 맞는지 검토할 차례다.

1. 쉬운 단어를 써라.

어려운 단어는 머릿속에서 풀이 과정을 거쳐야 한다. 그래서 바로 공감하기 어렵다. 일상에서 자주 사용하는 친숙한 단어들로 구성하는 것이 좋다.

2. 핵심 내용을 알기 쉽게 하라.

'도대체 무엇을 표현한 거지?'라는 의문이 들게 하면 안 된다. 감정에만 호소하거나, 무의미한 단어들만 나열하면 이런 결과를 낳는다. 슬로건은 보물선이 팔려는 '어떤 것'을 알리기 위한 예고편임을 잊지 말아라.

3. 궁금증을 유발하라.

사람은 누구나 궁금증을 해소하고 싶은 욕구가 있다. 그러므로 슬로건에 고개를 갸우뚱하게 만드는 키워드가 들어가면 좋다. 그것이 궁금해서라도 한 번 더 찾아보게 만들 수 있다. 질문을 던지는 방식도 좋다. 물음표로 끝나는 슬로건을 보면 자신도 모르게 답을 생각하려 할 것이다.

4. 이미지가 떠오르게 하라.

슬로건을 보고 이미지가 떠오르게 하라. 그 이미지가 강렬할수록 오랫동안 기억에 남을 것이다. 물론 쉽지 않은 일이다. 방법을 하나 제시하면, 먼저 의도적으로 원하는 이미지를 생각해 내라. 그런 다음에 그 이미지와 연관된 슬로건을 만드는 것도 좋은 방법이다.

5. 간결하게 만들어라.

문장이 길면 이해하기 어렵다. 군더더기를 없애고 최대한 간결하게 표현해 보자. 그게 어렵다면 일단 완성한 후에, 단어를 삭제해 나가면 짧게 줄일 수 있다.

6. 명쾌한 문장으로 만들어라.

가끔 대화를 나누다 보면 '저 사람 굉장히 시원시원하다.'라는 느낌을 받을 때가 있다. 그런 사람들은 애매한 단어를 사용하지 않고, 명확한 단어만 골라서 사용한다. 슬로건도 그래야만 한다. 슬로건에 명확하지 않은 단어가 있다면, 명쾌한 단어로 바꿀 수 있는지 검토해 보자.

7. 긍정적 단어를 사용하라.

무역선이 슬로건을 보고 긍정적인 느낌을 받도록 하라. 그러면 좋은 감정으로 보물선을 대하게 될 것이다. 특히 긍정적인 단어는 듣는 사람도, 보는 사람도 기분 좋게 만드는 힘이 있다. 가능하면 긍정적인 키워드들을 엮어 슬로건을 만들어 보자.

8. 자부심을 담아라.

자부심이 담긴 슬로건에서는 각오와 포부, 신념 등을 느낄 수 있다. 스스로 지금까지 오케팅 순서대로 잘 진행했다는 확신이

드는가. 그렇다면 그에 대한 자부심을 접목하여 표현해 보자. 단, 근거 없는 자부심은 바로 들통나게 되어 있다. 마음에서 우러나오는 진실한 내용만을 담아야 한다.

9. 감정을 자극하라.

슬로건을 접했을 때 사랑, 기쁨, 슬픔 등의 감정을 느끼게 하라. 그러한 감정은 친밀감으로 이어지고, 공감을 불러일으킬 수 있다. 먼저 무역선이 어떤 감정을 느끼면 좋을지 생각하라. 그리고 그 감정과 관련된 단어들을 슬로건에 담아 보자.

10. 행동을 표현하는 문장으로 만들어라.

행동을 표현하는 문장은 무역선을 내가 원하는 대로 움직이게 하는 데 효과적이다. '~해야 한다.', '~하자!' 등의 표현은 강요하는 것처럼 보일 수 있다. 하지만 반드시 그렇게 행동해야 할 것 같은 느낌을 준다. 그래서 보물선이 원하는 목적을 쉽고 빠르게 전달할 수 있다.

이 열 가지 조건에 맞는지 검토하여 슬로건 시안을 뽑아내라. 그리고 다시 처음으로 되돌아가 추가로 수정할 부분이 있는지 확인하여, 보완하라. 슬로건은 앞서 만든 시나리오에 관심을 갖고 제대로 읽어 보게 하는 매개체 역할을 한다. 그러므로 신중하게 생각하고 만들어야 한다.

그리고 슬로건을 한 번 정했다고 해서 끝이 아니다. 상황에 따라 약간씩 변화를 주어야 한다. 무역선마다 원하는 보물선이 다르다. 그러므로 보물선은 카멜레온처럼 그들의 요구에 따라 시시각각 모습을 달리해야 한다.

예를 들면 나는 강의할 때 청중의 긴장을 풀기 위해 다음과 같이 인사를 건넨다. "안녕하세요. 머리 두, 빛날 환, 머리가 빛나는 헤드라이터 오두환입니다." 이 말에는 다양한 중의적인 의미가 담겨 있는데, 나이가 지긋한 분들에게는 이런 표현을 쓰지 않는다. 자칫 가벼워 보일 수 있기 때문이다. 그래서 나를 표현하는 슬로건에는 여러 가지가 있다. '특별하지 않아도 5% 부자로 만들어드리는 오두환', '종합 베스트셀러 1위 작가 오두환', '1,000여 명의 보육원 아이들을 후원하는 오두환', '2,000여 광고주와 함께한 한국온라인광고연구소의 오두환' 등 매번 상황에 따라 다르게 표현한다.

간혹 슬로건과 카피를 혼동하기도 한다. 둘 다 함축된 표현이기는 하나 전달하는 메시지나 용도가 다르다. 슬로건은 보물선을 한번에 이해하게 하는 메시지다. 큰 틀에서 설명하는 전체적인 메시지라는 것이다. 또 슬로건은 상황에 따라 약간씩 변형될 수 있다. 하지만 본질은 변하지 않아야 한다.

그런데 카피는 조금 다르다. 전달하고자 하는 메시지가 상황에 따라 전혀 달라진다. 카피는 수백 번 변형되어 고객을 사로잡는 것이 목적이기 때문이다. 따라서 카피는 슬로건과 동일시될 수 있다. 그러나 슬로건은 카피가 될 수 없다. 그러므로 시나리오를 요약해 주는 슬로건이나 각 용도에 맞는 카피들을 뽑아 보자.

이렇게 여러 개를 만들어서 상황에 맞게 적용하는 연습을 해보자. 그러다 보면 생각보다 빨리 슬로건을 완성할 수 있다. 그리고 오케팅 과정을 통해 계속 검토해야 한다는 점을 명심하라.

보물선의 시나리오를 유추할 수 있는 슬로건을 만들어라.

또 다양한 카피들을 만들어 상황에 맞게 변형하라.

사람에게 대입한다면 부모로서, 자녀로서, 직원으로서

남다른 한마디를 만들어라. 인생의 좌우명으로 만들어도 좋다.

기업, 제품, 서비스에 대입한다면

시나리오가 연상되도록 큰 틀의 슬로건을 정하라.

그리고 용도에 맞게 카피를 만들어 고객의 뇌리에 각인시켜라

"잘 만든 한 줄의 문장은
평생 기억에 남는다."

_{…•«•◦•◦《◦◎◦◎◦◎◦》◦•◦•»•…}

"당신의 보물선은 무엇입니까,
'10초' 드리겠습니다."

_{…•«•◦•◦《◦◎◦◎◦◎◦》◦•◦•»•…}

"천재天才는 '천' 번, '재'해석한 사람千再입니다."

_{…•«•◦•◦《◦◎◦◎◦◎◦》◦•◦•»•…}

"1,000명에게 강의하는 게 아닌,
각 100명인 10그룹에게 말하듯이 써라."

_{…•«•◦•◦《◦◎◦◎◦◎◦》◦•◦•»•…}

"흥행하려면 예고편이 중요하다.
슬로건은 시나리오의 예고편이다."

by 오두환

**단 1초 만에
모든 것이 연상되는가?**

오케팅 열쇠

천 번을 재해석한 해답

인생에도 어떤 항해에 대입해도 함축 표현된 슬로건은 필요합니다. 그리고 슬로건에 정답은 없습니다. 단지, 조금이라도 근접한 해답을 찾기 위해 애쓰는 것입니다. 어떤 것을 위해 천 번쯤 생각했나요. 또 그 천 번의 생각을 천 회 이상 반복했나요. 그렇다면 그 결과물이 무엇이든 이미 해답에 가깝습니다. 그러니 결과물에 너무 연연하지 마십시오. 해답이라 믿고 전진하십시오.

슬로건이나 카피를 만드는 것도 예술의 영역입니다. 처음 누군가에게 공개할 때는 부끄러울 수도 있습니다. 하지만 신경 쓰지 마십시오. 당신의 보물선은 그 존재 자체가 소중하고 빛나기 때문입니다. 그것을 포장하는 슬로건은 조금 더 깊이 고민하고, 그냥 툭 내놓으십시오. 보물선이 항해해온 역사가 이미 작품입니다.

한 가지 조언을 드리겠습니다. 슬로건을 만들 때는 모든 신경을 곤두세우고, 틈만 나면 메모를 하십시오. 번뜩이며 떠오르는 단어가 도망가지 않게 꼭 붙잡으십시오. 휴대폰을 활용하세요. 손가락 두 개로 쉽게 할 수 있습니다.

그리고 다른 사람에게 어떻게 보일지 고민하지 말고, 어떻게 전달되었을지 고민하십시오. 그들이 당신이 원하는 방향으로 생각할 수 있게 유도하십시오. 한두 문장으로 당신을 증명하십시오. 지금까지 해왔던 것처럼 충분히 잘해 낼 수 있습니다.

· 10계 ·
요약의 질문

● 마음에 드는 키워드를 5개 이상 뽑았는가?

● 그 키워드들을 조합해서, 간결하면서도 매력적인 슬로건을 만들었는가?

● 슬로건만 보아도 보물선의 모든 것을 짐작할 수 있는가?

● 슬로건만으로 당신 보물선의 가치를 알 수 있게 하려면, 어떤 변화를 시도해야

겠는가?

5편

무리

※ 주요 용어 설명
보물선: 당신이 팔고 싶은 모든 것(나를 비롯한 사람, 기업, 제품, 서비스 등)
다른 보물선: 나와 경쟁하는 모든 것(사람, 기업, 제품, 서비스, 스승, 경쟁자 등)
무역선: 당신이 팔고 싶은 것의 구매 대상, 고객
보물: 당신이 판매하려는 특별한 상품
선원: 동료, 직원, 거래처 등 함께 힘을 합치는 아군

* 4장의 내용을 위의 표현으로 빗대어 서술한 이유는 첫째, 연상 대입을 통해 생각하는
힘을 길러 주기 위함이다. 둘째는 사람이나 기업의 이야기로 단정해서 자유로운 사고를
방해하지 않기 위함이다. 이를 통해 문제해결력과 사고력이 크게 성장할 것이다.

    5편 무리는 11계 소통과 12계 출격으로 구성되어 있다. 지금까지 오케팅을 통해 정신, 식사, 주거, 의복을 갖추었는가. 그렇다면 기본적인 항해는 가능하게 되었다. 다만 제대로 무리를 지어야만 정상적으로 항해할 수 있다. 무리를 짓는 것은 곧 관계와 연합을 의미한다. 항해 중에는 모두가 응집하여 뜻을 같이해야 불안감을 떨쳐 낼 수 있다. 또 앞으로 닥칠 시련도 쉽게 이겨 낼 수 있다.

선장으로서 리더십을 발휘하라

- 11계 소통 -

소통은 내 보물선이 지금까지 해온 모든 것들에 대해 확신하는 과정이다. 확신이 없다면 아무것도 해낼 수 없다. 자신은 물론, 함께 항해하는 선원, 다른 보물선, 무역선에 확신을 느끼게 해야 한다.

확신이 있는 사람은 말과 행동, 눈빛부터 다르다. 혹여 확신한 것처럼 흉내 낸다 해도 검증 과정을 거치면 가짜라는 것이 티가 난다. 연기파 배우들은 의사나 변호사 등의 전문가처럼 연기할 수 있다. 그렇다고 그들이 진짜 의사나 변호사는 아니지 않은가.

그런데 보물선이 팔리는 것에 대한 확신이 없다면 어떻게 될까. '하수下手 무역선'과의 거래에서는 큰 문제가 없을 것이다. '고수와 하수의 중간 정도인 무역선'과도 처음 몇 번은 괜찮을 수 있다. 그러나 끝은 좋지 않을 것이다. 그리고 '고수 무역선'은 진실을 알아채고 아무것도 사지 않을 것이다. 하지만 보물선이 대의와 보물을 위해 꼭 거래해야 하는 무역선은 당연히 고수 무역선이다. 따라서 하수나 중수 무역선과 몇 번 거래했다고 섣불리 판단하거나, 자만하면 절대 안 된다.

무역선과의 거래에서 가장 기본은 신의다. 만약 무역선과의 신의가 깨지면, 그 책임은 전적으로 선장의 몫이다. 그동안 해온 노력의 몇 배 이상으로 반성과 사죄를 해야 그나마 용서받을 수 있다.

따라서 보물선은 무역선의 확실한 믿음에 대한 확실한 가치, 즉 팔고자 하는 좋은 것을 제공해야 한다. 그러려면 무역선과 거래하기 전에 다음의 과정을 철저히 거쳐야 한다. 팔려는 것에 대해 자신, 내부 선원, 외부 이미지, 약속 이행 가능성의 네 가지 관점으로 점검하는 것이다. 이 과정은 매우 중요하며, 점검 방법은 다음과 같다. 가능한 순서대로 하라.

첫째, 선장으로서 스스로 완벽히 준비되었는지 검토하라. 선장은 항해 과정에서 스스로 다짐한 것이 있을 것이다. 그것을 지키기 위해 의지와 투지를 불태우며 나아가라. 그러면 보물선이 암초나 풍파에 휘말리더라도 강인하게 헤치고 나아갈 수 있다.

또 보물선의 항해를 지켜보는 선원이나 다른 보물선, 무역선으로부터 긍정적인 평가를 받을 수 있다. 항해에 필요한 선장의 리더십이 저절로 생기는 것이다.

스스로 다짐한 것을 지킬 수 있다는 확신에 찼을 때만 당당하게 나아갈 수 있다. '될까?', '안 될까?', '한번 해볼까?'라는 생각이 드는 가. 그렇다면 진지하게 원점에서 다시 오케팅하길 바란다. 그렇게 수십 번 오케팅한 보물선은 확고한 의지와 확신으로 나아갈 것이다.

둘째, 함께 항해하는 내부 선원에게 알려라. 내부 선원은 함께 일 하는 동료, 선후배, 친구, 부모님 등이라 할 수 있다. 대의나 보물을 위 해 한배를 탄 사람들이라고 생각하면 된다. 그런데 그들이 어떤 생각 을 하든 전혀 신경 쓰지 않고 방치하면 어떻게 될까. 각자 개인적인 시 각에서 벗어나기 어렵다. 그리고 이는 함께 항해하는 데 큰 방해가 될 것이다.

따라서 그들에게 01계부터 10계까지 만들어 낸 것을 알려라. 선장 은 선원들에게 선포하고, 도움을 청하고, 설득해야 한다. 선장으로서 지금까지 오케팅을 잘 설계해 왔다면 제일 먼저 미쳤다는 소리를 들 을 것이다. 하지만 **남들이 미쳤다고 해도 마케팅으로 끌고 가라.** 선원 들이 '미쳤다.'에서 '할 수 있다.'라고 확신하게 만들어라. 그렇지 못하면 이후 무역선과의 거래는 더 험난할 것이다. 선원들을 설득하는 과정이 무역선과의 거래에 앞서 제일 먼저 검증받는 단계이기 때문이다.

게다가 내부 선원들은 외부에 어떤 영향을 끼칠지 모른다. 적어도 외부의 시선은 선장만 보고 판단하지 않기 때문이다. 따라서 반대하 는 이들의 시각을 바꾸어 놓아야 한다. 그게 어렵다면 그들과 일정 거 리를 유지하라. 선장이 책임지지 않아도 될 정도로 말이다.

《브랜드 챔피언》의 저자 니콜라스 인드Nicholas Ind는 다음과 같이 말했다. "새로운 사업을 하려는 당신에게 필요한 것은 스스로 브랜드와 하나가 되고자 하는 '열정이 있는 뜨거운 동반자들'이다." 항해 중 언제 닥칠지 모르는 풍파를 이기기 위해서는 선원들이 똘똘 뭉치게 만들어야 한다. 이를 위해 꼭 필요한 것이 목표 의식이다.

앞으로 나아가기 위해서는 선원들도 오케팅에 참여해야 한다. **마케팅에서 소통과 수용 없이는 뭉치거나 나아갈 수 없다.** 그들의 조언이나 건의를 받아라. 서로 좋은 점을 꼽고, 더 지원할 수 있는 것을 찾아봐야 한다. 그리고 이 모든 것들이 잘 이루어졌을 때의 결과를 함께 예측하는 과정이 필요하다.

이렇게 선원들을 참여하게 하는 것만으로도 큰 도움이 될 것이다. 그러나 의견을 적절히 반영하되, 반려할 것은 명확한 사유를 대고 설득하라. 선장의 리더십으로 보물선을 흔들림 없이 이끌어야 한다. 이 때 선원들을 설득하지 않고 지시나 무시로 끌고 가면, 이후 문제가 생길 수 있다. 대부분 마음속으로는 불응하기 때문이다. 이러면 다시 합심하는 데까지 꽤 많은 시간과 노력이 소요된다. 따라서 설득 과정은 매우 중요하다.

셋째, 외부에 보이고자 하는 이미지를 예측하고, 결정하고, 공유하라. 이 시점에서 선장인 자신과 내부 선원들의 모습, 보물선의 외형을 바라보자. 이때 보이는 모습이 내 보물선의 최종 이미지다. 그리고 외부에서 보기를 바라는 보물선의 이미지가 무엇인지 생각해 보자.

그러면 현재 보이는 모습에서 마음에 안 드는 부분이 보일 것이다.

이렇게 대입하는 과정이 버거울 수도 있다. 그렇다면 외부감사를 초청하라. 감사는 매우 이성적이고 냉철한 시선을 가진 사람일수록 문제점을 잘 짚을 수 있다. 하지만 이 과정은 여러 번 반복하지 않는 게 좋다. 조언을 얻으려는 것인데, 보물선의 기세가 꺾이거나 전혀 어울리지 않는 이미지로 바뀔 수 있기 때문이다. 기세는 매우 중요해서 한 번 꺾이면 돌이킬 수 없다. 따라서 적정 조언을 얻는 수준으로 한두 명에게 맡기기를 권한다.

그 결과 보물선이 의도한 이미지와 다르게 나타난다면 전략을 일부 수정하는 것도 필요하다. 원하는 이미지로 바꾸려면 어떻게 해야 할지 앞으로 돌아가서 다시 검토하길 바란다.

넷째, 약속을 이행할 수 있는지 최종적으로 점검하라. 선장과 내부 선원들이 철저한 단결로 무장했다. 그리고 외부에 보일 예상 이미지도 완벽하게 준비했다. 이제 지금까지 만든 대의와 보물, 식량 등에 대한 약속을 지킬 수 있을지 검토하라. 예측 가능한 모든 변수까지 고려해야 한다. 그리고 최종적으로 가능성이 있다고 판단된다면 이제 준비는 거의 끝났다.

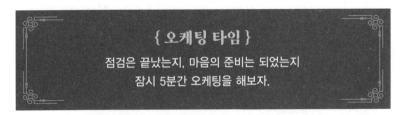

{ 오케팅 타임 }
점검은 끝났는지, 마음의 준비는 되었는지
잠시 5분간 오케팅을 해보자.

보물선 항해에서 자신이 선장인지 모르는 경우도 종종 있다. 자신이 선장임을 인식하지 못하면 보물선은 어떻게 될까. 선장이 있지만 없으니만 못한 보물선이 된다. 의식적인 보물선 항해에서 선장은 주인의식을 가져야 한다. 특히 이번 11계에서는 그 의식을 리더십으로 끌어올려야 한다. 선원들과 소통해서 힘을 키우고, 점검하는 과정을 거쳐야 한다. 그래야 선장을 중심으로 모두 하나 되어 한 방향으로 항해할수 있다.

알다시피 나는 마케팅과 광고를 하고 있다. 마케팅은 불가능을 가능하게 보이도록 포장하는 일이다. 그래서 '불가능하다.', '미쳤다.'라는 소리를 수도 없이 들으며 살아왔다. 그런데 어떤 목표를 이루는 것에 미쳤으면 그 목표를 이룰 때까지 시도한다. 그러니 당연히 될 수밖에 없다. 즉, 미쳤다는 이야기와 성공은 비례한다.

그러니 누가 미쳤다고 하더라도 불굴의 의지로 선원들을 설득하라. 설득하지 못한 선원은 포기하라. 당신과 뜻을 함께할 다른 선원을 모으는 데 더 집중하라. 그래야만 덜 지친다. 그리고 제대로 항해할 수 있다.

이제는 미쳤다는 소리를 듣지 않으면, 전략을 바꿔야 하는 게 아닌지 고민할 정도다. 시도할 만한 전략으로 보이면 그만큼 남들이 따라 하기 쉽다는 말이 아닌가. 그것은 특별한 전략이라 할 수 없다. 남들이 불가능하다고 생각하는 걸 가능하게 하려면 끝없이 도전하라. 첫술에 배부를 수 없다. 실패를 딛고 도전하다 보면 언젠가 이룰 것이다.

게다가 의식적으로 오케팅하다 보면 성공에 도달하는 시간을 단축할 수 있다. 그러므로 행여 미쳤다는 소리를 들어도 상심하지 말아라. 스스로 확신이 있다면, 칠전팔기의 정신으로 도전할 의향이 있다면 나를 믿고 밀어붙이길 바란다.

지금까지 잘 따라왔다면 모든 준비는 끝났다. 이제 무역선을 만나기 시작하면 내부나 대외적인 문제로 인해 책임질 것이 뒤따를 것이다. 선장은 판단에 책임져야 하며, 리더임을 증명해야 한다. 무엇이든 책임질 각오를 단단히 했다면 다음 계로 넘어가도록 하자.

내실을 다져라. 스스로 굳게 믿고, 주변도 굳게 믿도록 만들어라.
굳건히 함께 노를 저어야 항해에 성공할 수 있다.
사람에게 대입한다면 결정하는 매 순간 중심을 잡고
자신과 주변 사람을 설득하라. 자신이 흔들리면 누구도 움직일 수 없다.
기업, 제품, 서비스에 대입한다면 외부에 비칠 이미지를
예측하고 판단한 후 개선하라.
이때 경쟁 상대를 바라보듯 냉철하게 행하라.

"리더는 목적지로 끌고 가는 사람이 아니라
가고 싶게 만드는 사람이다."

·····◄·►·◄◦◦◦◦◦◦►·◄·►·····

"무거운 약속을 무겁게 하라.
무게를 견뎌 낸 만큼 성장한다."

·····◄·►·◄◦◦◦◦◦◦►·◄·►·····

"쓸 수 있는 재능과 시간은 정해져 있다.
선원 모집에 가성비를 고려하라."

·····◄·►·◄◦◦◦◦◦◦►·◄·►·····

"보여 주고 싶은 이미지와 보이는 이미지가 같다면,
그것만으로 절반은 성공한 셈이다."

·····◄·►·◄◦◦◦◦◦◦►·◄·►·····

"나를 끌리게 만든 곳이
고객도 끌리게 만들 수 있다."

by 오두환

· 11계 소통 ·

**나와 동료의
마음이 단단해졌는가?**

오케팅 열쇠

확신을 향한 소통

다른 이를 설득하려면 제일 먼저 자신을 설득해야 합니다. 자신을 설득했다면 주변 사람들도 설득해야 합니다. 그렇게 내실을 다져야 합니다. 내실을 다지지 않아서 내부자들이 휘청거린다면 외부에는 전혀 설득력이 없습니다. 따라서 자신과 주변 사람들에게 먼저 마케팅하고 광고해야 합니다. 이를 신념화 과정이라고 부릅니다.

내실을 돌덩이처럼 단단하게 만드십시오. 심리적 안정감을 불러오십시오. 내부적으로 여러 번 검증하면 한두 번 생각하고 실행할 때와 달리 실패에 대한 불안감이 줄어듭니다.

물론 부정적인 의견도 많이 들을 것입니다. 그렇다고 흔들리면 안 됩니다. 부정적인 말에 흔들리지 말고, 그들의 아이디어에 감동하십시오. 필요하다고 생각하는 의견만을 선택해서 들으십시오. 그리고 철저히 검증해서 적용하십시오. 이 과정에서 고객의 반응을 미리 체감할 수 있습니다. 그러니 하면 된다는 긍정적인 마음가짐으로 그들을 설득하십시오.

설득했다면 그들도 항해에 적극적으로 참여하게 하십시오. 긍정적인 기분은 쉽게 전염되어 더 빨리 이뤄집니다. 함께 항해하는 사람들을 설득하면 그들도 당신처럼 확신에 차 노를 저을 것입니다.

한 가지 조언을 드리자면 보도자료를 작성해 보십시오. 언론사 관점에서 뉴스 기사를 써보는 겁니다. 보물선을 홍보하기 위해 어떤 내용을 내세울 것인지 낱낱이 적어 보십시오. 또 경쟁사 관점에서 내 보물선을 신랄하게 비판해 보십시오. 비판하려는 마음을 먹고 보는 것과 그렇지 않은 것의 차이는 엄청납니다. 더 많은 것을 발견하십시오.

11계 과정은 생각보다 마음이 아프고, 지치고, 힘들 것입니다. 하지만 더 큰 발전을 위해 지금까지 해온 것처럼 충분히 잘해 낼 수 있습니다. 힘내십시오. 당신은 반드시 할 수 있습니다.

· 11계 ·
소통의 질문

- 팔려는 것을 '고수 무역선'에도 자신 있게 팔 수 있다는 확신이 있는가?

- 지금까지 오케팅한 것을 자신과 선원들에게 알리고 신념화했는가?

- 자신을 선장으로 인식하고, 리더십을 충분히 발휘하고 있다고 생각하는가?

- 선원들에게 미쳤다는 소리와 대단하다는 소리를 함께 들은 적이 있는가?

- 경쟁 보물선을 평가하듯이 냉정한 기준으로 내 보물선을 철저히 검증했는가?

오케팅? 로케팅?

- 12계 출격 -

이제 출격할 준비는 끝났다. 열심히 준비한 만큼 보물선을 빨리 알리고 싶을 것이다. 다만 안타깝게도 아직 공식적으로 알릴 때가 아니다.

향후 발생할지도 모르는 변수에 대비하는 과정이 필요하다. 팔려는 것을 이미 배포한 후에는 변수로 인해 역풍을 맞거나 신용을 잃을 수 있다. 심하면 그동안 투자한 막대한 시간과 비용이 무無로 돌아갈 수도 있다. 따라서 일반적인 무역선에는 아직 배포하면 안 된다.

그렇다면 **누구에게 먼저 배포해야 할까?** 그 대상은 내 보물선의 주 거래 무역선이어야 한다. 실제로 거래할 무역선에 미리 검증받는 것이다. 그리고 그 무역선이 정말 중요하다면 제공한 것에 대해 절대 대가를 요구하면 안 된다. 반대로 미리 체험해 주는 것에 대해 감사의 표시를 해야 한다.

이러한 검증 과정 없이 바로 배포하는 것은 안전띠를 매지 않고 레이싱하는 것과 같다. 무역선에 검증되지 않은 상품으로 불편을 주면 어떻게 되겠는가. 바로 다른 보물선을 찾아 떠날 것이다. 섣부른 배포는 '습관처럼 함께해 주던 단골 무역선'의 발길을 끊게 만들 수 있다.

따라서 주거래 무역선에 팔려는 것의 베타버전[1]을 먼저 무상으로 제공하라. 이때 무역선이 꼼꼼히 평가할 수 있도록 질문 리스트를 작성해 함께 제공하는 것이 좋다. 그리고 평가를 받아라. 그들에게 받은 평가는 좋을 수도, 나쁠 수도 있다. 모든 평가를 겸허히 받아들이고 문제점을 보완해야 한다.

이러한 과정을 거치면 정식 배포 후에 맞닥뜨릴 타격을 줄일 수 있다. 또 앞으로 거래할 무역선과 더 좋은 관계를 맺을 수 있다. 하지만 배포 후에 예견된 실패를 하는 것은 실수에 가깝다. 이 경우 돈만 날리는 것이 아니다. 시간도, 그에 따른 열정도 함께 잃게 되므로 3배의 손해를 보게 된다. 무역선의 돈도, 시간도, 열정도 마찬가지다. 그러므로 베타버전 테스트가 얼마나 소중한지 깨닫기를 바란다.

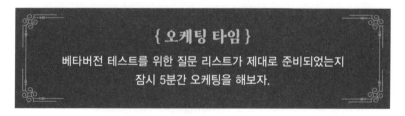

{ 오케팅 타임 }

베타버전 테스트를 위한 질문 리스트가 제대로 준비되었는지
잠시 5분간 오케팅을 해보자.

---

1 정식 출시 전에 무료로 배포하여 제품의 테스트와 오류 수정에 사용되는 시험용 제품

이제 베타버전 테스트 결과는 어떻게 활용해야 할까?

결과가 좋다면 어떤 점이, 왜 좋은지 등의 내용을 도표화하라. 이를 통해 팔려는 것의 가치를 증명할 수 있다. 무역선들은 무언가를 구매하기 전에 그것의 테스트 결과가 어땠는지 알고 싶어 한다. 따라서 테스트 결과를 입증할 수 있다면 당연히 좋은 거래로 이어질 수 있다.

결과에 보물선의 의견을 첨부하면 더 좋다. '저희 보물선이 생각한 대로 이런 경우 역시 이렇게 되었습니다.', '이런 경우가 있으리라 예상해서 이렇게 조치했습니다.' 정도로만 이야기해도 충분하다.

결과가 안 좋아도 어떤 문제점이 있었는지 도표화하라. 그리고 그렇게 평가한 사용자에게도 정식으로 사과해야 한다. 또 이후 보완된 버전을 반드시 제공하라. 이렇게 대응한 경험은 돈 주고 사기 힘든 값진 보물이다. 이런 이야기들이 모이고 알려지면, 다른 무역선에도 감동을 줄 수 있다. 만약 문제점을 보완하지 못했더라도 내부적으로 열심히 고민한 흔적을 보여라.

이렇게 테스트 결과를 활용하는 과정에서 꼭 만들어야 하는 것이 있다. 바로 '자주 물어보는 질문과 답변'이다. 베타버전 사용자들이 궁금해하던 질문은 곧 앞으로 마주할 10배, 100배의 무역선들이 궁금해할 요소라고 보면 된다. 보통 무역선들은 다른 무역선이 어떤 질문을 했고, 어떤 답변을 받았는지 미리 찾아본다. 질문을 하고 답변을 기다리고 싶어 하는 무역선은 거의 없기 때문이다. 귀찮은 과정을 최대한 생략하는 것이 세계적인 추세다.

질문과 답변 리스트는 10개 전후로 만드는 것이 좋다. 그중 60%는 성의 있는 답변으로 구성하라. 30%는 그 답변을 내놓기 위해 해온 노력으로 구성하라. 10%는 내 보물선만의 절대 강점을 강조하라. 이 10개는 무역선들이 내 보물선을 계속 찾게 하는 명분이 된다.

답변을 작성할 때는 가까운 지인에게 부드럽게 설명하듯 자연스럽게 쓰는 것이 좋다. 딱딱한 어투의 글보다 거부감이 훨씬 적기 때문이다. 약간의 유머를 섞거나 감탄사 등을 넣으면 좀 더 독특한 질문과 답변 리스트가 완성될 것이다.

이 리스트는 무역선이 답변을 찾아 헤매야 하는 수고를 덜어 준다. 그리고 거래에 대한 만족감으로 이어지면 이는 곧 보물선의 가치가 된다. 그러므로 **끊임없이 답변하라, 물어볼 것을 찾을 수 없을 때까지.**

그리고 이러한 모든 과정을 후기로 활용하라. 무역선의 이야기를 듣는 과정, 다양한 의견 등을 기술하라. 그리고 문제 제기에 어떻게 대응하고 해결했는지 적어라. 무역선이 만족한 장점과 불만족한 단점에 대해 미리 최선의 답변을 준비하라. 장점은 더욱 부각하고, 단점은 시각을 바꿔 좋아 보이게 포장해야 한다.

베타버전 테스트를 통해 받은 결과는 중요하다. 그리고 결과에 어떻게 대응하는지는 더 중요하다. 반드시 베타버전을 배포해서 평가받고 단점을 보완하도록 하자.

처음에는 제품을 무상으로 지급하는 것처럼 느껴져 아깝다고 생각할 수도 있다. 하지만 실제로는 무역선들이 보물선을 도와주는 것이다. 절대로 무상 지급이 아니라는 점을 명심하자. 테스트에 동참해 주는 것만으로도 감사해야 한다. 그러므로 베타버전도 정식 버전이라는 생각으로 성의를 다해 제공해야 한다. 어설프게 대응해서도 절대 안 된다. 무역선들은 '값을 치를 무언가'가 없어서 보물선의 테스트에 동참해 주는 것이 절대 아니다.

베타버전 사용자들에게 감사를 표하는 것도 잊지 말아라. 무역선이 보내 준 의견이 큰 도움이 되었고, 문제점은 보완하였음을 알려라. 무역선은 자신의 의견으로 보물선이 발전하는 모습을 보며 만족감을 느낄 것이다. 또 테스트에 참여한 경험으로 보물선에 애착을 갖게 된다. 즉, 어느새 보물선의 가치에 빠져 버린 무역선이 되어 있을 것이다.

이는 테스트에 참여하지 않은 다른 무역선에도 긍정적인 영향을 준다. 이러한 일련의 과정을 지켜보며 이렇게까지 하는 보물선은 당연히 좋은 곳일 거라고 판단하는 것이다.

나 역시 새로운 마케팅 시스템과 광고 영역이 나오면 주거래 고객들에게 무상으로 지급한다. 그리고 감사하는 마음으로 조언을 구한다. 오랫동안 우리 회사와 함께해 준 고마운 고객들은 무상으로 제공되는 서비스에 더욱 기쁘게 참여해 준다.

세상도 변하듯이 서비스도 변해야 한다. 고객은 합리적인 가격으로 서비스를 받을 권리가 있다. 그래서 업데이트된 부분을 무상으로 제공하고, 실제 비용이 많이 발생하는 경우에만 별도로 안내한다. 좋은 업데이트가 되었다면, 가급적 무상으로 지급하라. 고객의 마음에 든다면 계속 써줄 것이다. 마음에 안 든다면 그 이유와 문제점을 짚어 줄 것이다.

여러 번 점검한 후에 도전해도 대다수는 실패한다. 이는 어쩌면 당연한 이치다. 누구나 성공할 수는 없기 때문이다. 누구나 성공한다면 그것은 아무나 도전할 수 있는 쉬운 일이다. 그러므로 상위 5% 안에 들기 위해서는 오케팅 사고를 해야 한다.

계속 예측하고 점검하라. 완벽이란 존재하지 않는다. 여러 번 검토해서 실패할 확률을 줄여야 한다. 이 단계를 지나면 수정할 기회는 한참 후에나 온다. 그러므로 계속 신중하기를 강조하는 것이다.

로켓은 한번 발사되면 가차 없이 뻗어가 멈출 수 없다. 그리고 한 번 발사하기 위해서는 천문학적인 비용이 든다. 여러분의 보물선도 이미 많은 돈을 투자했을 것이다. 그러니 **시작한다면 로켓처럼, 의심된다면 처음처럼** 하라.

이제 오케팅을 해야 할지, 로케팅을 해야 할지 결정할 시간이다. 정말 신중히 생각하여 결정하기를 권한다. 오케팅을 할 것인가? 로케팅을 할 것인가?

베타버전 테스트 과정을 거쳐라.

본격적으로 배포하기에 앞서 실전을 경험하라.

사람에게 대입한다면 이루고자 하는 목표를 미리 실전으로 경험하라.

주변의 친한 사람들을 통해 부딪쳐 보는 것도 좋다.

기업, 제품, 서비스에 대입한다면 베타버전을 제공하고,

의견을 듣고, 질문을 모아 개선하라.

진짜 무역선들과 거래하기에 앞서 완벽히 준비하라.

"성공 여부는 고객의 눈칫밥을
얼마나 잘 먹느냐로 갈린다."

⸺⁂⸺

"거인의 어깨에 올라라.
거인의 시야에서는 내가 놓친 것들이 보인다."

⸺⁂⸺

"최고의 전략은
시장에서 나온다."

⸺⁂⸺

"먼저 줄 수 있음에 감사하라!
그들의 감사가 모이다 보면
그들에게 감사할 일이 생길 테니."

⸺⁂⸺

"10명과 100명의 표본 오차?
정확도 10배가 아니라 결과가 100% 다르다."

by 오두환

· 12계 출격 ·

**무역선의 조언에
귀를 기울였는가?**

값비싼 의견과 신중한 점검

질문은 아무리 많이 해도 지나치지 않습니다. 세상에 물어보십시오. 시장에 물어보십시오. 모든 답은 내부가 아니라 외부에 있습니다. 진짜 당신의 보물선, 식량, 보물이 필요한 사람들에게 물어보십시오. 그리고 평가받으십시오.

그러나 무조건 내놓으면 안 됩니다. 몇몇 사람들에게만 먼저 보여 주십시오. 이때 그들에게 무언가를 제공할 것입니다. 그것이 무엇이든 그들에게 얻는 의견이 훨씬 더 값비싼 보물입니다. 그 의견으로 무언가를 개선할 수 있습니다. 이후 다른 사람이 무언가를 요구하기 전에 먼저 알아서 편의를 제공할 수 있습니다. 그리고 이 모든 과정을 후기로 활용하여 심리적인 만족감까지 줄 수 있습니다. 그들은 보물선의 실험과 개발 단계에 동참해 준 것입니다.

이 외에도 물어보았을 때 얻는 이점은 많습니다. 미리 준비할 수 있습니다. 예측되는 경쟁 상대의 공격이나 고객의 불만족 반응에 대응할 방법을 찾을 수 있습니다. 그리고 실패할 가능성이 있는 불안 요소를 줄일 수 있습니다. 실패할 요인은 개선하고, 허를 찌르는 문제에 대응하십시오. 그리고 그들이 극찬한 장점을 더욱 부각하십시오.

한 가지 조언을 드리겠습니다. 베타버전 테스트는 편하게 하지 마십시오. 그러면 편한 내용만 받게 될 뿐입니다. 깊이가 없다는 뜻입니다. 공략해야 할 몇몇 사람들과 마주하십시오. 인터뷰하는 느낌으로 상세히 물어보십시오. 물론 시간과 비용이 더 들어갈 것입니다. 하지만 이러한 과정을 거치지 않아 이후 발생할 타격은 더 뼈아픕니다. 한번 실망한 사람의 마음을 되돌리기는 쉽지 않습니다. 그 사람은 이제 당신 보물선의 이름만 듣고도 거르게 될 테니까요. 그러니 테스트는 철저하게 하십시오.

·····<◁▷·◁◌◦◍◦◌▷·◁▷·····

· 12계 ·
출격의 질문

● 친한 무역선들에 팔고자 하는 것을 무상으로 제공했는가?

● 그 무역선들은 제공한 것에 대해 어떤 평가를 했는가?

● 평가 결과를 도표화하여 보물선의 무기인 시나리오로 만들었는가?

● 자주 물어보는 질문과 답변을 10개 이상 만들었는가?

● 준비한 로켓을 발사할 준비가 되었는가? 오케팅을 더 할 생각은 없는가?

6편
경쟁

※ 주요 용어 설명
보물선: 당신이 팔고 싶은 모든 것(나를 비롯한 사람, 기업, 제품, 서비스 등)
다른 보물선: 나와 경쟁하는 모든 것(사람, 기업, 제품, 서비스, 스승, 경쟁자 등)
무역선: 당신이 팔고 싶은 것의 구매 대상, 고객
보물: 당신이 판매하려는 특별한 상품
선원: 동료, 직원, 거래처 등 함께 힘을 합치는 아군

* 4장의 내용을 위의 표현으로 빗대어 서술한 이유는 첫째, 연상 대입을 통해 생각하는 힘을 길러 주기 위함이다. 둘째는 사람이나 기업의 이야기로 단정해서 자유로운 사고를 방해하지 않기 위함이다. 이를 통해 문제해결력과 사고력이 크게 성장할 것이다.

    6편 경쟁은 13계 광고, 14계 분석, 15계 점검으로 구성되어 있다. 무리를 지으면 자연스레 경쟁 구도가 생긴다. 2명 이상이 모인 곳에는 늘 경쟁이 따른다. 그리고 그 경쟁 덕분에 무리는 더 발전하며 앞으로 나아갈 수 있다. 따라서 항해할 때 선원끼리 경쟁하든, 다른 보물선과 경쟁하든 경쟁은 꼭 필요하다. 경쟁이 없으면 사실상 단합도 잘 안 된다. 오직 무기력만이 보물선을 지배할 것이다.

신나게 팔아라, 보물을 찾아라

- 13계 광고 -

　지금까지 준비한 모든 것은 13계 광고가 제대로 되어야만 빛을 볼 수 있다. 광고를 제대로 하지 못하면 결코 성공할 수 없다. 요컨대 광고는 마케팅 함선의 초고속 프로펠러다. 배에 프로펠러가 없으면 느리게 가거나 바람에만 의존해야 한다. 광고 성패가 운에 맡겨지는 것이다. 하지만 광고를 제대로 하면 훨씬 빠르고, 안정적으로 목적지에 도착할 수 있다.

　그런데 마케팅과 광고를 같은 것으로 혼동하는 사람이 많다. 그리고 대부분 광고에만 목을 맨다. 단순히 광고로 알리기만 해도 단기적으로는 이득을 취할 수 있기 때문이다. 그러나 마케팅은 포장이고, 광고는 판매다. 포장이 안 된 상품은 만족감이 떨어진다. 광고를 잘해서 판매되어도 안 좋은 이야기를 듣는다. 반대로 포장이 잘되었다 해도 광고를 제대로 하지 않으면 판매하기 어렵다.

따라서 마케팅과 광고의 균형을 맞추어야 한다. 이는 비행기의 양 날개만큼이나 중요하다. 한쪽에만 치중해서는 절대 안 된다. 12계까지 오케팅을 정말 잘하여 13계 광고를 제대로 하지 않아도 성공하는 사례도 분명히 있다. 반대로 12계까지는 제대로 못 했지만, 13계에서 광고를 잘해서 나름대로 선방하는 사례도 제법 있다. 하지만 그 속도는 매우 느릴 것이다. 그리고 그 성공을 지속하지 못하는 경우가 생각보다 많다. 특히 오케팅을 알지 못하고 그냥 무의식적으로 항해한 보물선이라면 그렇게 될 확률이 더 높다.

현대 광고의 아버지로 불리는 데이비드 오길비David Ogilvy는 "사람들이 내 광고를 창의적이라고 평가하기를 바라지 않는다. 내가 광고를 만드는 목적은 사람들이 내 광고를 보고 흥미를 느껴 제품을 사게 하는 것이다."라고 말했다. 또 피터 드러커Peter Ferdinand Drucker는 "내가 무슨 말을 했느냐가 중요한 것이 아니라, 상대방이 무슨 말을 들었느냐가 중요하다."라고 강조했다. 광고의 본질은 뛰어난 기술이나 자신의 만족과 관계가 없다는 말이다. 광고를 보는 대상이 그것을 어떻게 받아들이느냐가 더 중요하다는 이야기다.

광고의 사전적 의미는 '廣告(넓을 광, 알릴 고)'로 널리 알리는 것이다. 하지만 이 의미로만 존재해서는 안 된다. 광고는 '光高(빛 광, 높을 고)'로 어떤 가치를 빛나게 하고, 높여 주는 수단이 되어야 한다. 그래야 무역선도 보물선의 가치에 진심으로 감동할 수 있다.

내 보물선의 가치가 더 빛나고 높아지려면 광고를 제대로 해야 한다. 전략적인 광고를 진행하려면 어떻게 해야 할까. 바로 '광고의 8원칙'을 지켜야 한다. 8가지 원칙을 이해하고 각 단계에 맞게 설계하라. 그러면 실제로 좋은 광고로 인정받을 것이다. 광고의 8원칙은 다음과 같다.

1. 바라보게 하라.   5. 소망하게 하라.

2. 다가오게 하라.   6. 구매하게 하라.

3. 생각하게 하라.   7. 만족하게 하라.

4. 필요하게 하라.   8. 전파하게 하라.

이 책을 읽는 여러분은 광고를 보고 이 8가지 과정을 거친다. 그리고 무엇을 하거나, 사거나, 알리거나, 만나거나, 이야기하거나, 면접을 보거나, 강의할 때도 마찬가지다. 다른 이들과 소통할 때는 전부 8원칙의 과정을 겪는다. 따라서 광고도 이 8원칙에 맞게 설계해야 한다. 그리고 반드시 순서대로 진행해야 한다. 한 단계라도 그냥 지나치면 다음 단계를 준비하기 어렵다. 광고의 8원칙에 대해 좀 더 상세히 알아보자.

1원칙: 바라보게 하라.

일단 무역선이 팔리는 것을 바라보게 만들어야 한다. 그러려면 무역선의 시각, 청각, 후각, 촉각, 미각 등을 사로잡을 수 있는 모든 위치를 검토해야 한다. 바라보게 하는 위치마다 비용과 효율은 다르다. 위치와 비용이 보물선의 의도와 맞는지 면밀하게 검토하라. 꼭 비싼 위치라고 좋은 것만은 아니다. 때로는 무료인 위치가 수백만 원에 달하는 위치보다 좋을 때도 많다. 그 위치에 긍정적인 요소나 의미 있는 내용을 담아 눈에 띄게 만드는 것이 중요하다. 눈살을 찌푸리게 하거나, 바로 고개를 돌리고 싶게 만드는 부정적인 방법은 쓰지 않는 게 좋다. 그리고 바라보게 하는 위치는 보물선의 상황에 따라 끊임없이 재검토하고 변형해야 한다.

2원칙: 다가오게 하라.

시선을 끌었다고 해서 안심하면 안 된다. 바로 고개를 돌릴 수도 있다. 요즘은 너무나 많은 광고에 노출되어 있기 때문이다. 한 번 눈길이 갔다고 해도 관심이 생기지 않으면 다른 곳으로 눈길을 돌릴 것이다. 그러니 시선을 머무르게 할 전략을 구축해야 한다. 다가오게 만들어야 한다.

다가오게 하려면 광고 내용에 매력적인 요소를 담아야 한다. 무역선이 지금까지 보아 온 것과 다르게 보여야 한다. 우리가 지금까지 오케팅한 것이 바로 이 일이다. 그러니 재료는 충분히 준비되어 있을 것이다. 이제 그 재료를 효과적으로 조합해서 다가오게 하면 된다. '무역선을 멈춰 서게 하겠다.'에 초점을 맞추고 생각하라. 그러면 해법이 떠오를 것이다.

3원칙: 생각하게 하라.

무역선이 다가왔을 때 의아하게 생각하거나, 궁금하게 만들어야 한다. 정보를 그냥 받아들이게 하기보다는 궁금증을 갖게 하는 독특한 정보를 제공하면 좋다. 평소처럼 생각하게 해서는 안 된다. 신선하게 사고할 수 있게 만들어라.

생각하게 하면 기억에도 오래 남는다. 그리고 이것이 궁금한 정보로 인식되면 무역선은 좀 더 적극적으로 정보를 받아들일 준비를 하게 된다. 광고 내용을 조금 비틀어라. 무역선이 생각하고, 궁금해하도록 전략을 수정해 보자.

4원칙: 필요하게 하라.

광고를 본 무역선은 그것이 필요한 상태일 수도, 필요하지 않은 상태일 수도 있다. 이때 중요한 것은 그것이 필요하게 만들어야 한다는 것이다. 예를 들면 당장 다이어트가 필요하지 않은 상태에서 다이어트가 필요하게 만드는 것이다. 내가 가진 다이어트 상품에 대해 어필하기보다 다이어트가 필요한 상태로 만들어라.

평소에 보물선이 파는 것에 관심이 있던 무역선에는 요점만 상기시켜도 된다. 하지만 아예 관심도 없던 무역선에는 다르게 접근해야 한다. 개요와 문제점, 필요성까지 제시해야 한다. 그래야만 필요 없던 것도 필요하게 된다. 그리고 반드시 사야 한다는 결론에 도달할 것이다.

5원칙: 소망하게 하라.

보물선이 팔려는 것을 꼭 사고 싶게 만들어야 한다. 4원칙까지 성공했는데 5원칙에서 실패하면 어찌 되겠는가. 무역선은 필요한 것을 경쟁 보물선에서 구매할 것이다. 죽 쒀서 개 주는 꼴이다.

반드시 내 보물선이 광고하는 것을 소망하게 해야 한다. 어떻게 해야 할까. 무역선에 판단 기준을 먼저 제시하라. 즉, 앞서 오케팅한 전략을 내세워 내 보물선의 장점을 돋보이게 해야 한다. 다른 보물선보다 더 값어치 있어 보이게 하라. 이때 필요성을 느낀 후, 소망하도록 마음먹게 하는 시간은 빠를수록 좋다. 시간이 지체될수록 필요 없다는 감정으로 바뀔 수 있기 때문이다.

6원칙: 구매하게 하라.

여기까지 왔다면 거의 성공적이다. 하지만 안심하면 안 된다. 힘들게 무역선을 이 단계까지 오게 하고도 빈손으로 돌아가게 하는 경우를 많이 보았다. 예를 들어 고를 수 있는 메뉴를 너무 많이 제시하는 경우다. 이러면 무역선이 결정하는 데 혼란을 겪게 된다. 또 연락처나 문의 게시판, 결제 시스템 등이 제대로 갖추어져 있지 않으면 구매를 포기할 수도 있다.

소망하게 만들어 놓고 '언젠가 필요하다면 연락을 주세요.'라고 말하는 것과 같다. 여기까지 온 무역선을 망설이게 해서는 안 된다. '지금 즉시 사세요. 곧 놓칠 수 있습니다.'라고 말해야 한다.

우리는 가끔 충동구매를 한다. 무역선이 구매를 결정한 순간 역시 감정적인 경우가 많다. 하지만 이 순간이 지나면 이성적으로 생각하게 된다. 더 철저히 비교하고자 마음먹는다. 그러므로 무역선이 쉽게 구매할 수 있는 시스템을 갖추는 데 소홀함이 없어야 한다.

7원칙: 만족하게 하라.

앞서 말한 원칙 모두 중요하지만, 7원칙은 특히 더 중요하다. 대부분 이미 팔았으니 광고는 다 했다고 생각하기 때문이다. 하지만 절대 그렇지 않다. 진짜 광고는 지금부터 시작이다. 무역선이 만족할 때까지 온갖 방법을 동원해야 한다.

단, 무조건 무역선의 기분에 맞추라는 이야기가 아니다. 보물선이 내세울 수 있는, 도와줄 수 있는 선에서 최대한 노력하면 된다. 그 결과를 무역선에 다시 전달해서 만족하게 하라

그리고 더 나아가 만족했다고 말하도록 하라. 이를 위해 만족한 의사를 표현할 수 있는 시스템을 갖춰 놓는 게 중요하다. 그리고 이러한 모든 과정을 다시 광고화할 수 있어야 한다. 이러한 사례가 쌓일수록 상상을 초월할 정도로 강력한 힘을 발휘할 것이다.

8원칙: 전파하게 하라.

이제는 무역선이 스스로 전파하고, 광고하게 해야 한다. 쉽게 말해 입소문 광고라고 보면 된다. 다만 이 원칙은 7원칙까지 모두 성공해야 한다는 조건이 붙는다.

간혹 주변에서 이미 입소문을 내고 있다며 단정 짓고, 노력하지 않

는 사람들이 있다. 하지만 8원칙을 소홀히 하면 어느 순간 한계에 부딪힌다. 지속해서 성장하기 어렵다. 그리고 결국 경쟁 보물선에 밀리게 된다. 따라서 8원칙까지 꼼꼼히 챙겨야 한다.

그런데 스스로 알아서 전파하는 무역선은 매우 드물다. 정말 만족하고 고맙게 느껴야만 비로소 전파하기 시작한다. 따라서 주변 사람에게 전파하면 좋을 것이라는 확신이 들게 해야 한다. 이때 무역선에 전파할 내용을 미리 정리해서 제공하면 훨씬 도움이 된다. 그리고 전파받은 사람이 전파한 사람에게 고맙다고 표현할 수 있도록 하라. 그러면 입소문을 타고 광고의 영역이 더 확장될 것이다.

마지막으로 보물선도 전파해 준 무역선에 고마움을 표현해야 한다. 무역선이 전파함으로써 얻고자 하는 것이 꼭 물질적인 보상은 아닐 것이다. 그저 보물선의 웃음, 감사, 감동을 원할 수 있다는 사실을 기억하길 바란다.

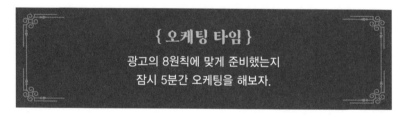

{ 오케팅 타임 }
광고의 8원칙에 맞게 준비했는지
잠시 5분간 오케팅을 해보자.

광고의 8원칙은 각 단계가 모두 중요하다. 고객은 보이는 것에만 급급한 광고를 절대 용납하지 않는다. 따라서 단계별로 신중히 설계해야 한다. 한 단계라도 소홀히 하면 안 된다.

보통 이 원칙 중 몇 가지는 무의식중에 적용하기도 한다. 하지만 여러분은 의식적으로 설계해야 한다. 자신의 보물선에 8원칙을 하나하나 대입하면서 해답을 찾아야 한다. 그 해답에는 앞서 12계까지 오케팅한 내용이 들어 있어야 한다. 그래야 확실히 좋은 성과가 나온다.

하지만 8원칙을 적용하는 과정에서 분명 어려움도 따를 것이다. 지금까지 준비한 것이 많기 때문이다. 준비한 모든 것을 한 가지 형태의 광고로 다 표현하기는 어렵다. 광고가 너무 복잡해지거나 원칙이 깨질 수 있다. 그래서 8원칙을 3차로 나누어 세 가지 형태로 광고를 만들어 내는 것이 좋다.

1차 광고로 '바라보게', '다가오게', '생각하게' 하라. 2차 광고로 '필요하게', '소망하게', '구매하게' 하라. 3차 광고로 '만족하게', '전파하게' 하라. 3차로 나누어 접근하면 광고를 만들기 훨씬 수월할 것이다.

이때 각 광고는 자연스럽게 연결되어야 한다. 1차 광고로 무역선이 생각하게 하는 데 성공해야 한다. 그런 다음 2차 광고로 필요성을 느낀 무역선에 그동안 준비한 전략을 마음껏 풀어내라. 그리고 3차 광고로 무역선을 아주 만족스럽게 만든다면 성공이다. 어떻게 하면 무역선에 특별한 가치와 경험을 계속 제공할 수 있을지 고민하라. 그리하면 광고를 훌륭하게 해낼 수 있을 것이다.

준비를 마쳤으면 광고 예산을 정하라.

그리고 다양한 곳에 제대로 광고하라.

전하려는 메시지가 무역선에 도달해야 한다.

사람에게 대입한다면 준비한 것을 어떻게 알릴지 고민하라.

비용이 들어도 과감하게 꾸준히 투자하라.

기업, 제품, 서비스에 대입한다면

광고효과가 나타나는 시기에 따라 나누어 투자하라.

즉각적으로 효과를 볼 수 있는 광고에 예산의 70%를 투자하라.

그리고 장기적으로 효과를 볼 수 있는 광고에

30%를 투자하는 것이 적절하다.

"광고廣告는 널리 알리는 것이 아니다.
가치를 빛내고 높여 주는 것이 광고光高다."

·····ᐸ•ᐳ•·ᐊᗕᎧᏬᏕᎧᗒᐳ•ᐊ•ᐳ·····

"본질을 포장하는 것은 마케팅,
알리는 것은 광고다."

·····ᐸ•ᐳ•·ᐊᗕᎧᏬᏕᎧᗒᐳ•ᐊ•ᐳ·····

"광고란 호통치는 것이 아니라,
소통하는 것이다."

·····ᐸ•ᐳ•·ᐊᗕᎧᏬᏕᎧᗒᐳ•ᐊ•ᐳ·····

"광고를 잘할 수 있다면
인생을 잘살 수 있다."

·····ᐸ•ᐳ•·ᐊᗕᎧᏬᏕᎧᗒᐳ•ᐊ•ᐳ·····

"만약 우리처럼 광고해 주는 광고회사가 있었다면,
나는 광고회사가 아니라 사업만 했을 것이다."

by 오두환

· 13계 광고 ·

**폭풍을 이겨낼 만큼
노를 저었는가?**

알 때까지, 살 때까지, 될 때까지

모든 마케팅이 끝났습니다. 이제 알려야 할 때가 왔습니다. 더는 의심하지 마십시오. 무조건 밀어붙여야 합니다. 간혹 광고를 시작한 후에 의심스럽다고 전략을 변경하는 경우가 있습니다. 그러면 좋은 전략이었음에도 결과가 나오기도 전에 중단되는 일이 생길 수 있습니다. 지금까지 준비한 마케팅 전략을 의심하지 마십시오.

초한지에 '배수의 진'이라는 전략이 등장합니다. 도망갈 길을 미리 차단하는 것입니다. 이미 광고를 시작했다면 중단하거나 흔들리지 마십시오. 처음에 정한 광고 예산을 모조리 투입하십시오. 몇 달 동안 투입하십시오. 인생에서 얻는 세 번의 기회 중 하나라고 생각하고 과감하게 투자하십시오.

지금은 제대로 표현해야 알아주는 시대입니다. 옛날에 식빵의 가장자리를 좋아하는 할아버지와 식빵의 안쪽을 좋아하는 할머니가 있었습니다. 할아버지는 할머니를 너무 사랑해서 자신이 좋아하는 가장자리만 한평생 떼어 주었습니다. 그 사실을 몰랐던 할머니는 너무 서운했습니다. 그리고 눈을 감는 순간에야 서운했다고 말했습니다. 그제야 할아버지는 통한의 눈물을 흘리며 알리지 않은 것을 후회했습니다. 상대가 당연히 알고 있을 것으로 생각하지 말고, 당연한 것을 알려야 합니다.

무엇이든 제대로 알리지 않으면 소용없습니다. 반드시 광고해야 합니다. 마케팅으로 잘 포장된 보물선의 가치를 제대로 다양하게 광고하십시오. 요즘은 광고 매체가 다양해진 만큼 다양하게 접근해야 합니다. 다양한 채널에 다양한 언어로 보물선을 광고하십시오.

광고를 언제까지 해야 할까요. 공략할 대상의 절반이 알 때까지, 살 때까지, 될 때까지 해보십시오. 아예 광고 예산을 빼두고, 매달 정해진 광고비를 쓰십시오. 될 때까지 하므로 결국 될 수밖에 없습니다.

· 13계 ·
광고의 질문

● 광고의 8원칙을 지켜 광고할 준비가 되었는가?

● 만족하게, 전파하게 하는 원칙을 지키기 위해 어떤 특별한 경험을 하게 해줄 것인가?

● 광고는 성공적이었는가? 팔려는 것을 무역선에 팔았는가?

● 광고가 성공적이지 못했다면 8원칙 중 어느 원칙을 지키지 못했다고 생각하는가?

뭐가 됐든, 닻을 올려라

- 14계 분석 -

보물선이 팔려는 것은 이미 충분히 배포되었다. 좋은 쪽이든 나쁜 쪽이든 결과가 나왔다. 무역선들은 내 보물선이 파는 것을 샀거나 사지 않았다. 또 그것에 만족했거나 만족하지 않았다. 결론적으로 이미 많은 무역선이 내 보물선을 판단하고 있을 것이다. 따라서 14계는 반성과 도약을 하는 단계라고 생각하라.

보물선은 무역선에 이미 여러 가지 약속을 했을 것이다. 그리고 무역선들은 그 약속과 가치를 보고 구매했다. 이제 그들에게 답을 들어야 할 시간이다. 무역선에 답을 구걸해야 한다. 구걸이라는 표현이 지나치다고 생각하는가. 하지만 만족했든, 그렇지 않든 무역선이 의견을 주는 경우는 생각보다 많지 않다. 그만큼 간곡하게 청해야 한다.

우리는 지금까지 만반의 준비를 했다. 그렇지만 항해 중 변수와 오류, 불만족 의견은 끊임없이 발생하기 마련이다. 따라서 무엇이든 수용할 각오가 되어 있어야 한다. 그래야 힘든 항해 과정을 감내하고 문제를 개선할 수 있다.

미국의 대형 백화점 체인인 노드스트롬Nordstrom의 창립자, 존 노드스트롬John Nordstrom은 다음과 같은 말을 했다. "고객 만족을 위해 지나치게 봉사한다고 비난받는 일은 결코 없을 것이다. 다만, 이를 소홀히 했을 때는 비난받을 것이다. 어떻게 해야 할지 의심스러운 상황이라도 항상 고객에게 이익이 되는 결정을 내려라."

무역선으로부터 불만을 듣는 일은 생각보다 어려운 일이다. 들을 용기도 필요하고, 이후 문제점도 개선해야 하기 때문이다. 그런데 개선하지 않는다면 어떻게 될까. 문제점을 지적해 준 무역선은 앞으로 절대 의견을 내주지 않을 것이다. 또 두 번 다시 그 보물선을 찾지 않을 확률이 높다. 심지어 안티로 돌아설 수도 있다. 이렇게 쌓인 악명이 곧 보물선의 이미지가 되어 버린다는 것을 잊지 말라.

그리고 무역선의 의견이나 불만에 대처하는 과정에서 비용이 들 수도 있다. 개선 비용이나 보상, 환불 등이 그 예다. 이때 비용이 들더라도 어떻게든 문제를 해결해야 한다. 불만족 고객조차 고마워하게 만들어라. 다만 당장 해결하기 어려운 문제일 수도 있다. 이런 경우 무역선이 최대한 이해하도록 도와야 한다. 당장 해결하지 못하는 이유를 진심으로 설명하라. 그리고 이후 꼭 해결하겠다고 이야기하라. 간혹 불필요하거나 억지스러운 의견을 받을 수도 있다. 이 경우에도 문제를 일으키지 않는 선에서 현명하게 대처하길 바란다. 그런 억지가 후에 큰 손해를 일으키는 경우도 생각보다 많기 때문이다.

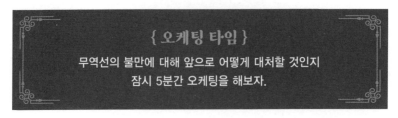

{ 오케팅 타임 }
무역선의 불만에 대해 앞으로 어떻게 대처할 것인지
잠시 5분간 오케팅을 해보자.

그런데 무역선은 불만족한 부분에 대해 소중한 의견을 줄 정도로 한가하지 않다. 거래할 보물선은 넘쳐난다. 다른 보물선을 찾아 떠나면 그만이다. 그래서 의견을 주는 고객 한 명의 무게는 구매하는 고객 열 명의 무게와 같다. 그 하나의 의견은 이후 백 명의 고객을 유치할 힘을 지니고 있다. 물론 그 의견을 반영하고, 보물선의 시나리오와 광고 등에 활용했을 때 이야기다.

무역선으로부터 소중한 의견을 듣고, 적절한 대처를 하려면 어떻게 해야 할까. 홈페이지나 블로그, 이메일, 고객센터 등 특정 시스템을 갖추어 놓아야 한다. 누구나 한번 불만을 시원하게 털어놓으면 기분이 조금이나마 풀린다. 그러므로 1차로 불만을 말할 수 있는 창구를 구축해 놓아라. 문자나 메신저 등의 대화창을 열어 두어도 좋다. 무역선의 뇌리에 보물선과 소통할 창구가 있다는 사실을 각인하는 것이 중요하다.

그런데 보물선이 파는 것이 무엇이냐에 따라 의견을 듣기 어려울 수도 있다. 이 경우 여러 방면으로 고민해 봐야 한다. 식사나 설문지, 세미나, 회의 등을 예로 들 수 있다. 오케팅을 통해 각자 상황에 맞는 해법을 찾길 바란다.

무역선의 의견을 듣기 위해 후기 이벤트를 진행하기도 한다. 적극적으로 후기를 남기도록 상품을 거는 경우가 많다. 그런데 여기에는 함정이 있다. 대가를 받기 때문에 대부분 좋은 후기만 남긴다. 이 방법이 나쁘다는 것은 아니다. 그런데 좋은 후기만 받는다고 불만이 없는 것은 아니다. 한편에서 불만은 계속 쌓일 것이다. 그리고 이것을 깨달았을 때는 이미 단골 무역선들이 다른 보물선과 거래하고 있을 것이다. 따라서 불만 사항도 한 가지 이상 남겨야 당첨 가능성이 크다는 식으로 접근할 수도 있다. 또 개선점에 대한 아이디어를 공모하는 것도 좋은 방법이다.

의견을 듣는 데 성공했는가. 다만 그 의견들은 대부분 문제가 있고, 불편하다는 점에서 그칠 것이다. 즉, 무역선은 화두만 던지는 것이다. 그 이후는 보물선의 몫이다. 혹여 해결 방법을 제시했다 해도 보물선이 실행해야 최종 완성된다. 편리성이나 실용성 등 지적받은 부분을 개선하여 단점을 보완하라. 모든 문제와 개선 방법은 고객의 반응에서 나온다는 것을 명심하라. 후기 이벤트를 통해 고객을 연구원으로 채용했다고 생각하라. 이때 조언을 하자면, 이러한 문제점이나 불편 사항에 대한 의견은 비공개로 받는 것이 좋다.

14계는 반성의 시간이다. 그렇다면 내 보물선의 가치를 구매하지 않은 무역선에 대해 고민해야 한다. '그들은 대체 왜 사지 않았을까?'라고 반성하라. 이 고민은 꽤 오랫동안 해야 한다. 최소 서너 차례 배포하고, 시나리오와 전략을 검토하라. 그럼으로써 사지 않은 사람도 입맛을 다시게 만들어라. 그러면 구매한 적 없는 무역선도 이후에 내 보물선의 가치를 인정하고 결국은 구매할 것이다.

먼저 광고 단계에서 잘못된 점은 없는지 검토하라.

13계에서 적용한 광고의 8원칙이 모두 잘 지켜졌는지 확인하라. 또 현재 상황과 안 맞는 부분이 있는지 파악해야 한다. 특히 '1원칙 바라보게 하라.'에 중점을 두고 다각적으로 검토하라. 1원칙은 실질적인 비용과 노력이 제일 많이 드는 부분이다. 또 첫 순번인 1원칙이 제대로 지켜지지 않으면, 이후 모든 원칙은 무용지물이 된다. 따라서 광고 매체나 방식 등이 상황에 맞게 적용되었는지 검토하라. 나머지 7가지 원칙은 이미 충분히 고민했을 것이다. 13계를 제대로 수행했다면 이 부분을 쉽게 바꾸기는 어렵다.

그리고 '비용 대비 효율'도 함께 분석해야 한다. 효율이 떨어지는 광고 영역보다 '꼭 필요한 영역'과 '실험이 필요한 생소한 영역'으로 나누어 진행하는 것이 좋다.

또 팔려는 것의 현재 가격이 적절한지 분석하라.

무역선이 '오늘 이 식량의 가격이 적절하거나 저렴한 편이다.'라고 생각해야 한다. 가격이 내일이나 1주일 후, 1개월 후에 더 저렴해질 것으로 예상되면 당장 구매하려 하지 않는다. 대부분 좀 기다렸다 구매하겠다는 쪽으로 돌아선다. 따라서 이후에도 가격이 같거나 오히려 비싸질 것으로 예상되도록 해야 한다. 무역선이 당장 구매할 필요성을 느끼도록 꾸준히 관리하라.

이 외에도 판매에 방해가 되는 외부적 요인이 있는지 알아보라.

즉 경제, 사회, 문화 등의 세계적인 이슈를 알고 있어야 한다. 아무리 준비를 잘해도 시기적인 변수에 큰 영향을 받을 수 있기 때문이다. 그런데 대부분 이러한 변수에 순응하며 항해를 한다. 하지만 오케팅을 하는 당신은 순응해서는 안 된다. 악재를 호재로 만들고, 위기를 기회로 만들어라. 변수를 무역선의 상황에서 생각하고, 검토하고, 준비하라. 분명히 좋은 방향으로 항로가 바뀔 것이다. 호재를 최대한 이용하고, 악재는 그것대로 대처하라. 그러면 보물선 항해는 어떤 시기에도 휘둘리지 않을 것이다.

이렇듯 구매하지 않은 무역선에 대해서도 다양한 각도로 고민하라. 무역선이 다음에 사려고 미루는 이유는 무엇인가. 구매하는 데 불편한 요소가 있는가. 가격이 부담스러운가. 차별성과 필요성이 부족한가. 국가 경제가 침체기인가. 이러한 생각을 하며 해법에 대해 고심하고 오케팅하라. 물론 쉬운 과정은 아니다. 하지만 앞이 꽉 막혀 보이는 상황에도 해법은 반드시 존재한다. 그러므로 상황이 안 좋을수록 오케팅을 해야 한다.

불만을 듣고 해결하라. 결과만 보지 말고, 과정을 분석하고 판단하라.

좋은 과정이 좋은 결과를 만든다.

사람에게 대입한다면 결과에만 연연하지 말고, 과정에 집중하라.

좋은 과정을 더 좋은 결과로 이끌기 위해 분석하고 실행하라.

기업, 제품, 서비스에 대입한다면

과거를 돌아보고 성공과 실패 요인을 파악하라.

성공 요인을 극대화하고, 실패 요인은 걷어 내라.

"반성의 자세란,
반은 성공할 준비가 되어 있는 자세다."

•••<•▷•••◁⦿⦿⦿⦿⦿▷•◁•▷•••

"환불이란 비용을 돌려주는 것이 아니다.
받은 비용으로 '마음을 다시 사는 것'이다."

•••<•▷•••◁⦿⦿⦿⦿⦿▷•◁•▷•••

"때로는 백 명의 충성고객보다,
한 명의 악성 고객에게 얻는 이익이 더 많다."

•••<•▷•••◁⦿⦿⦿⦿⦿▷•◁•▷•••

"당신의 고객을 당당히 칭찬하라.
매우 좋은 선택이었음을 증명하라."

•••<•▷•••◁⦿⦿⦿⦿⦿▷•◁•▷•••

"'~하기 바란다'는 의견이
'~하는 브랜드'를 만든다."

by 오두환

· 14계 분석 ·

**부끄럽지 않은
항해를 했는가?**

오케팅 열쇠
결과보다 중요한 과정

여러분은 13계까지 열심히 항해했습니다. 그 과정이 부끄럽지 않았다면, 결과에 소심해질 필요 없습니다. 모든 것을 한 수 배웠다고 생각하십시오. 단기적인 결과는 장기적인 결과의 먹잇감에 불과합니다.

그동안 많은 사람이 몇 번의 실패로 중도에 포기했다면 어떻게 되었을까요. 세상에 꼭 필요한 제품이나 기업, 서비스, 인물은 탄생하지 못했을 것입니다. 손에 들고 다니는 스마트폰도, 하늘을 나는 비행기도, 어두운 밤을 밝히는 전구도 말입니다. 그러니 단기적인 실패에 좌절하지 마십시오. 반대로 단기적인 결과가 좋았다고 너무 자축하지 마십시오. 그저 과정일 뿐입니다. 성공이든 실패든 과정이 부끄럽지 않았다면 결론은 하나입니다. 충분히 성공하셨습니다.

다만 14계에서는 고민하십시오. 왜 그런 결과가 나왔는지, 예측하지 못한 결과는 무엇인지 말입니다. 고객의 소리를 듣고 스스로 검증하십시오. 부족한 부분은 해결하십시오. 변수를 발견했나요? 그저 해결하면 됩니다.

모든 위대한 보물선에는 공통점이 있습니다. 끝까지 분석하고, 실패가 반복되지 않게 과정을 철저히 기록했다는 점입니다. 고객과 대화하십시오. 친분을 쌓으십시오. 데이터와 자료를 광적으로 수집하십시오. 많으면 많을수록 좋습니다. 자신만의 빅데이터를 만드십시오.

이 데이터를 계속 분석하십시오. 그래야 개선점을 찾을 수 있습니다. 문제를 알아야 풀 수 있습니다. 고객들이 던지는 물음표가 예상하지 못한 물음표인가요? 그렇다면 반드시 해법을 제시해야 합니다. 조언을 하나 드리겠습니다. 그들의 마음을 다시 사거나 더 사십시오. 물음표 중에는 진심 어린 충고도 있고, 억지스러운 비난도 있을 것입니다. 각각에 적절히 대응하고, 유머 섞인 진심으로 화답하십시오.

단기적인 결과에 목숨 걸지 말고, 과정에만 목숨을 거십시오. 과정이 부끄럽지 않게 만드십시오. 당신이 약속한 것들을 증명하게 될 것입니다. 지금까지 해온 노력보다 더 크게 이룰 것입니다.

· 14계 ·
분석의 질문

- 무역선의 조언에 감사하고 반성할 준비가 되어 있는가?

- 당신이 무역선이라면 당신 보물선과 거래하고 싶겠는가?

- 무역선이 왜 사지 않았는지 고민해 보았는가?

항해는 계속되어야 한다

- 15계 점검 -

보물선 항해는 끝이 없다. 끝이 있다면 항해를 그만하겠다고 포기했을 때뿐이다. 항해는 계속되어야 한다. 15계에서는 지금까지의 항해를 점검하고, 새로운 항로를 계획해야 한다. 언제 다시 마음을 다잡고 항해를 시작할지 모르기 때문이다.

《마켓 리더의 조건》의 저자, 제러드 J. 텔리스Gerard J. Tellis는 다음과 같은 말을 했다. "지속적인 성공의 근원은 종전에 갖춘 '능력'이 아니라 일관성 있게 혁신에 전념하고 그것을 부단히 추구하기로 '결정하는 것'에 있다."

잘 성장하여 굴지의 보물선이 되었다고 가정하자. 이때 한숨 쉬어가는 보물선도 있을 테고, 반복하여 항해하는 보물선도 있을 것이다. 이들의 경쟁은 어떻게 될까. 오랜 기간 보물을 얻기 위해 열심히 정진

했어도 방심한 순간, 다시 안 좋았을 때로 돌아갈 수 있다. 그리고 다시 시작하려면 항해를 처음 시작했을 때처럼 고된 전쟁을 치러야 할 것이다.

시작이 반이라는 말을 들어 봤을 것이다. 시작하기가 힘들 뿐, 일단 시작하면 가속력이 붙어 유지하는 데는 힘이 반밖에 안 든다고 생각하면 된다. 반대로 오케팅을 멈추는 순간 서서히 가속력을 잃는다. 그러므로 계속 긴장을 늦추지 말아라. 끊임없이 새로운 마케팅 거리와 해법을 찾아내라.

15계에서 해야 할 일은 크게 두 가지다. 하나는 1~15계까지 각 단계의 핵심 내용을 점검하는 것이다. 다른 하나는 새로운 오케팅 거리를 찾는 것이다. 지나온 항로를 점검하고, 새로운 방향을 찾아 경로를 계속 짚어 나가는 것은 보물선 선장으로서의 당연한 책무다.

먼저 각 계의 핵심 내용을 간략히 점검해 보자. 보통 3계까지 잘 계획했다면 오케팅 거리가 바뀌지 않는 한, 1~3계는 그대로 유지하는 것이 좋다. 그러나 이번 계에서는 모두 다루도록 하겠다.

1계에서는 보물선 항해의 대의를 찾아야 한다. 5년 후, 10년 후, 더 나아가 수십 년 후의 모습을 그려라. 과거에는 말도 안 되던 일이 현재는 당연시 여겨지는 일이 많다. 혁신가들은 미쳤다는 소리를 들으며 현재의 발전을 일궈 냈다. 자신이 세상에 왜 존재하는지 생각하라. 세상을 위해 무엇을 도울 수 있을지 고민하라. 그리고 스스로 설정한 대의를 향해 잘 나아가고 있는지 바라보라. 다른 이들의 평가에 일희일비하거나 조급해할 필요 없다. 우리는 불가능에 도전하는 것이다.

2계에서는 대의를 이루기 위한 세부적인 목표를 세워야 한다. 목표를 세우지 않으면 대의를 향해 긴 항해를 이어가기 어렵다. 계속 행동 목표를 설정하면서 함께 대의를 이루어 나갈 사람들을 모아야 한다. 진귀한 보물을 찾아야만 보물선에 힘이 실리고, 사람들이 모인다.

이때 대의를 이루기 위한 단기, 중기, 장기 목표를 세워라. '왜 내가 그래야 하지?'라는 질문을 끊임없이 던져라. 그리고 질문의 답을 찾아 실행하라.

3계에서는 보물선에 옳은 이름을 지어야 한다. 필요하다면 현재의 이름을 바꿀 각오도 해야 한다. 이름을 대충 지으면, 나중에 매우 곤란한 상황에 빠질 수 있기 때문이다. 보물선의 이름이 좋게 불리고, 항해가 순조롭게 이어지려면 오케팅된 이름이 필요하다.

처음부터 여러 사람의 의견을 듣기보다 먼저 자신이 철저한 오케팅으로 이름을 짓는 것이 좋다. 그런 다음 다른 사람에게 알리고 의견을 들어라. 그중 좋은 의견이 있으면 그때 반영하라. 토론을 통해 이름을 결정하면 이도 저도 아니게 되는 경우가 많다. 차라리 그런 일을 전문적으로 하는 사람에게 맡기는 방법이 더 이로울 수 있다.

4계에서는 보물선의 식량을 정해야 한다. 먹고 살 식량 네 가지를 정하라. 내 보물선이 잘하는 것이 무엇인지 생각하라. 그것을 어떻게 만들고, 제공할지 고민하라. 이때 식량의 개수가 4개가 안 되면 만들고, 더 많으면 줄여라.

5계에서는 식량들의 문제를 파악하고 개선해야 한다. 식량을 네 가지 유형으로 나누어, 문제점을 찾아라. 단점을 찾다 보면 부족한 점이 많이 보일 것이다. 그에 반해 장점도 보일 것이다. 장점은 최대한 극대화하라. 다른 보물선과 경쟁하는 식량을 적고, 장단점을 나열하면 무엇을 해야 할지 좀 더 선명하게 보인다.

6계에서는 내 보물선의 가치를 높이고, 경쟁 보물선을 선정해야 한다. 내 보물선이 무역선에 어떻게 보이길 바라는지 생각하라. 그 모습처럼 보이기 위한 전략을 세우고 실행해야 한다. 그렇게 내 보물선의 가치를 높여라. 그리고 식량별로 경쟁 보물선을 선정하고, 등급별로 나누어라. 그 경쟁 보물선들은 스승이다. 가르침을 얻어라.

7계에서는 공략할 무역선에 맞춰 전략을 세워야 한다. 먼저 무역선의 유형을 분석하라. 그리고 무역선의 유형에 따라 공략할 특별한 방법을 생각해 내야 한다. 이를 위해 팔려는 것의 가치를 높여 무역선이 만족하게 만들어라. 단순히 눈에 보이는 것 외에도 보물선의 열정과 노력을 상품화하라. 무역선이 합리적인 가격에 더 많은 혜택을 받을 수 있도록 하는 것이 중요하다. 그래야만 보물선을 계속 찾게 되고,

좋은 항해를 지속할 수 있다.

8계에서는 경쟁에서 살아남기 위해 진입장벽을 만들어야 한다. 경쟁 보물선들의 전략을 예의주시하면서 방치, 모방, 혁신해야 한다. 1%씩 혁신하여 쉽게 따라오기 힘든 장벽을 만들어라. 물론 보물선의 등급을 높이기 위해 새로운 창조 전략을 세우는 것도 중요하다. 이런 것들이 차곡차곡 쌓이다 보면 더 높고 큰 장벽이 만들어질 것이다.

9계에서는 무역선들이 공감할 만한 시나리오를 3개 정도 준비해야 한다. 지금까지의 보물선 스토리를 엮고, 부족한 부분은 채워라. 일반적인 스토리여도 특별한 작품으로 승화해야 한다. 이때 육하원칙의 요소를 넣어 만드는 것이 좋다. 보물선의 대의, 보물, 식량 등 그동안 오케팅한 것들을 시나리오에 최대한 적용하길 바란다. 긍정적이면서도 힘찬 내용으로 구성하라.

10계에서는 모든 것을 증명할 수 있는 슬로건을 만들어야 한다. 보물선의 모든 것을 표현할 수 있는 강력한 한마디가 필요하다. 이 한마디는 무역선이 다른 무역선에 전파하는 과정에도 꼭 필요한 문장이다. 만약 제대로 된 슬로건이 없다면 보물선에 대해 선뜻 운을 떼기가 어려울 것이다. 또 용도에 맞게 다양한 카피들을 만들어 사용해야 한다.

11계에서는 신념화 과정을 통해 내실을 다져야 한다. 자신은 물론, 내부 선원들이 확신을 가질 수 있도록 소통하라. 확신 없이 무모하게 도전하면 선원들이 먼저 흔들리고, 결국 선장도 흔들려서 실패하게 된다. 선장이 지금까지 만들어 낸 것을 선원들조차 이해하지 못하면 처음부터 다시 시작해야 한다. 선원들의 마음을 움직일 수 있도록 최선을 다하자. 그들에게 미쳤다는 말을 들을까 두려워 이야기할 수 없는가. 그렇다면 어떤 무역선에 감히 당당하게 말할 수 있겠는가.

12계에서는 베타버전 테스트를 거치고, 오케팅할지 로케팅할지 결정해야 한다. 가까운 무역선에 베타버전을 무상으로 제공하여 테스트하라. 본격적으로 노력과 열정, 시간을 쏟아붓기 전에 마지막으로 실험하는 단계다. 이를 통해 자주 물어보는 질문과 답변, 예상 질문, 후기 등을 모아라. 이것들은 보물선이 본격적으로 판매에 들어가면 빛을 발하기 시작할 것이다. 이 과정을 거쳐야만 보물선이 발견할 수 없던 변수와 오류를 잡아낼 수 있음을 명심하자.

13계에서는 광고의 8원칙을 지켜 제대로 광고해야 한다. 최대한 많은 광고 매체를 찾아 효율성을 분석하라. 8원칙을 제대로 준수하여 광고한다면 반드시 좋은 결과를 얻을 수 있다. 일단 알리고, 오류는 나중에 수정하라. 지금까지 오케팅을 잘해 왔다면 분명 무역선이 반할 만한 내용으로 만들어졌을 것이라 확신한다. 그렇기에 뒤돌아보지 말고 알리는 데 전념하라.

14계에서는 무역선의 불만을 듣고 해결해야 한다. 무역선으로부터 소중한 의견을 수렴하라. 효율적인 방법을 동원하여 의견을 듣고, 반성하고, 개선해야 한다. 이때 솔직하고 적극적으로 대응해야 한다. 그리고 사지 않은 무역선들에 대해서도 다방면으로 고민하라. 문제점을 찾고, 대안을 적용해 그들이 구매할 수 있는 시스템을 구축하라. 무역선의 반응과 내 방법을 쌍방향으로 분석해야 한다.

15계에서는 오케팅 1~15계를 점검하고 새로 시작해야 한다. 처음 설정한 대의와 보물을 향해 잘 나아가고 있는지 확인하라. 그리고 각 계에서 놓친 부분이 있는지 찾아서 보완하라. 어떤 업적이든 하루아침에 만들어지지 않는다. 내 보물선이 진짜 대의를 위한 보물선이 될 수 있도록 끊임없이 오케팅하라. 도전을 멈추거나 포기하지 않는다면 반드시 대의를 이룰 것이다.

모든 계를 되짚어 보았다. 지금까지의 항해가 거의 완벽했기를 진심으로 기원한다. 이제 한 가지만 남았다. 필사적으로 새로운 오케팅 거리를 찾아야 한다. 문제의 해결은 문제를 발견하는 데서 비롯된다. 찾지 못한 문제는 해결할 수 없고, 찾지 못한 도전은 할 수도 없다. 별생각 없이 시장의 변화에 수동적으로 따라가며 대응해서는 안 된다. 어떻게 항해해야 무역선들이 인정할지 고민하라. 그리고 새로운 오케팅 방향을 설정하라.

이때 무역선에 보였으면 하는 보물선의 업적도 함께 설정해야 한다.

보물선이 그동안 이뤄 온 것들은 무엇이며, 어디를 향해 나아가고 있는지 등은 매우 중요하다. 보물선의 역사는 그 내용만으로도 무역선이 구매하게 하는 강력한 힘이 있다.

장기적인 역사를 만들기 위해서는 멀리 보는 전략이 필요하다. 우연히 걸어가지 말고, 계획하고 의도적으로 걸어가라. 앞으로 어떤 보물을 설정하고, 어떤 시나리오를 만들지 고민하라. 현재 오케팅한 것이 향후 어떤 변화를 가져올지 예상하며 나아가야 한다. 하지만 한번에 너무 많은 것을 설정하지는 말아라. 시작하기도 전에 지쳐 버릴 수 있기 때문이다. 건물을 짓듯 보물선의 길고 긴 항해 역사를 만들어 가면 된다.

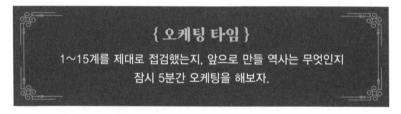

{ 오케팅 타임 }

1~15계를 제대로 점검했는지, 앞으로 만들 역사는 무엇인지
잠시 5분간 오케팅을 해보자.

15계에서는 보물선이 잘못된 방향으로 가는 것은 아닌지 살펴야 한다. 어디에 문제가 숨어 있을지 모른다. 누구나 바쁘고, 정신없이 항해하다 보면 문득 잘못 가고 있음을 느낀다. 앞의 계들을 다시 검토해 보면, 분명 처음에 의도한 대로 되지 않은 것들이 눈에 보일 것이다. 스스로 다음과 같은 질문을 던지고, 심도 있게 점검하기를 바란다.

1. 보물선이 유명해지고, 신뢰받고 있는가.
2. 보물선의 규모가 커져 무역선이 만족하고 있는가.

3. 계속 발전하고 연구하며, 잘 해내고 있는가.

4. 언제나 열정적이고, 부지런하게 항해하고 있는가.

5. 체계적인 시스템으로 잘될 수밖에 없는 당위성을 보여 주고 있는가.

6. 보물선의 업적과 역사, 행보가 선함과 영향력을 나타내는가.

7. 보물선의 목표와 비전을 명확히 보여, 함께하고 싶게 만들고 있는가.

> 모든 계를 점검하고, 다시 시작하라.
> 엄청난 재능을 가지고 있어도,
> 점검하고 반복하는 습관이 없다면 실패한다.
> 사람에게 대입한다면 작은 성공에 안주하지 마라.
> 작은 실패에 낙심하지 마라. 어차피 당신은 대의를 이룰 것이다.
> 기업, 제품, 서비스에 대입한다면 성패에 연연하지 마라.
> 끝까지 점검하고, 반복하고, 도전하면 반드시 승리한다.

"끝났을 때 반복하면,
성취감도 반복된다!"

⋯◄◦►◦◄〉◦◀⑧◌◦◦►◦◄►⋯

"토끼와 거북이 경주의 승자는 누구인가?
승패는 쉬는 순간에 갈린다."

⋯◄◦►◦◄〉◦◀⑧◌◦◦►◦◄►⋯

"문제를 찾고, 연구하고, 해결하는 것을 반복하라.
이것이 인생의 전부다."

⋯◄◦►◦◄〉◦◀⑧◌◦◦►◦◄►⋯

"당신의 역사에 가정은 없다.
'~했더라면'이 아닌, '~했기에 잘했다.'라고 말하라."

⋯◄◦►◦◄〉◦◀⑧◌◦◦►◦◄►⋯

"윈윈 win-win 하려면 내가 하려는 것을
그들도 하고 싶게 만들어라."

by 오두환

$==$ · 15계 점검 · $==$

**다시 항해할
준비가 되었는가?**

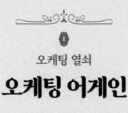

오케팅 어게인

인생이라는 항해에 끝은 없습니다. 누구나 부자가 되고 싶습니다. 경제적 자유를 꿈꿉니다. 오케팅을 잘하는 사람은 무조건 경제적 자유를 얻을 수 있습니다. 어디에 가더라도 꼭 필요한 인재가 될 수 있습니다. 품질이 비슷한 상품이라도 오케팅을 했느냐에 따라 결과는 하늘과 땅 차이가 납니다. 상품의 질은 실제로 크게 다르지 않지만, 사람들은 브랜드에 열광합니다. 결국 대중의 인기를 얻으려면 마케팅과 광고가 필요합니다. 인기가 높아지면 상품의 질도 더 좋아집니다. 거의 모든 것은 낮은 가치로 시작합니다. 그러다 점차 브랜드가 되면서 더 높은 가치를 추구합니다.

사람, 기업, 서비스 등도 마찬가지입니다. 마케팅을 잘해야만 더 좋은 가치를 추구하는 브랜드로 성장할 수 있습니다. 아무리 본질이 뛰어나도, 포장하지 않으면 원하는 결과를 얻지 못합니다. 미친 듯이 오케팅하십시오.

성공은 뛰어난 능력이 아닌, 꾸준한 집념으로 이룰 수 있습니다. 처음부터 완벽하길 기대하지 말고 완벽해질 때까지 계속 항해하십시오. 토머스 에디슨Thomas Edison은 전구를 만드는 데 수천 번 실패했습니다. 에디슨은 방법을 몰랐지만, 여러분은 오케팅이라는 방법을 알고 시작하는 것입니다. 자신 있게 오케팅하십시오. 포기하지 마십시오. 될 때까지 하십시오. 지금까지 최선을 다했다면 반드시 될 것임을 오두환이 약속합니다.

· 15계 ·
점검의 질문

● 1~15계에 맞게 항해하고 있는지 점검했는가?

● 놓치던 것이 있다면 잘 정리해 두었는가?

● 보물선의 역사는 잘 만들어 왔는가?

● 앞으로 어떤 역사를 만들어 가는 것이 좋겠는가?

● 이제 가속력을 유지하며 바로 새출발할 수 있겠는가?

제5장

실전 오케팅
15계 질문에 답하기

오케팅 실천하기

일단 여기까지 읽으신 것을 축하드립니다.

책의 앞부분은 쉽고, 뒷부분은 어려웠을 것입니다. 특히 4장의 오케팅 이론 부분은 상당히 추상적이라고 느꼈을 수도 있습니다. 저는 머리가 지끈지끈해야 생각이 발전한다고 믿습니다. 따라서 단순히 고기가 탁 차려진 앞부분과 달리, 뒷부분은 고기를 잘 잡는 방법에 대해서 풀어냈습니다.

그리고 이번 장에서는 여러분이 직접 오케팅 15계 각각의 질문에 답변하는 공간을 마련했습니다. 먼저 자신이 오케팅을 통해 마케팅하려는 대상을 정해 보세요. 그리고 15단계를 거치며 각각의 목표를 파악하고, 주요 내용을 다시 상기해 보기를 권합니다. 그런 다음 질문하기 내용을 자문해 보고, 답하기 공간에 자신이 생각한 내용을 적어 보세요. 마지막 15계까지 모든 질문에 답을 한다면 앞으로 오케팅을 실생활에서 더 자연스럽고 효율적으로 적용할 수 있을 것입니다.

대상 정리

오케팅을 통해 자신이 마케팅하려는 대상에 관해 정리해 보세요.

이름(가칭)
_____

대상 설명
_____
_____
_____
_____
_____
_____
_____
_____
_____
_____
_____
_____
_____
_____
_____
_____
_____
_____
_____
_____
_____
_____
_____
_____

사진, 이미지

1편 정신

|01계 영혼 |

목표: 보물선 향해의 대의를 찾아야 한다.

주요 내용

– 내가 지금 진정 원하는 것은 무엇인가.

– 그리고 내가 진짜 하고자 하는 것은 무엇인가.

질문하기

● 당신의 대의는 무엇인지 곰곰이 생각해 보았는가?

● 대의가 없었다면 그 이유가 무엇이라고 생각하는가?

● 진정으로 원하는 것을 얻기 위해 미친 듯 항해할 각오가 되어 있는가?

● 주변에 위대한 대의를 가진 '무엇'이 있는가?

　그 '무엇'을 돕는 것도 대의다.

답하기

목표: 대의를 이루기 위한 세부적인 목표를 세워야 한다.

주요 내용

목표의 일곱 가지 조건

1. 보물은 대의를 이루기 위한 과정으로 존재해야 한다.

2. 자신을 비롯해 모든 항해자에게 이득이 되어야 한다.

3. 내가 갖고 싶은 것을 모두 갖고 싶게 만들어라.

4. 최소 1년 이상 투자만 하더라도 그만큼의 충분한 가치가 있는 보물이어야 한다.

5. 보물은 보관용이나 과시용이 아니어야 한다.

6. 보물들은 서로 연관성이 있어야 한다.

7. 끝내 찾지 못하더라도 충분히 보람이 있을 만한 보물이어야 한다.

질문하기

● 어떤 보물이 대의를 향한 보물이라고 할 수 있는가?

● 어떤 보물을 설정해야 당신을 보물로 여겨 주는 사람들이 모일 수 있겠는가?

● 보물을 몇 개 설정했는가?

  설정한 보물들은 각각 일곱 가지 기준에 부합하는가?

답하기

장기 목표

~이므로 ~하겠다. / ~해서 ~ 해야 한다. / 언제까지 반드시 ~ 한다.

중기 목표

~이므로 ~하겠다. / ~해서 ~ 해야 한다. / 언제까지 반드시 ~ 한다.

단기 목표

~이므로 ~하겠다. / ~해서 ~ 해야 한다. / 언제까지 반드시 ~ 한다.

2편 식사
| 03계 성명 |

목표: 보물선에 옳은 이름을 지어야 한다.

주요 내용

– 이름은 브랜드 자체이며, 신뢰와 직결된다.

– 신중히 고른 명칭은 반드시 이름값을 한다.

이름 선정 시 고려 사항

1. 단순하게 지어라.

2. 궁금증을 유발하는 이름으로 지어라.

3. 의미 전달력이 있게 지어라.

4. 이름에 말장난을 가미하라.

5. 자부심을 느낄 수 있게 만들어라.

6. 짙은 호소력을 더하라.

7. 목표와 연관성이 높게 지어라.

8. 긍정적 단어를 사용하라.

9. 독창적인 이름을 지어라.

질문하기

● 당신이 마케팅하려는 '그것'의 이름은 무엇인가?

● 당신이 이름을 명하는 순간부터 진정한 '그것'이 탄생하는 것이다.

● 새로운 이름을 정했는가?

　미친 듯이 가슴 뛰는 일을 할 준비가 되었는가?

답하기

이름 _____

이름의 의미 _____

_____

_____

_____

_____

_____

_____

_____

_____

_____

_____

_____

_____

_____

_____

_____

_____

_____

_____

_____

_____

_____

_____

_____

_____

2편 식사

|04계 식량|

목표: 보물선의 식량을 정해야 한다.

주요 내용

– 남들보다 자신 있는 것들만 계속 찾아내라.

식량이 갖춰야 할 아홉 가지 세부 기준

– 달콤함: 타인에게 만족감을 줄 수 있는가?

– 특별함: 기발하다고 생각되는 특별함을 가지고 있는가?

– 강력함: 경쟁자 대비 획기적인가?

– 미세함: 대상에 대한 구체적인 이미지를 구현할 수 있는가?

– 지속성: 꾸준히 생산할 수 있는가?

– 적절성: 판매 대상에게 맞는 것인가?

– 연관성: 제공할 대상들이 서로 연관(상호 보완)이 있는가?

– 유연성: 변화에 유연하게 대응할 수 있는가?

– 흐름: 업계의 대세에 따르는가?

질문하기

● 내 보물선이 좋아하는 것과 잘하는 것은 무엇인가?

　모두 적어 보고, 연관 지어 나열하라.

● 당신이 탄 보물선의 식량은 무엇인가?

　가치 있고, 갖고 싶은 식량은 무엇인가?

답하기

목표: 식량들의 문제를 파악하고 개선해야 한다.

주요 내용

– 경쟁 상대가 없는 마케팅이라 해도 시간이 지나면 경쟁 상대는 나타나게 되어 있다.

– 판매자 입장만큼 쓸모없는 것도 없다. 구매자가 되어라.

– 식량은 목표로 나아가기 위하여 경쟁자를 따돌리기 위한 자원이다.

식량의 네 가지 유형

– 재배하는 식량: 처음부터 쉽게 결과물을 얻을 수 없지만, 시간이 지나면 결과가 꾸준함

– 사육하여 얻은 식량: 원할 때마다 바로 얻을 수 있지만, 시장이 한정됨

– 수렵을 통해 얻은 식량: 즉각적으로 얻을 수 있으며, 수량도 무한함

– 제작으로 얻은 식량: 고객이 원하는 것으로, 그들과 거래할 수 있는 식량

질문하기

● 당신의 보물선이 가진 식량 중 안정적인 식량은 무엇인가?

● 내 식량을 빼앗으려는 경쟁자는 누구인가?

● 당신이 찾아낸 좋은 문제들은 어떤 것들인가?

● 경쟁자는 어떻게 당신의 식량을 빼앗고 있으며, 당신은 어떻게 빼앗을 것인가?

답하기

목표: 내 보물선의 가치를 높이고, 경쟁 보물선을 선정해야 한다.

주요 내용

– 내 보물선이 어떻게 보였으면 좋겠는가.

– 다른 보물선은 나를 어떻게 평가하고 있을까.

– 무역선들은 다른 보물선과 비교해 내 보물선을 어떤 시각으로 볼까.

– 단점을 장점으로, 위기를 기회로 보이게 하라.

– 조금 다른 시각으로 접근하면 나만의 위치가 나온다.

– 경쟁 상대를 등급별로 나누어 위치를 정하라.

나와 경쟁 상대들의 등급 분류

1등급: 나보다 우월하게 우위에 있는 경쟁자

2등급: 나보다 소폭 우위에 있는 경쟁자

3등급: 나의 위치

4등급: 나보다 소폭 낮은 위치에 있는 경쟁자

5등급: 나보다 매우 낮은 위치에 있는 경쟁자

질문하기

● 다른 보물선에 보이고자 하는 모습이 단순하지는 않은가?

● 무역선에 보이는 모습이 초라하다고 생각하지 않는가?

● 네 가지 식량 유형에서 5단계 등급별로 스승님을 정하였는가?

답하기

원하는 위치 정하기

~하게, ~한 것처럼 보였으면 좋겠다.

등급별 경쟁자 리스트

- 1등급

- 2등급

- 3등급

- 4등급

- 5등급

목표: 공략할 무역선에 맞춰 전략을 세워야 한다.

주요 내용

– 공략할 고객의 유형을 정하고 전략을 세워라.

– 가격을 낮출 것이 아니라. 가치를 높여라.

– 합리적인 가격은 오직 고객만 정할 수 있다.

– 몇 수 앞을 내다본 전략은 훌륭한 미래를 만든다.

고객 유형에 따른 공략 방법

– 마니아 또는 충성고객: 특별한 무언가를 갖추고 그것을 세분화하라.

– 군중심리: 최대한 많이 알려라.

– 우월 심리: 높은 가격으로 차별화된 품질을 제공하라.

– 실속형: 가성비를 높여라.

– 저가형: 가격을 확 내려라.

– 긴급형: 경쟁자보다 먼저 시도하라.

질문하기

● 공략하려는 무역선은 당신 보물선의 어떤 것에 만족을 느끼겠는가?

● 무역선이 만족하지 않는다면. 어떤 것을 더해야 만족하게 할 수 있겠는가?

● 좋은 가치를 제공하려면 한 가지 전략만 고수해서는 안 된다.

　전략 변화를 시도했는가?

● 준비한 식량들에 알맞은 가치가 형성되었는가?

답하기

고객 유형별 판매 전략

– 마니아 또는 충성고객

– 군중심리

– 우월 심리

– 실속형

– 저가형

– 긴급형

목표: 경쟁에서 살아남기 위해 진입장벽을 만들어야 한다.

주요 내용

– 1, 2등급 보물선을 모방하라.

– 3등급 보물선을 모니터링하여 배울 점을 찾고, 넘어설 방법을 강구하라.

– 4, 5등급 보물선의 혁신적인 시도를 배워라.

– 우리가 쳐놓은 방치, 모방, 혁신의 그물망에서 경쟁사가 벗어나지 못하게 하라.

– 베끼기만 하는 비양심적인 보물선은 절대 모방하지 말라.

세 가지 전략

– 방치: 경쟁자의 전략 중 나에게 대입할 필요가 없는 것은 방치하라.

– 모방: 나에게 대입할 필요가 있다면 대입하라.

– 혁신: 경쟁자의 전략 중 기발하다 싶은 것은 바로 따라 하라.

질문하기

● 경쟁 보물선이 당신보다 더 좋은 전략을 실행하고 있다고 생각하는가?

● 그 전략이 진짜 좋은 전략인지, 당신의 보물선에 대입하고 검증해 보았는가?

● 검증 결과가 좋다면, 그 전략을 모방하여 당신의 보물선에 적용해 보겠는가?

● 전략을 더 좋게 보완하는 방법에는 어떤 것들이 있겠는가?

답하기

방치

다른 경쟁자가 사용하는 전략이지만 나에게 필요 없는 것

_____

_____

_____

_____

_____

_____

모방

나에게 대입할 필요가 있는 경쟁자의 전략

_____

_____

_____

_____

_____

혁신

기발하다고 생각하는 경쟁자의 전략

_____

_____

_____

_____

_____

목표: 무역선들이 공감할 만한
시나리오를 3개 정도 준비해야 한다.

주요 내용

– 스토리가 아닌 시나리오를 만들어라.

– 시나리오의 다섯 가지 효과: 이해력, 접근성, 즐거움, 전파력, 기억력

– 시나리오는 재미있는 한 편의 드라마여야 한다.

시나리오의 기본 요소

– 보물선은 언제 항해했는가.

– 보물선은 어디서 항해를 했는가.

– 보물선은 누가 항해했는가.

– 보물선은 무엇을 하기 위해 항해를 했는가.

– 보물선은 왜 항해했는가.

– 보물선은 어떻게 항해했는가.

시나리오 작성 시 유의 사항

– 유명해 보이고 신뢰가 가도록 하라.

– 보물선의 규모를 상세하게 설명하라.

– 계속 발전하고 연구하는 모습을 보여라.

– 열정적이고 부지런한 모습을 보여라.

– 식량이나 가치를 원활하게 공급할 수 있음을 보여라.

– 보물선의 선한 행보와 역사를 증명하라.

질문하기

● 당신 보물선의 시나리오는 스스로 보아도 정말 마음에 드는가?

● 마음에 들지 않는다면 이유는 무엇인가? 무엇이 빠졌는지 점검하고 보완하라.

● 주변 사람들에게 시나리오를 들려주었을 때 반응이 어떠한가?

● 그들이 다른 이들에게 시나리오를 전파한다면, 이는 시나리오가 훌륭하다는 증거다.

답하기

전달하고자 하는 1~2개의 메세지 담기

_____

_____

_____

_____

_____

_____

_____

_____

_____

_____

_____

_____

_____

4편 의복
| 10계 요약 |

목표: 모든 것을 증명할 수 있는 슬로건을 만들어야 한다.

주요 내용

- 시나리오를 듣게 하려면 반드시 강력한 한마디로 시작하라.
- 슬로건이란 브랜드명의 또 다른 이름이다.

슬로건 제작 시 검토 사항

- 쉬운 단어를 써라.
- 핵심 내용을 알기 쉽게 하라.
- 궁금증을 유발하라.
- 이미지가 떠오르게 하라.
- 간결하게 만들어라.
- 명쾌한 문장으로 만들어라.
- 긍정적 단어를 사용하라.
- 자부심을 담아라.
- 감정을 자극하라.
- 행동을 표현하는 문장으로 만들어라.

질문하기

● 마음에 드는 키워드를 5개 이상 뽑았는가?

● 그 키워드들을 조합해서, 간결하면서도 매력적인 슬로건을 만들었는가?

● 슬로건만 보아도 보물선의 모든 것을 짐작할 수 있는가?

● 슬로건만으로 당신 보물선의 가치를 알 수 있게 하려면, 어떤 변화를 시도해야겠는가?

답하기

슬로건 시안

최종 슬로건

5편 무리

|11계 출격|

목표: 신념화 과정을 통해 내실을 다져야 한다.

주요 내용

– 남들이 미쳤다고 해도 마케팅으로 끌고 가라.

– 마케팅에서 소통과 수용 없이는 뭉치거나 나아갈 수 없다.

– 마케팅을 불가능을 가능하게 보이도록 포장하는 일이다.

– 선장은 판단에 책임져야 하며, 리더임을 증명해야 한다.

신뢰를 얻기 위한 점검 사항

1. 선장으로서 스스로 완벽히 준비되었는지 검토하라.

2. 함께 항해하는 내부 선원에게 알려라.

3. 외부에 보이고자 하는 이미지를 예측하고, 결정하고, 공유하라.

4. 약속을 이행할 수 있는지 최종적으로 점검하라.

질문하기

● 팔려는 것을 '고수 무역선'에도 자신 있게 팔 수 있다는 확신이 있는가?

● 지금까지 오케팅한 것을 자신과 선원들에게 알리고 신념화했는가?

● 자신을 선장으로 인식하고, 리더십을 충분히 발휘하고 있다고 생각하는가?

● 선원들에게 미쳤다는 소리와 대단하다는 소리를 함께 들은 적이 있는가?

● 경쟁 보물선을 평가하듯이 냉정한 기준으로 내 보물선을 철저히 검증했는가?

답하기

5편 무리
|12계 출격 |

목표: 베타버전 테스트를 거치고,
오케팅할지 로케팅할지 결정해야 한다.

주요 내용

– 끊임없이 답변하라. 물어볼 것을 찾을 수 없을 때까지.

– 좋은 업데이트가 되었다면, 가급적 무상으로 지급하라.

– 시작한다면 로켓처럼, 의심된다면 처음처럼 하라.

배포 전 점검 사항

– 누구에게 먼저 배포해야 할까?

– 베타버전 테스트 결과는 어떻게 활용해야 할까?

– 베타버전 사용자들에게 감사를 표하는 것도 잊지 말아라.

질문하기

– 친한 무역선들에 팔고자 하는 것을 무상으로 제공했는가?

– 그 무역선들은 제공한 것에 대해 어떤 평가를 했는가?

– 평가 결과를 도표화하여 보물선의 무기인 시나리오로 만들었는가?

– 자주 물어보는 질문과 답변을 10개 이상 만들었는가?

– 준비한 로켓을 발사할 준비가 되었는가? 오케팅을 더 할 생각은 없는가?

답하기

6편 경쟁
|13계 광고|

목표: 광고의 8원칙을 지켜 제대로 광고해야 한다.

주요 내용

– 광고는 마케팅 함선의 초고속 프로펠러다.

– 고객은 보이는 것에만 급급한 광고를 절대 용납하지 않는다.

광고의 8원칙

1. 바라보게 하라.   5. 소망하게 하라.

2. 다가오게 하라.   6. 구매하게 하라.

3. 생각하게 하라.   7. 만족하게 하라.

4. 필요하게 하라.   8. 전파하게 하라.

질문하기

● 광고의 8원칙을 지켜 광고할 준비가 되었는가?

● 만족하게, 전파하게 하는 원칙을 지키기 위해 어떤 특별한 경험을 하게 해 줄 것인가?

● 광고는 성공적이었는가? 팔려는 것을 무역선에 팔았는가?

● 광고가 성공적이지 못했다면 8원칙 중 어느 원칙을 지키지 못했다고 생각 하는가?

답하기

6편 경쟁
| 14계 분석 |

목표: 무역선의 불만을 듣고 해결해야 한다.

주요 내용

– 불만족 고객조차 고마워하게 만들어라.

– 사지 않은 사람도 입맛을 다시게 만들어라.

– 먼저 광고 단계에서 잘못된 점은 없는지 검토하라.

– 팔려는 것의 현재 가격이 적절한지 분석하라.

– 판매에 방해가 되는 외부적 요인이 있는지 알아보라.

질문하기

● 무역선의 조언에 감사하고 반성할 준비가 되어 있는가?

● 당신이 무역선이라면 당신 보물선과 거래하고 싶겠는가?

● 무역선이 왜 사지 않았는지 고민해 보았는가?

답하기

6편 경쟁
| 15계 점검 |

목표: 오케팅 1~15계를 점검하고 새로 시작해야 한다.

주요 내용

– 끊임없이 새로운 마케팅 거리와 해법을 찾아내라.

– 우연히 걸어가지 말고, 계획하고 의도적으로 걸어가라.

보물선이 제대로 나아가고 있는지 점검할 사항

– 보물선이 유명해지고, 신뢰받고 있는가.

– 보물선의 규모가 커져 무역선이 만족하고 있는가.

– 계속 발전하고 연구하며, 잘 해내고 있는가.

– 언제나 열정적이고, 부지런하게 항해하고 있는가.

– 체계적인 시스템으로 잘될 수밖에 없는 당위성을 보여 주고 있는가.

– 보물선의 업적과 역사, 행보가 선함과 영향력을 나타내는가.

– 보물선의 목표와 비전을 명확히 보여, 함께하고 싶게 만들고 있는가.

질문하기

● 1~15계에 맞게 항해하고 있는지 점검했는가?

　놓치던 것이 있다면 잘 정리해 두었는가?

● 보물선의 역사는 잘 만들어 왔는가?

　앞으로 어떤 역사를 만들어 가는 것이 좋겠는가?

● 이제 가속력을 유지하며 바로 새출발할 수 있겠는가?

답하기

몰래 감추고 싶었던
'영업 비밀'

실전 오케팅까지 마치신 여러분에게 박수를 보냅니다.

누구나 쉽게 한다는 낚시조차 배움의 깊이는 끝도 없습니다. 물때와 잡는 방법, 장비, 손맛 등이 모두 다르기 때문이죠. 몰래 감추고 싶었던 '영업 비밀'에서는 오케팅 15계 이론을 비즈니스에 접목하여 풀어보겠습니다. 또한 브랜딩에 대한 저의 이론도 간략하게 소개하겠습니다.

1계 영혼은 대의, 비전을 뜻합니다. 기업이든, 제품이든, 사람이든 대의가 빠지면 존재 가치를 상실하게 됩니다. 먼저 누구를, 어떻게 이롭게 만들어 줄 것인지를 정하십시오. 이 부분을 제대로 설계해야만 제대로 노를 저어 나갈 수 있습니다. 다소 과한 비전을 설정하십시오.

2계 보물은 단기부터 장기까지 이루려는 목표를 뜻합니다. 대의를 이루기 위해서는 다양한 목표가 필요합니다. 1개월, 3개월, 6개월,

1년, 3년, 5년, 10년 단위로 목표를 세우면 꿈을 이루는 데 큰 도움이 될 것입니다. 그리고 목표에 도달할 모습을 예측하고 차근차근 이루어 가십시오.

3계 성명은 네이밍, BI, CI 등을 의미합니다. 제품이나 기업 이름에 따라 고객이 받아들이는 메시지는 전혀 달라집니다. 강력하고 명확한 호칭일수록 메시지도 강렬해지고, 이후 홍보 비용, 각인 비용을 절감할 수 있을 것입니다.

4계 식량은 강점 및 주력상품 설정을 의미합니다. 어떤 강점들을 엮어 내느냐가 중요합니다. 1개의 강점이 아니라 4개 이상의 강점이 혼합되면 고객은 전혀 다른 가치를 느끼게 됩니다. 일단 다양한 강점을 찾고 연관성 있는 강점끼리 연결해 보세요.

5계 문제는 강점 다듬기와 단점 바꾸기를 의미합니다. 처음에 추출한 강점과 단점들은 너무 날것이기 때문이죠. 자신만이 지닌 강점 종류를 이해하고 어떤 고객과 만나는 것이 유리할지 판단해 보세요. 안정적인 상황이 되려면 강점이 뾰족해지고, 단점이 강점으로 바뀌어야 합니다.

6계 위치는 롤 모델이나 경쟁자를 설정하고 스승으로 삼으라는 의미입니다. 앞서 나간 사람들을 종류별, 유형별로 나누어 적어 보십시오. 이 과정에서 생각보다 많은 장점을 발견할 수 있을 것입니다. 좋은 스승이 좋은 제자를 만들죠. 인생 멘토를 찾으십시오.

7계 전략은 핵심 공략층을 제대로 설정하라는 내용입니다. 핵심 공략층이 누구냐에 따라 이후 전략도 달라져야 합니다. 화법이나 광고

문구가 대상에 맞게 180도 달라져야만 전달력과 힘이 생기기 때문입니다. 어떤 고객이 자신이 설정한 것들과 잘 맞을지 점검해 보십시오.

8계 장벽은 6, 7계의 상황을 보았을 때 스승님들의 전략을 어떻게 따라갈지 선택하라는 것입니다. 좋은 전략이어도 나의 고객에게 적합하지 않다면 따라가지 마십시오. 첫째는 좋은 전략을 발굴하는 것이고, 둘째는 나의 고객들이 좋아할 만한 것이어야 합니다.

9계 각본은 지금까지 해온 일들을 정리하여 누구나 이해하기 쉽게, 이야기로 풀어내라는 것입니다. 대부분 딱딱하고 어려운 법조문이나 논문은 읽고 싶어 하지 않습니다. 철학이나 몇몇 글을 제외하고 설명은 무조건 쉽고 각인될 수 있어야만 합니다.

10계 요약은 각본을 기반으로 모든 것을 포괄할 수 있는 한 문장을 만들라는 것입니다. 간혹 2~3줄도 상관없지만, 가능하면 짧을수록 좋습니다. 좋은 슬로건이나 강렬한 카피는 고객의 뇌리에 박힐 뿐만 아니라 각본에 대한 설득력도 높입니다.

11계 소통은 앞서 만들어 낸 모든 전략이 빛을 발할 수 있도록 설득하라는 것입니다. 아무리 좋은 전략이나 네이밍, 강점, 슬로건, 카피도 쓰이지 않으면 소용이 없습니다. 혼자서 쓴다고 되는 것이 아니라 많은 사람이 쓸 수 있도록 설득해야 합니다.

12계 출격은 상품을 베타버전으로 테스트해서 오차를 줄이라는 것입니다. 다양한 사람의 질문 중에 공통적인 질문은 가능하면 묻기 전에 미리 배열하는 게 더 매력적이라는 것이죠. 바로 오픈하기 전에 심사숙고하여 정교함을 높여야 합니다.

13계 광고는 12계까지 만들어 낸 것들을 있는 힘껏 알리라는 것입니다. 아무리 좋은 사람과 제품, 기업도 고객들이 모르면 의미가 없습니다. 알리고 만날 수 있는 모든 루트와 방법을 동원해서 광고하십시오. 특히 비용이 많이 들지 않는 광고는 무조건 하십시오.

14계 분석은 후기와 평판이 좋은 방향으로 흘러갈 수 있게 만들라는 것입니다. 결과를 철저히 분석하고 이에 대응해서 도약의 기회로 만들어야 합니다. 고객의 의견 중에 좋은 포인트가 많이 발견될 것입니다. 가능하면 의견을 반영해 변형에 도전해 보십시오.

15계 점검은 지금까지 걸어 온 길을 여러 번 반복하며 실수를 줄여 나가라는 것입니다. 아무리 좋은 소스도 사회적 상황과 잘 맞물려야 합니다. 트렌드와 상황에 맞게 업데이트하는 것은 필수입니다. 끊임없이 전체적인 전략을 점검하고 실행해 보십시오.

여기서 설명한 오케팅 15계는 퍼스널 브랜딩(사람), 기업 브랜딩, 제품 브랜딩, 서비스 브랜딩 등 현업에서 사용되는 전략입니다. 다만 고민 없이 적용했을 때는 큰 변화를 기대할 수 없습니다. 1~15계 전부를 허울 좋게 끄적일 수는 있어도, '진의'가 담기지 않으면 무용지물이기 때문입니다. 그래서 본문에서는 내용을 단도직입적으로 풀어내지 않고 2~3번 꼬았습니다. 이 책을 선택한 독자분들이 고대의 철학자나 바둑 기사처럼 다음 수를 예측하고, 그에 맞는 사고력과 판단력도 함께 향상하기를 바랍니다. 그리고 진심으로 여러분의 꿈을 찾기를 기원합니다.

브랜드 상대성 이론

여기서 추가로 한 가지 방법을 더 알려드리겠습니다. 저는 마케팅, 광고, 가치, 브랜드의 관계를 설명하기 위해 연구했습니다. 그 결과 알기 쉽게 설명할 수 있는 '브랜드 상대성 이론'을 만들었습니다. 공식은 다음과 같습니다.

브랜드 = 가치(본질 + 마케팅) × 광고

사람들은 본질에 마케팅이 더해진 것을 '가치'라고 여깁니다. 그 가치를 광고로 최대한 노출해서 고객이 반복적으로 접하다 보면 브랜드라고 느끼게 됩니다. 즉, 본질은 100인데 마케팅으로 -100을 더하면 아무리 광고비로 100,000을 쏟아부어도 결국 브랜드는 '0 × 100,000 = 0'이 됩니다. 반대로 본질이 20에 불과하더라도 마케팅으로 포장해서 가치를 높이는 것도 가능합니다.

본질 100에 마케팅(포장) -80을 더하면 고객은 20의 가치밖에 느끼지 못합니다. 그 20의 가치에 100의 광고비(돈과 노력, 열정)를 투자해도 브랜드는 2,000밖에 되지 않습니다. 반대로 품질이 낮은 경쟁사가 절반의 본질인 50에 마케팅 1,000을 더해서 1,050의 가치를 만든다면, 같은 광고비 100으로 무려 105,000의 브랜드를 갖게 됩니다. 100배 이상으로 효율 차이가 납니다. 이런 말도 안 되는 일들이 현재 곳곳에서 벌어지고 있죠.

여러분이 좋아하는 제품, 서비스, 기업 모두 본질이 다른 것에 비해 월등히 뛰어나다고 생각하시나요? 삼성 컴퓨터가 다른 컴퓨터보다 성능이 훨씬 뛰어난가요? 나이키 신발이 다른 신발보다 월등히 좋은가요? 방송에서 자주 보는 특정 유명 전문가들이 다른 사람보다 특별히 유능한가요? 그런데 그 유명 전문가들조차 자신이 해당 분야에서 최고의 실력자는 아니라고 생각합니다. 그렇지만 각 분야를 대표하는 전문가로 인정받고 있습니다.

이제는 어떤 마케팅으로 어떤 가치를 만드느냐가 정말 중요한 시대가 되었습니다. 적은 노력으로 훨씬 높은 브랜드 점수를 만들 수 있습니다. 이 과정에서 제가 앞서 설명한 현업에서 사용되는 포장 전략(마케팅), 오케팅 15계가 매우 큰 도움이 될 것입니다. 이 내용과 관련하여 '브랜드 상대성 이론'을 다룬 책을 곧 출간할 예정이니 많은 사랑 부탁드립니다.

퍼스널 브랜딩

앞서 마케팅은 포장, 광고는 알리는 것이라고 이야기했습니다. 저는 복잡하게 말하는 것보다 간단하게 정의하는 것을 좋아합니다. 결론부터 말씀드리면 퍼스널 브랜딩은 특별하고 유명해 보이게 만드는 것입니다. 왜 여러분은 유명해 보여야만 할까요? 사람이든, 기업이든, 제품이든, 서비스든 성공하기 위해서는 '유명한 사람'이 팔아야 하기 때문입니다. 대표나 대리인 또는 유명인이 전면에 나서면 신뢰감이 생깁니다. 광고 모델로 유명 연예인을 내세우는 것도 그런 이유입니다. 그냥 공식 같은 것입니다.

그런데 유명 광고 모델보다 더 좋은 경우는 대표급 인물이 '특별해 보일 때'입니다. 백종원, 오은영, 김미경, 강형욱 등을 예로 들 수 있습니다. 여러분의 사업, 강의, 제휴, 상품, 서비스 등의 가치를 잘 팔기 위해서는 여러분이 일단 유명해져야 한다는 의미입니다. 일반인의 시선에서 그 분야에서 대체 불가능한 특별한 사람처럼 보여야 합니다.

그렇다면 특별해지려면 어떻게 해야 할까요? 실력이 뛰어나면 특별하게 보일까요? 인맥이나 학벌이 있으면 특별하게 보일까요? 단순히 책을 내서 작가가 되면 특별하게 보일까요? 한 우물만 열심히 판다고 특별하게 보일까요? 그렇게 하면 사업이 번창하고 수입과 명예도 높아질 수 있을까요?

미안하지만 그런 시대는 끝난 지 오래입니다. 그런 사람들이 너무 많아서 더는 특별하거나 유명해 보이기 어렵습니다. 따라서 여러분은 '이 사람뿐이다!'라는 느낌을 만들어야 합니다. 무조건 유명해지고, 특별해져야 합니다. 바로 그때부터 고객들이 스스로 찾아오기 시작합니다. 그래야 사람이나 사업이 저절로 성장하고 번창합니다.

퍼스널 브랜딩의 결과가 처음에는 미약할지 몰라도, 시간이 지날수록 파급력은 향상될 것입니다. 브랜딩이 잘 적용되면 10가지 이상의 평생 자동 수입원이 생깁니다. 강의, 컨설팅, 출연, 의뢰, 체험, 협찬, 인세, 공구 판매, 굿즈 판매, 채널 수익 등을 들 수 있습니다. 가장 중요한 것은 본업의 수익이 훨씬 늘어나는 것입니다.

특별한 사람이 되고 싶으신가요? '돈', '번창', '명예'를 얻고 싶은가요? 저는 현재 17가지 사업을 하고 있는데, 그중 하나는 특별한 전문가를 만드는 '킹메이커 오두환'입니다. 저는 16년간 상위 1%(CEO, 의사, 검사, 변호사, 교수, 고위 공무원, 인플루언서, 작가, 각종 전문가 등)인 성공인 2,000여 명을 세상에 알렸습니다. 그런데 이런 분들조차 늘 가격이나 서비스, 품질, 경력, 이력 등으로 경쟁에 시달리며 힘들어했습니다. 하지만 퍼스널 브랜드 파워가 생기면서 점점 그런 경쟁 구도를 벗어날 수 있었습니다.

브랜드가 생기면 경쟁할 필요가 없습니다. 오히려 경쟁할수록 뒤처집니다. 고객들은 경쟁에서 이긴 쪽을 찾아가는 것이 아닙니다. 설득 → 만족 → 확신으로 이어지는 퍼스널 브랜드가 필요합니다. 일단 유명해지면 저절로 많은 사람이 찾아옵니다. 이제 '세상에 단 한 명뿐인 특별한 사람'이 되세요. 더 많은 사람이, 더 멀리서, 더 비싼 값을 내고, 더 오래 기다려야 해도 여러분을 찾아오게 될 것입니다. 여러분이 어떤 분야의 일을 하든 상관없습니다. 골방 막내이던 저처럼 진짜 특별해지기 시작할 테니까요. 기업인, 의사, 교수, 변호사, 검사, 수의사, 강사는 물론 퇴직자, 실직자, 직장인, 주부, 꽃집 사장님 등 누구나 퍼스널 브랜딩으로 특별한 전문가가 될 수 있습니다.

여러분을 만나고 싶은 사람이 많아지면 어떻게 될까요? 첫째, 최소 2배 이상으로 수입이 늘어날 것입니다. 둘째, 어디서든 다른 사람에게 명함을 내밀면 '대단하시네요! 제 일 좀 봐주세요.'라며 의뢰를 받는 일이 많아질 것입니다. 셋째, 당연히 사업이 번창하거나 소속된 직장이 성장할 것입니다. 넷째, 명예가 높아지고 사회적 영향력도 함께 생길 것입니다.

퍼스널 브랜딩은 오케팅을 통해서 직접 해나가며 계속 반복하는 것이 가장 좋습니다. 그런데 혼자 시작하기 어려워 컨설팅을 받고 싶다면, 어떤 기준으로 멘토를 선택해야 할까요? 다음 내용은 특별해지고 싶다고 생각하던 시절, 제가 간절하게 '멘토를 찾던 기준'입니다. 여러분이 어떤 멘토와 함께하고자 할 때 먼저 한 번만 체크해 보세요.

좋은 멘토를 만나기 위한 7가지 능력 체크 리스트

1. 멘토께서 얼마나 유명한가요?(잘 해내는 능력)
2. 얼마나 잘 가르칠 수 있을까요?(잘 가르치는 능력)
3. 어떤 이론과 전략으로 교육할까요?(이론에 관한 능력)
4. 장비나 시설은 어떤가요?(공간과 도구 활용 능력)
5. 결과를 보장할 수 있을까요?(확실한 결과 보장 능력)
6. 자금, 규모, 인맥이 넘치나요?(시너지 효과를 내는 능력)
7. 성격, 느낌, 거리가 나와 맞나요?(상성과 조합의 능력)

좋은 멘토를 만나면 길을 쉽게 갈 수 있습니다. 게다가 요즘은 퍼스널 브랜드를 직접 만들어 주는 과정도 많습니다. 하지만 스스로 길을 개척하기는 어려울 것입니다. 퍼스널 브랜딩은 직접 하는 것이 가장 좋습니다. 그러므로 퍼스널 브랜딩에 도움이 되는 핵심을 알려드리겠습니다.

1. '반드시 만나고 싶다는 마음'이 생기는 3가지 기준

1) 확신을 만드세요.

→ 이 사람이 아니면 절대 안 된다는 확신이 생깁니다.

2) 설득을 만드세요.

→ 이론, 내용, 결과를 보면 누가 말려도 반드시 하고 싶어집니다.

3) 만족을 만드세요.

→ 이 사람과 함께하는 것 자체로 기분이 좋아집니다.

2. 13가지 브랜드 법칙

1) 유명하게 보일 것

2) 믿음이 가게 보일 것

3) 신뢰가 가게 보일 것

4) 규모가 크게 보일 것

5) 연구하는 모습을 보일 것

6) 발전하는 모습을 보일 것

7) 열정 있게 보일 것

8) 의지 있게 보일 것

9) 체계 있게 보일 것

10) 선한 행보를 보일 것

11) 진실하게 보일 것

12) 대의 있게 보일 것

13) 자신 있게 보일 것

3. 브랜드 상대성 이론

브랜드 = 가치(본질 + 마케팅) × 광고

– 브랜드는 절대 값이 아니라 상대 값이다.

– 본질이 좋아도 마케팅을 제대로 하지 못하면 가치도 낮아진다.

– 가치가 낮으면 광고를 많이 해도 브랜드는 생기지 않는다.

4. 오케팅 15계 과정 요약

대의 → 목표 → 네이밍 → 강점 설정 → 단점 보완 → 롤 모델 →

타깃 → 차별화 → 포지셔닝 → 슬로건 → 전략 적응 → 베타버전

→ 예산 분배 → 평판 관리 → 전략 점검

지금까지 설명한 4가지 핵심 외에도 다양한 전략이 있습니다. 그런데 무작정 책을 출판하거나 유튜브, 블로그 등을 운영하는 것은 힘만 들고, 결과는 좋지 않을 수 있습니다. 만약 퍼스널 브랜딩을 직접 하면서 궁금한 점이 생긴다면 네이버나 유튜브에 '오두환'을 검색해 보세요. 결국 특별한 것도 중요하지만 상대에게 특별해 보이는 것도 중요합니다. 이 일을 17년째 해왔지만 결론은 스펙, 대의, 시나리오 등이 결합된 오케팅이 잘되었을 때 신뢰信賴(믿을 신, 맡길 뢰), 믿고 맡기고 싶은 마음이 생기며 구매가 일어나게 된다는 것입니다. 명심하십시오. 브랜딩에 돈을 아끼면 절대 성공할 수 없습니다.

무조건 실행해 보세요!

국내 퍼스널 브랜딩에 가장 필요한 7가지 요소

1. 공신력 있는 정보가 필요(조건이 까다롭지만, 네이버 인물 등재 필수)

2. 검증할 필요 없는 스펙 필요(다양한 기관, 단체, 협회의 이력 필수)

3. 결과 증명, 수상 경력 필요(본인 분야의 노력 성과 및 상장 제시)

4. 본인 분야 전문성 입증 필요(전문가로서 언론사에 칼럼, 기사 송출)

5. 교육할 수준의 권위 입증(교수, 교육자 등 전문가 양성 과정 강의)

6. 대의가 있는 선한 활동 필요(타인을 위한 고민, 적극적 후원 활동)

7. 꾸준한 신규 이슈와 활동(포털 검색 시 신규 기사나 콘텐츠 발행)

추가로 하면 매우 좋을 만한 5가지 요소

1. 유튜브나 인스타를 운영하여 직접 활동해 보기

2. 전문가를 찾아가 영상을 찍고 컨설팅을 받기

3. 분량이 적은 종이책이라도 출간 후 작가로 등재

4. 본인 분야 설명이나 강의하는 식의 유튜브 출연

5. 고객이 신뢰할 만한 프로필 홈페이지(+후기) 구축

포털에 여러분의 이름을 검색했을 때 위의 조건들이 이미 세팅되어 보인다면 어떤 분야를 막론하고 누구를 만나든지 여러분의 전문성은 입증되고, 고객의 신뢰를 얻을 수 있을 것입니다. 물론 기업이나 제품은 앞서 설명한 13가지 브랜드 법칙 외 다양한 이론을 참고하면 됩니다.

에필로그

저는 특별하지 않습니다. 굉장히 특별한 것처럼 책을 썼지만, 하고 싶은 이야기를 써낸 것뿐입니다. 마케팅이나 광고 분야의 독보적인 전문가도 아닙니다. 그저 고민하기 좋아하는 고민꾸러기에 불과합니다. 만약 제가 조금이라도 특별해 보인다면, 2장을 다시 봐주십시오. 특별해 보이나요? 지방대 낙제생, 무 스펙 백수, 초짜 신입, 반지하 세입자, 실직자. 이런 오두환도 해냈습니다. 여러분도 조금씩, 반드시 해낼 수 있습니다.

이 책은 저 스스로 두고두고 읽고 배우고자 쓴 책입니다. 또 제 두 아들에게 오케팅을 꼭 알려 주고 싶어서 쓴 책입니다. 더 많은 분이 오케팅으로 변하고, 성공하고, 대의를 이루길 바라는 마음에 쓴 책입니다. 대의를 이룬 분들이 더 큰 대의를 전파하길 원해서 쓴 책입니다.

《오케팅》은 여러 번 읽으며, 고민을 거듭할수록 빛을 발합니다. 더 좋은 제품이나 기업, 서비스를 만들어 세상을 더 선하고 이롭게 만들어 주십시오. 경제적 자유는 저절로 생길 것입니다. 속는 셈 치고 몇 달만 따라서 해보십시오. 세상은 그대로인데, 세상이 $180°$ 달라 보일 것입니다.

처음부터 내용도 쉽게 풀어 쓰려고 작심하고 썼습니다. 그런데도 초고 분량이 700쪽에 달해 고심을 많이 했습니다. 결국 독자분들이 최대한 쉽게 접근할 수 있도록 많은 내용을 생략하여 단권으로 출간했습니다. 사실 통째로 들어낸 나머지 원고에 아쉬움이 많습니다.

고심 끝에 아쉬움을 더 큰 채움으로 바꿀 방법을 찾아냈습니다. 바로 오케팅 이론에 독자의 삶을 적용해 볼 수 있도록 하는 것이었습니다. 그렇게 5장을 새롭게 추가하여 오케팅 15계에 따른 질문을 제시하고 독자분들이 직접 빈칸을 채울 수 있게 하였습니다. 막연하게 다가왔던 이론들을 직접 활용해 봄으로써 좀 더 효과적으로 오케팅을 실천하시길 바라는 간절한 마음입니다. 더불어 잠깐 소개한 '13가지 브랜드 법칙'에 관한 내용은 실제 적용 사례를 보완하여 따로 원고 작업을 진행하고 있습니다. 머지않아 이 또한 별도의 책으로 만나 볼 수 있을 것입니다. 《오케팅》을 읽고 훈련된 독자라면 '13가지 브랜드 법칙'을 통해 자신만의 브랜딩을 공고히 할 수 있을 것입니다. 곧 세상에 나올 '13가지 브랜드 법칙'에 관한 책에도 많은 기대와 관심 부탁드립니다.

2024년 1월 현재, 저는 20여 개의 계열사를 더 체계적으로 관리하고, 운영하기 위해 지주사 오케팅홀딩스를 신설하여 의장직을 수행하고 있습니다. 한국온라인광고연구소에서 마케팅과 광고를 하고 있으며, 오케팅연구소를 통해 퍼스널 브랜딩, 기업·제품 브랜딩 강의, 컨설팅 등을 합니다. 또 한국마케팅광고협회에서는 교육 활동을 하면서, 검색광고 마케터 등 자격증 발급도 하고 있습니다. 에글리다 그룹은 브랜드 기획, 홈페이지 제작, 블로그 홍보, 인플루언서 네트워크, 인증·상장 수여,

광고 영상 촬영 및 제작, 디자인·인쇄물 제작 등 마케팅·광고와 관련된 거의 모든 일을 수행합니다. 이 밖에도 대한출판사와 퍼스널포커스(언론사), 꿈을 찾는 사람들(강연), 닥터스웰스(의사들이 좋아하는)라는 저자 극 기능성 화장품 회사도 운영하고 있습니다.

또 오래 준비한 사단법인 국가경제발전진흥원 설립에 성공해 사무총장직도 겸하게 되었습니다. 사단법인 국가경제발전진흥원은 중소벤처기업부 산하기관으로서 앞으로 대한민국 중소기업의 발전에 이바지하게 될 것입니다. 무엇보다 저는 처음 품은 대의를 실현하기 위해 사회적협동조합 한국혁신영재교육원 산하에 있는 혁신영재사관학교 설립을 추진하여 개교를 눈앞에 두고 있습니다. 이 학교는 범용 AI-메타버스가 결합된, 새로운 시대를 위한 STEAM(과학, 기술, 공학, 예술, 수학) 교육을 지향합니다. 한국형 상상융복합 인재 육성의 장으로서 주입식 교육이 아닌 개개인의 특장점을 찾아주고, 창의력을 고취하게 될 것입니다. 특히 오두환이 자라고 배운 환경과 사고방식을 그대로 교육받은 인재를 양성하기 위한 혁신영재사관학교(초중고 통합형 국제학교)를 통해 문제해결 능력을 극대화할 계획입니다. 저는 인재 양성이야말로 국가 발전을 위한 가장 확실한 투자임을 믿습니다.

요식업 확장도 꾸준히 준비하여 '항정살이 맛있다'라는 프랜차이즈를 신규로 오픈했습니다. 부드러운 항정살에 유산균 처리까지 되어 고기의 식감이 뛰어나 반응이 좋습니다. 더불어 '이차돌'의 마케팅 이사로서 브랜딩을 수행하게 되었으며, 한식 뷔페 오픈도 준비 중입니다.

또한 '아껴주는 치과' 그룹을 설립하여 본점 치과를 경영하고 있습니다. 앞으로 전국적으로 확장될 것으로 예상합니다. 우리 치과는 아직 쓸 수 있는 치아를 최대한 아껴 주고, 고가의 비용 부담으로 환자를 당황하게 만들던 치료비를 아껴 주고, 몸과 마음의 건강을 아껴 주며, 치과 치료를 두려워하는 우리 아이의 마음까지 아껴 주고, 빠른 치료로 시간을 아껴 주고, 숙련된 노하우로 총치료 기간도 아껴 줍니다. 환자를 가족처럼 아껴 주는 아주 독특한 치과로 성장할 것입니다.

처음 《오케팅》을 출간할 당시에는 특별한 전문가(퍼스널 브랜드)를 만드는 〈킹메이커 오두환〉이라는 유튜브 채널을 운영했습니다. 그리고 지금은 숨은 인재를 발굴해 더욱 빛나게 만들어 주는 〈지식포털〉 채널과 꿈을 찾는 사람들을 위한 〈꿈을 찾는 사람들〉 채널을 추가하여 다양한 콘텐츠로 대중과 소통하고 있으며, '선한장로교회'를 설립하여 담임 목회자로 있습니다.

만약 제가 하는 일과 관련하여 도움이 필요한 분이 있다면 최선을 다해 돕겠습니다. 저는 누군가를 돕겠다는 일념으로 살아왔습니다. 지금도 현업 최전선에서 일합니다. 그래야 누군가를 더 도울 수 있으니까요. 여러분도 후원단체인 굿닥터네트웍스를 통해 20여 개 보육원에 있는 1,000여 명의 아이들을 도와주십시오. 또 오케팅을 전파해 더 많은 사람이 대의를 이룰 수 있도록 도와주십시오. 여러분이 도와주셔야만 더 좋은 세상을 만들기 위한 일을 제가 지속할 수 있기 때문입니다.

저는 대의가 있는 마을, 의식주 걱정 없이 배움과 연구가 넘치는 마을을 만들 것입니다. 대의를 가진 자들이 많아지길 바랍니다. 또 대의를 위해 탄생한 제품과 기업이 넘쳐나길 소망합니다. 그러면 더 풍요로운 세상이 될 것입니다. 여러분도 오케팅을 통해 자신의 가치를 높이고 주변에도 오케팅을 전파할 수 있으면 좋겠습니다.

이 책이 나오기까지 많은 분이 도움을 주셨습니다. 먼저 이 책은 제가 아니라 하나님께서 쓰셨음을 밝힙니다. 그리고 사랑하는 가족과 직원들, 고마운 광고주, 공기관, 대학교, 고등학교, 보육원과 아이들까지 모두 고맙습니다. 늘 보답하는 마음으로 무엇을 더 해줄 수 있을지 고민하겠습니다. 제 대의를 믿고 성원해 주시는 모든 분에게 진심으로 감사하며, 이 책을 바칩니다. 그리고 사랑하는 독자님들, 이 책을 읽으며 다른 어느 책보다 많이 고민하셨을 것입니다. 이 책을 선택해 주시고, 끝까지 읽어 주셔서 감사합니다. 그리고 앞으로 더욱 발전하실 모습에 미리 감사드립니다. 여러분의 성공과 더 나은 삶을 믿고 기다리겠습니다.

또한 이 책을 읽고, 저와 같은 대의를 꿈꾸거나 도움을 주고받고 싶은 분들이 있다면 유튜브 채널 〈킹메이커 오두환〉에 문의해 주세요. 편안하게 저와 대화하는 시간을 갖도록 하겠습니다. 부족하지만, 고민 해결에 도움을 드리고자 무상으로 지원하고 있습니다. 이 외의 문의는 한국온라인광고연구소, 오케팅연구소 홈페이지로 해주세요. 저와 팀장님들이 힘닿는 대로 답변드리고 있습니다. 만약 이 책을 여러 번 읽으셨다면, 저와 오랜 시간 대화를 한 셈입니다. 그러니 어떤 부분으로는 이미 친구가 되었다고 할 수 있습니다. 그러니 책과 연관된 질문이 있으시다면 언제든 편하게 문의해 주시길 바랍니다. 진심으로 감사합니다.

202쪽 정답

대의, 목표, 이름, 상품, 문제, 경쟁자, 전략, 진입장벽, 시나리오, 슬로건, 아군, 베풀어라, 모든, 감사, 오케팅